KB164356

뉴 차이나
그들의 속도로 가라

WTO가입 이후 중국 비즈니스전략 50

한우덕(한경 베이징 특파원) 지음

한국경제신문

거친 땅 중국에서 뛰고 있는 한국 비즈니스맨들에게 이 글을 바칩니다.

　관광을 위해 베이징(北京)에 온 한 친구를 시내 호텔에서 만났다. 그는 만나자마자 「자금성(紫禁城) 예찬」을 늘어놓는다. 그 위용에 흥분한 듯했다. 『역시 황제가 살던 궁(宮)이라 다르더군. 그 규모에 놀랐어. 경복궁은 자금성에 비하니까 시골 양반집 사랑방이데….』

　필자가 물었다. 『자금성이 서울에 있었더라면 어떻게 됐을까?』

　대답을 궁리하는 그를 보며 말을 이었다.

　『자금성은 너무 커 서울의 조화를 깨트렸을 거야. 중국에는 중국의 크기가 있고, 한국에는 한국에 알맞은 크기가 있는 것이지. 경복궁이나 창경궁은 단아하고 아담하기에 얼마나 보기 좋은가. 우리 것을 알아야 중국이 제대로 보이지 않겠나.』

　그가 고개를 끄덕였다.

　많은 사람들이 중국에 와 그 발전상을 보고 놀란다. 엄청나게 발전하는 중국도시를 보고는 『이러다가는 중국에게 잡아먹히겠구나』하고 혀를 찬다.

중국이 급성장하고 있는 것은 분명하다. 세계무역기구(WTO) 가입, 서부개발, 올림픽 개최…. 이런 모든 말들이 중국의 힘을 보여주고 있다. 테러와의 전쟁으로 미국·일본 등 세계 선진국 경제가 불황에 빠져들어도 중국경제는 독야청청 흔들리지 않고 있다.

그 위세에 눌렸음일까. 어느 새 우리 사회에는 「중국 위협론」이 퍼지고 있다. 「중국은 무서운 나라」라는 말을 쉽게 한다.

왜 그럴까. 우리 것을 몰라서 그렇다. 내가 가진 장점을 모르고 남의 좋은 것만 보니까 「우리는 안 돼」라는 식으로 빠져드는 거다. 창경궁의 아름다움을 모르는 사람이 갑자기 자금성을 보니까 「시골 양반집 사랑방」 운운하는 거다. 내 것을 모르니 중국의 부상에 대응해낼 전략이 나올 수 없다.

우리가 중국보다 앞서는 분야는 많다. 뛰어난 기획력과 세계시장 마케팅 능력 등은 중국이 쉽게 흉내낼 수 없는 분야다. 우리나라 정보기기 상품은 대부분 중국제보다 우수하다. 젊은이들의 도전정신은 중국이 죽어도 따라오지 못할 분야다. 패기와 지력으로 무장한 젊은 벤처인들이 지금 중국시장을 파고들고 있지 않은가. 어려움을 당할 때마다 여지없이 발휘되는 우리나라 국민들의 애국심은 중국인을 놀라게 한다. 중국인들은 한국인을 보면 「금모으기운동」부터 연상한다.

흔히들 중국이 「세계공장」으로 부상했다고 말한다. 저임금, 광활한 시장 등을 앞세운 중국의 엄청난 제조 능력을 두고 한 말이다. 이웃 중국이 세계공장이다. 그러면 우리는 어떻게 해야 할까.

우리는 그 공장에서 생산될 제품의 기술을 개발하면 된다. 중국이 세계 공장이라면 우리나라는 거대한 연구개발(R&D) 센터로 육성하면 된다. 얼마나 아름다운 합작인가. 이미 그런 협력은 여러 군데에서 발견된다.

앞으로 이 책에서 많은 사례를 만날 수 있을 것이다.

한 단계 높은 기술로 비교우위를 유지하려는 노력만 있다면, 「한국제품은 비싸지만 좋다」라는 이미지를 지켜간다면, 우리 자존심을 지켜나간다면 중국은 영원한 우리의 황금시장이다. 패배주의에 빠지기보다는 중국의 성장에서 기회를 찾는 데 지혜를 모아야 할 때라는 얘기다.

현실은 어떤가.

많은 사람들은 「21세기 우리 경제의 최고 파트너는 중국」이라는 점에 이의를 달지 않는다. 기업인들은 이제 남은 곳은 중국이라며 중국으로 달려가고 있다. 정치인들도 입만 열면 중국과의 친선을 강조한다.

그렇다면 우리는 과연 다가오는 중국을 맞을 준비가 되어 있는가. 수출을 얼마나 했고, 투자액이 얼마에 달했는지는 중요하지 않다. 21세기 슈퍼파워 중국에 어떻게 접근해야 할지, 우리나라 기업의 장기적 중국 비즈니스 전략은 어떻게 짜야 할지 좀더 근본적인 것을 묻고자 함이다.

많은 정치인들이 여러 「구실」을 붙여가며 베이징에 온다. 그들은 「중국은 우리나라의 동반적 협력 국가」라고 목소리를 높인다. 그런 그들도 서울로 돌아가면 정파싸움에 날 새는 줄 모른다.

그들은 우리나라 정치제도가 다당제를 택하고 있다는 이유만으로, 공산당 1당 독재국가인 중국을 우리보다 정치 후진국이라고 생각할지 모른다. 커다란 오산이다. 공산당 내부에는 절제된 견제와 균형이 살아 있다. 일단 뜻이 모아지면 모든 정치세력이 손을 잡고 『돌격! 앞으로!』를 외친다. 지금 중국의 부흥은 강력한 정치 리더십에서 나온다. 우리나라 정치인들이 정치의 궁극적인 목적이 무엇인지를 안다면 중국을 정치 후진국이라고 폄하할 수는 없을 것이다.

베이징의 한국대사관에는 각 부처에서 파견된 해외 주재관들이 여럿 있다. 이들에게 가장 중요한 일은 손님접대다. 중국인과 부딪치며 외교 역량을 넓혀나가야 할 그들이 본부에서 온 손님접대에 시간을 빼앗기고 있다. 몸은 베이징에 있지만 머리는 서울에 두는 외교관도 있다. 그래야 서울로 돌아가 승진할 수 있기 때문이리라. 그들에게 중국을 연구할 수 있는 시간을 줘야 한다.

베이징 특파원 부임 2년여 만에 세 명의 대사를 맞이했다. 대사를 바꾸는 데는 나름대로의 이유가 있을 것이다. 그러나 2년 만에 세 명의 대사를 봐야 한다는 것, 중국에 대한 우리나라 외교의 한계가 아니고 무엇이냐.

지금 장기적인 중국전략을 갖고 있는 우리나라 기업이 몇이나 되는가. 우리 기업은 물건이나 몇 개 더 팔아먹을 생각이나 하고, 같은 한국기업 끼리 중국에 와서 제살깎기 경쟁을 해댄다. 중국 파견 상사원을「사원 간 기회균등」이라는 미명하에 3~4년 단위로 바꾼다. 중국 근무 경력자를 본사로 불러들여 전혀 다른 분야로 배치시킨다. 이래서야 어찌 정통 중국 비즈니스맨을 키울 수 있겠는가.

우리나라 기업들은 수교 초기 중국의 잠재시장을 지나치게 저평가, 시 장 선점에 실패했다.「부메랑」운운하면서 기술 제공을 꺼려했다. 중국은 보란는 듯이 다른 나라에서 기술을 받아들였고, 지금 여러 분야에서 우리 산업을 위협하고 있다. 우리가「아차!」하고 다시 중국에 들어가려 했을 때 중국시장은 이미 선진국 기업과 중국기업이 벽을 쌓아 난공불락의 성 (城)으로 변해 있었다.

지금은 거꾸로 됐다. 실제 시장규모를 지나치게 고평가, 과열을 유발하 고 있다.「거대」시장에 홀려 뚜렷한 준비 없이 중국으로 온다. 중국진출 그 자체가 목적이 되어서는 곤란하다.

중국 현지 상사원들에게도 문제가 있다. 그들은 일이 안 된다 싶으면

『중국이라는 나라는 원래 그래』하며 포기해버린다. 그러고는 본사 직원에게 『당신은 중국을 몰라서 그래, 직접 와서 해봐』하며 오히려 큰소리친다. 회사를 대표하는 막중한 권한과 책임을 쉽게 포기하는 것이다.

중국은 분명 슈퍼파워로 성장하고 있다. 우리는 이웃에 정치 · 경제 강국을 두게 됐다. 멕시코를 생각해보자.

멕시코는 미국이라는 엄청난 시장을 옆에 두고도 쫄쫄 굶고 있다. 한 해 수천 명의 멕시코 사람들이 몰래 국경을 넘어 미국으로 들어가고 있다. 멕시코는 미국시장에 종속된 「하부 경제체제」로 전락하고 말았다. 미국시장을 충분히 연구하지 못했고, 미국시장 활용에 실패했기 때문이다. 여기에 정치불안에다 부정부패가 겹쳐 멕시코는 수렁에서 헤매고 있다.

우리가 지금 치밀한 중국전략을 마련하지 않는다면 훗날 한국-중국 관계는 지금의 멕시코-미국 관계처럼 형성될지도 모른다. 우리 손자들이 중국에 불법체류하면서 식당일을 하지 않는다고 누가 장담할 수 있겠는가. 생각만 해도 소름이 끼칠 일이다. 정파싸움에 날 새는 줄 모르는 우리나라 정치인들은 이 점을 명심해야 한다.

중국의 경제체제는 WTO 가입으로 엄청난 변화에 직면하고 있다. 거대한 변혁기에 있다. 이 시기를 잘 활용해야 한다. 중국에 대한 접근방식을 새롭게 마련해야 할 시점이다. 독자들과 함께 고민할 시간을 가져보자는 게 이 책을 출판하게 된 이유이기도 하다.

서점에 중국과 관련된 책이 많다. 그만큼 중국에 대한 우리나라의 관심과 연구가 깊어졌다는 얘기가 된다. 그러나 대부분 『중국은 이렇다』라고 얘기할 뿐 『그래서 어쩌자는 거냐』라는 물음에 대한 답이 빈약하다. 또 많은 서적이 중국을 지나치게 과장하거나, 과소평가한 면이 없지 않았다. 어느 것 하나 정해져 있지 않은 「부이딩(不一定)」의 나라를 두고 『중국은 이렇다」라고 써 오히려 중국에 대한 시각을 왜곡하기도 한다.

이 책은 그런 문제를 피하기 위해 세 가지 원칙을 지키려고 애썼다.

첫째, 실사구시(實事求是)다.

우리 기업인들이 중국 비즈니스 현장에서 부딪힐 수 있는 주체만을 골랐다. 「뜬구름 잡는 얘기」가 아닌 실질적으로 도움을 주는 내용으로만 엮었다. 어떻게 하면 우리나라 기업들이 중국 비즈니스를 효율적으로 추진할 수 있을지에 대한 서술이다.

둘째, 사례증거(事例證據)다.

가급적 사례를 많이 들었다. 그래야 중국 비즈니스에 대한 개념이 명확하게 들어오기 때문이다. 사례가 따르지 않는 중국 얘기는 또 다른 왜곡일 수 있다. 주장에 대한 근거를 명확히 제시, 논리의 흐트러짐을 막았다.

셋째, 흥미발동(興味發動)이다.

가급적 재미있게, 독자가 부담감을 느끼지 않게 썼다. 글은 어떤 내용이든지 간에 재미있어야 한다는 게 필자의 원칙이다. 일반 독자들이 편히 이해할 수 있도록 쉽고 재미있게 서술하려고 노력했다.

이 책은 필자가 〈한국경제신문〉 홈페이지에 시간이 있을 때마다 올렸던 칼럼을 크게 수정해 다시 만들었다. 그 동안 틈틈이 써두었던 중국 이야기도 양념으로 섞었다.

필자는 베이징에서 활동하는 특파원일 뿐 비즈니스맨은 아니다. 중국인과 직접 만나 투자협상을 해보지도 않았고, 물건을 팔아보지도 않았다. 다만, 그런 일을 하고 있는 비즈니스맨을 누구보다 많이 알고 있다. 그들과의 대화와 취재를 통해 이 책을 만들었다. 그들의 머릿속에 있는 지혜를 끌어내 구슬을 꿰듯 책을 엮었다.

필자는 단지 귀동냥을 했을 뿐 이 책의 작가는 사실 베이징, 상하이(上

海), 선전(深圳) 등에서 활약하고 있는 일선 비즈니스맨들이다. 그들은 바쁜 중에도 필자의 취재에 적극적으로 응해줬다. 고마운 일이다. 집필 과정에서 처음부터 끝까지 원고를 읽고 자신의 견해를 제시해준 중국연구의 동반자이자 아내인 유보경에게도 고맙다는 말을 전한다.

졸고 수정에 밤잠을 설쳤을 한경BP 관계자들의 노고에 머리 숙인다.

2002년 1월 베이징 左家庄에서

한 우 덕

제2부 그들의 속도로 가라

제3부 소프트 상품에서 기회를 찾아라

2001년 가을의 중국 이야기

2001년 가을. 중국에서 어떤 일이 벌어졌는가. 더 구체적으로는 2001년 10~11월 두 달 간 중국에서 일어났던 사건을 뒤돌아보자.

10월 7일 밤. 미국 함정에서 발사된 미사일이 아프가니스탄을 향해 날아가던 바로 그 시간, 중국인들은 거리로 뛰쳐나왔다. 중국 전역에 폭죽 소리가 요란했고, 불꽃이 하늘을 수놓았다. 그들은 중국 국가대표 축구팀이 2002년 월드컵 예선전에서 오만에 승리, 본선 진출 티켓을 따낸 것을 자축하고 있었다. 그들에게 아프가니스탄 미사일 세례는 남의 일이었다.

그들이 거리에 쏟아져 나온 것은 2001년 들어 두번째였다. 지난 여름 베이징이 2008년 올림픽 개최도시로 결정됐을 때도 똑같이 흥분했었다.

월드컵 본선 진출의 흥분이 채 가시지 않은 10월 20일. 세계는 상하이를 주시하게 된다. 「테러전쟁」의 와중에서 열린 아·태정상회의(APEC)가 그 곳에서 열렸다.

테러리스트들의 표적이 상하이로 이동했기에, 세계 언론들은 안전을 걱정했다. 그러나 중국은 아무런 잡음 없이 회의를 완벽하게 끝냈다. 미국 부시 대통령이 중국 영공으로 들어섰을 때 미국 에어포스원(대통령 전용기)은 중국 전투기 두 대의 호위를 받으며 푸둥(浦東)공항에 안착했다. 미국 대통령이 중국 전투기의 호위를 받는 역사적인 사건이었다.

중국은 APEC 회의를 개최해 10년 개발을 통해 세계적인 비즈니스 도시로 성장한 상하이의 위상을 세계에 보여줬다.

11월 10일. 「2001년 중국, 가을 이야기」의 하이라이트가 나온다. 이 날 중국인들은 카타르 도하에서 벌어지고 있는 중국의 세계무역기구(WTO) 가입을 TV를 통해 지켜봤다. 스광성(石廣生) 중국대외무역경제합작부 부장이 가입안에 최종 서명을 하는 장면을 전하는 유명 CCTV 앵커 바이엔송(白巖松)은 『중국이 개혁개방의 또 다른 역사적 터널을 지금 막 지나고 있다』고 전했다. 중국은 그렇게 세계 경제무대의 중심부로 다가오고 있었다.

21세기 첫 해인 2001년은 중국에게 있어 「국제화의 원년」으로 기록될 만하다. WTO 가입이 그 정점(頂點)이었다.

WTO 가입. 그 의미를 한 마디로 표현하자면 「중국경제 패러다임의 변화」다. 그 패러다임의 변화는 「계획」에서 「시장」으로의 파워 시프트(power shift)로 요약된다. 중국이 WTO에 가입하려는 가장 큰 이유는 무엇일까. 중국 관영〈인민일보〉가 WTO 가입 이튿날인 11일 긴 문장의 사설을 보도했다.

『WTO 가입의 가장 큰 이득은 경제체제 개혁을 더욱 심화, 발전시킬 것이라는 점이다. 이는 거시경제와 산업 구조조정에도 많은 이점을 안겨줄 것이다. 경제 산업 분야에 대한 정부의 기능이 근본적으로 바뀌어야 한다….』

중국이 WTO에 가입하려는 진정한 목적이 바로 여기에 있다. WTO라는 외부 쇼크 요법으로 개혁에 미진한 국내 산업계를 혁신하겠다는 거다.

그들은 정부주도의 경제정책으로는 성장이 한계에 부딪칠 수밖에 없다는 사실을 잘 알고 있다. 왕성한 시장의 힘을 빌려 성장의 속도와 질을 심화시키겠다는 게 WTO 가입의 취지다.

중국은 이제 민간의 자율을 최대한 보장하게 된다. 시장이 활성화되는 것이다. 시장은 「보이지 않는 손」의 활약으로 활기가 붙게 된다. 중국은 앞으로 몇 년 간 거대한 파워 시프트의 흐름을 타게 된다. 정부의 기능이 바뀌고, 기업의 경영체제가 급변하게 된다. 대외경제 시스템에도 변화가 오고, 시장의 모습도 완전히 바뀌게 된다. 그리고 가장 중요한 사람들의 의식도 변화하고 있다. 2001년 가을 그 변화가 시작된 것이다.

변화하고 있는 중국, 중국에 대한 우리의 시각도 당연히 바뀌어야 한다. 그런데 우리의 현실은 어떤가.

2001년 가을의 또 다른 중국 이야기. 지난 10월 27일. 서울 외교부 기자실. 한국인을 격노하게 한 뉴스가 만들어진다. 중국 당국이 대한민국 국민을 통보도 없이 사형시킨 사건이 발생했다는 소식이었다. 여론은 흥분했다. 외교부는 주한 중국대사를 불러 『어찌 너희들이 감히 한국인을 사형시키고도 통보가 없었느냐』는 식으로 면박을 주었다.

며칠 후. 중국 외교부 기자 브리핑실. 중국 외교부 대변인이 『우리는 통보했는데 왜 한국이 난리를 피우고 있는지 모르겠다』라고 한 마디 했다. 「받은 일 없다」라는 우리나라 외교부의 반박이 이어졌고, 둘 중 하나는 꼼짝없이 「국제적인 거짓말쟁이」가 되어야 하는 상황이 연출됐다.

결과는 독자들도 잘 알 것이다. 바로 그 날 오후 한국 외교부는 거짓말쟁이가 돼 처참하게 구겨졌다. 조금만 신중했더라면, 대사를 불러 공개적으로 그들의 미엔즈(面子·체면)를 깎아내리지만 않았더라면, 언론에 공개하기 전 물밑 접촉을 했더라면…. 중국과 가장 빈번하게 접하고 있는 외교부 수준이 그 정도라면 다른 부처는 어떻겠는가. 우리나라 관리들에게는 WTO니 올림픽이니 하며 국제무대로 나오고 있는 중국을 있는 그대로 보려는 노력이 부족하지나 않은지 묻고 싶다.

그러나 우리에게 희망은 있다. 2001년 가을 중국에서 또 다른 일이 벌어진다. 한국을 대표하는 대기업 총수들이 거의 동일한 시기에 중국으로 사장단을 이끌고 와 대(對) 중국전략을 위해 머리를 맞댄 것이다.

구본무 LG 회장이 상하이 푸둥에서 계열사 CEO가 참여하는 경영전략 회의를 가진 것은 10월 25일이었다. 이건희 삼성회장은 11월 2일 역시 푸둥에서 전자관련 사장단 회의를 열었다. SK는 11월 19일부터 1주일 동안 역시 푸둥에서 CEO 포럼을 가졌다. 21세기 중국의 부상에 대응하려는 우리나라 기업들의 민첩한 대응이다.

푸둥 메리어트 호텔에서 열린 삼성 전자관련 사장단 회의. 사장들로부터 간단한 중국관련 사업 보고를 받은 이건희 회장이 말문을 연다.

『우리가 중국에 본격적으로 투자를 시작한 게 이제 8년여 된다. 그런데 이제 간신히 적자를 면하게 됐다. 그만큼 중국 비즈니스가 어렵다는 얘기다. 공부하라. 중국의 변화하는 모습을 따라잡기 위해 다시 공부해야 한다. 중국은 이제 「생산기지」라는 시각에서 벗어나 「시장」이라는 관점으로 바라볼 때가 됐다. 지금 중국에 나와 있는 직원들을 서울로 불러들일 필요가 있는가. 상사원들은 중국에서 뼈를 묻을 각오로 공부하고, 비즈니스에 나서라.』

「공부하라.」 대기업 총수가 중국을 떠나면서 남긴 말이다.

중국이 WTO에 가입하고, 한국 외교부가 국제적인 망신을 당하고, 기업 총수들이 중국에 와 그룹 전략회의를 가졌던 2001년 가을. 중국을 다시 보아야 할 시점이 되었던 것이다.

제1부

중원을 달리는 고독한 사냥꾼

중국 상사원들은 「고독한 사냥꾼」이다. 그들은 꿩을 보면 즉각 총을 겨누고, 노루가 숨어

있는 곳을 직감으로 찾아내 달려간다. 때로는 넘어지고, 가시에 찔리기도 한다. 사냥꾼들

의 행동반경을 넓혀주어라. 해가 서산에 걸릴 무렵 그들은 송아지만한 노루를 메고 집으

로 돌아올 것이다….

최고 아니면 갈 생각도 마라

바이러스 킬러로 소문난 「安博士(안철수연구소의 중국 이름)」 얘기다. 이 회사가 중국 공안국(경찰청)으로부터 프로그램 판매 승인을 받은 것은 2001년 6월이었다. 우리나라 보안 소프트웨어가 공안국의 판매 승인을 받기는 처음이었다.

안티바이러스 프로그램인 「V3」의 시장 파괴력은 놀라웠다. 본격 판매 시작 2개월이 채 되지 않아 2만 5,000달러어치, 8,200카피를 팔았다. 10월에는 상하이 시정부 조달본부 입찰에서 시만텍, 트렌드, CA킬 등 내로라하는 경쟁자들을 물리치고 공급권을 따냈다. 우리나라 보안 프로그램이 중국 관공서로 파고든 것이다.

한국의 소프트웨어가 중국에 와 현금을 받고 물건을 팔았다는 사실 자체가 큰 의미를 갖는다. 베이징 지점 김승환 소장은 베이징, 상하이, 우한(武漢), 충칭(重慶) 등의 온라인 업체와 계약, 안박사 유통 네트워크를 구축했다. 차분하게 시장기반을 다져간다는 전략이다.

외국제품이 소프트웨어 시장, 그것도 보안관련 소프트웨어 분야를 파

안철수 세계 일류제품의 경연장인 중국에 발을 붙이려면 당연히 세계 최고 기술과 서비스로 무장해야 한다. 「安博士」가 베이징에서 열린 보안제품 전시회에서 소비자들을 불러모으고 있다.

고들기란 쉽지 않다. 중국 국내 기업들이 버티고 있고, 외국 선진업체들도 이미 진출해 있기 때문이다. 그 어려움을 이기고 안박사가 단기간 내에 시장에 침투할 수 있었던 데에는 여러 요인이 있을 거다.

가장 근본적인 요인은 역시 제품의 기술력에 있다. 소비자들 사이에서 「바이러스 잡는 데는 귀신」이라는 인식이 확산되면서 판매에 가속도가 붙고 있는 것이다. 기술이 바탕이 됐기에 튼튼한 유통망을 구축할 수 있었고, 마케팅에 힘을 실을 수 있었다.

안박사가 성공했다고는 아직 단정하기 어렵다. 그러나 출발이 좋은 것만큼은 확실하다.

우리나라 기업의 중국진출 역사 이제 10년. 여기에 수교 전 홍콩을 통한 교류까지 합치면 그 역사는 더 길어진다. 그 역사를 거쳐 중국에서 뿌리를 내린 우리 상품을 꼽아보자. 애니콜, 초코파이, 금호타이어, 대우굴삭기, 삼성모니터, LG에어컨, 신라면, 서라벌식당…. 이 밖에도 몇 개 더 있을 것이다. 많은 중소기업들은 밖으로는 드러나지 않지만 고유제품을 만들어 제3국에 수출하기도 한다.

이들 제품에 적용되는 하나의 특징이 있다. 바로 세계적인 경쟁력을 갖고 있는 최고품질의 제품이라는 거다. 중국뿐만 아니라 다른 지역에서도 잘 팔리는 것들이다.

이는 곧 중국시장 역시 시장논리가 철저히 적용되고 있음을 보여준다. 소비자는 항상 고급 품질, 고급 서비스를 선호하게 마련이다. 중국 소비자의 소득이 높아지면서 이런 경향은 더욱 뚜렷해지고 있다. 「중국인들은 잘 살지 못하니 질이 좀 떨어지는 물건을 쓸 것이다」라는 생각은 옛날 얘기다. 중국인들도 좋은 제품을 선호하고, 고가 제품을 사기 위해 선뜻 주머니를 열 준비가 되어 있다.

지난 1990년대 초, 중국시장이 열리자 너도나도 중국으로 달려들었다. 싼 인건비와 13억의 광활한 시장이 있는, 「젖과 꿀이 흐르는 땅으로 가자」는 것이었다. 그 때 노후 설비를 중국으로 옮겨 값 싼 노동력을 「따먹겠다」는 업체들이 많았다. 그러나 중국시장은 그들이 파고들기에는 난공불락의 성(城)이었고, 판매애로가 생긴 상황에서 저렴한 인건비는 의미가 없었다. 많은 기업들이 실패를 맛봐야 했다. 우리는 그것을 「수업료」라는 말로 합리화하곤 했다.

우리가 머뭇거리고 있는 동안 중국시장은 선진제품의 각축장으로 변했다. 백화점에 가보자. 식품에서 의류, 가전제품, 정보기술에 이르기까지 세계 유명 브랜드는 모두 중국에 나와 있다. 여기에 중국 국내기업들도 세련된 제품으로 외국기업들과 맞서고 있다. 많은 분야에서 우리는 중국

시장 진출의 호기를 놓쳤다.

중국의 WTO 가입으로 품질경쟁은 더욱 치열하게 전개되고 있다. 세계적인 초일류 기업들이 중국시장을 선점하기 위해 시장공세를 강화하고 있기 때문이다. 어정쩡한 품질로 이들과 경쟁하기는 점점 더 어려워지고 있다.

삼성전자의 부호분할다중접속(CDMA) 사업을 보자.

중국 이동통신시장은 지금 모토로라, 에릭슨, 노키아 등 외국업체가 시장을 장악한 상태다. 그들은 1980년대 중반 중국에 들어와 시장을 연구했고, GSM 방식의 이동통신으로 시장을 평정했다. 중국 핸드폰 시장의 85%가 이들 3개 업체 몫이다. 삼성전자는 그들보다 10여 년 늦게 중국 이동통신시장에 들어갔다. 당연히 고전할 수밖에 없었다.

그럼에도 삼성전자가 2001년 중국 CDMA 사업입찰에서 상하이, 톈진 (天津), 허베이(河北), 푸젠(福建) 등 노른자 지역 사업권을 따낸 것은 「기술의 승리」라고밖에는 달리 설명할 길이 없다. CDMA에서는 삼성전자를 따라갈 기업이 없으니까 말이다. 애니콜이 중국 핸드폰 시장의 5% 정도를 파고든 것도 역시 기술의 힘이었다.

삼성전자뿐만 아니다. 우리나라 환경 분야 중소업체인 하나(주)는 중국 왕실문화의 심장부인 베이징 자금성의 해자(垓字·성곽을 둘러 판 못) 수로 복원사업 공사를 따냈다. 베이징 시정부가 여러 나라 업체 중에서 이름 없는 한국의 중소기업 하나(주)를 선택한 이유는 단순하다. 기술을 인정했기 때문이다. 많은 돈을 들이지 않고도 간단한 시설 구축으로 수로를 정화할 수 있는 기술을 높이 산 것이다.

모든 분야에 고급기술은 있게 마련이다. 고급 기술, 고급 서비스를 갖고 중국에 들어와야 한다. 최고기술을 가진 업체만이 중국에서 살아남을 수 있다.

한화 베이징 사무소 한갑진 소장은 우리나라의 대 중국 교역 현실을 이렇게 말한다.

『우리가 중국에 팔 수 있는 물건이 점점 사라지고 있습니다. 아래에서는 중국기업이 치고 올라오고 있고, 위에서는 고품질 외국 제품이 짓누르고 있는 상황입니다. 탈출구가 없습니다.』

6년째 베이징에서 근무하고 있는 그는 화공·철강·전기·섬유 등 돈 되는 것이라면 무엇이든 손을 대는 자칭 「잡식성 장사꾼」이다. 지난 5년 간의 중국 비즈니스 경험 중 지금이 가장 힘들다고 말한다. 중국에 팔아야 할 우리나라 제품이 더 이상 기술적 우위에 있지 못하기 때문이다. 중국제품을 한국으로 수입하는 게 오히려 더 재미있다고 한다.

한 소장의 얘기는 계속된다.

『중국기업들은 단순 임가공 제품은 물론 가전·석유화학·섬유·기계 등 일부 고기술 방면에서도 우리나라 상품을 따라잡았거나 맹추격하고 있습니다. 그들은 저렴한 원가를 무기로 시장에서 한국제품을 밀어내고 있습니다.』

물론 중국의 저품질, 저가격 상품 시장 역시 광대하다. 그러나 이 시장은 너무나 많은 중국 국내 업체들이 피 터지도록 싸우는 곳이다. 부가가치도 낮다. 우리 몫이 아니라는 얘기다.

『최고가 아니면 중국에 들어갈 생각도 말아라.』 미국 컨설팅 업체인 아더 앤더슨이 최근 발표한 중국투자 보고서에서 내린 결론이다.

「베이징카오야」의 지혜

베이징에 어둠이 깔리기 시작하면 주요 거리는 불야성으로 변한다. 그 중 눈에 많이 띄는 게 식당이고, 식당 중에서 쉽게 볼 수 있는 게 카오야(烤鴨) 간판이다. 베이징의 음식문화를 대표하는 「베이징카오야(北京烤鴨)」 식당이다. 베이징카오야는 「페이킹덕」이라는 이름으로 국제적인 음식이 됐다. 한국에서도 최근 베이징오리집이 여럿 생긴 것으로 안다.

베이징에 온 한국인들은 이 카오야를 한 번쯤 먹게 된다. 베이징인들은 외국 손님을 카오야 집으로 모시기를 좋아한다.

카오야는 맛도 맛이지만 먹는 재미가 「쏠쏠」하다. 종업원이 썰어준 카오야 껍질을 손바닥 크기의 밀전병에 싸먹게 된다. 맛을 돋우기 위한 소스와 오리 냄새를 없애기 위한 파를 함께 싸 먹는다. 「밀전병 쌈」을 한 움큼 입에 넣으면 소스 향기와 파 내음이 입 안을 감돌며 입맛을 돋운다. 씹으면 씹을수록 베이징카오야는 그윽한 맛을 낸다.

베이징에서 5년째 해운관련 사업체를 운영하고 있는 이경석 사장. 그는 자칭 「카오야 전문가」다. 카오야집에 가면 그는 언제나 좌중을 압도한

다. 중국인도 알지 못하는 베이징카오야 이야기가 그의 무기다. 이 사장
은 오늘도 중국 친구들에게 카오야 이야기를 들려준다.

『카오야 운명을 걸어야 할 오리는 어릴 때부터 「카오야」로 키워진다.
그들은 적절한 운동도 없이 영양가 높은 먹이를 끊임없이 먹어야 한다.
먹이가 주입되는 것이다. 이를 중국어로는 「티엔야(塡鴨)」라 한다. 「티엔
야」라는 말은 그래서 「주입식 교육」을 뜻하는 말로 발전했다.

카오야의 맛은 껍질에 있기 때문에 오리의 피부와 피하지방을 분리하
는 작업이 필요하다. 그래서 나온 게 공기주입이다. 요리사는 잡은 오리
의 목 부분에 아주 작은 구멍을 낸다. 그 구멍에 공기주입기(축구공에 바람
넣는 기계를 생각하면 됨)를 꽂고 바람을 넣는다. 그러면 피부와 지방이 분
리되면서 카오야는 부풀어오른다. 물론 이 때 항문을 막아야 한다.

이 상태에서 목탄불에 한 번 굽는다. 과일나무 목탄이 사용된다. 그러
고는 카오야에 설탕물을 바르고 다시 굽는다. 카오야의 몸집이 풍만하고,
색깔이 누르께한 이유가 여기에 있다.

카오야는 원래 베이징 음식이 아니었다. 남부지방, 특히 지금의 안후이
(安徽)성 지역에서 시작됐다. 이 음식이 세인의 각광을 받은 것은 14세기.
당시 중국에서는 원(元)나라가 세력을 잃어가고 신흥 명(明)나라가 남부
지방에서 힘을 떨치던 때였다. 주원장이 핵심인물이었다.

주원장은 원나라의 남부지방 근거지였던 난징을 점령하고, 명나라를
세우게 된다. 이 때가 1368년. 주원장은 어느 날 수라상에 오른 오리 한
마리를 발견했다. 그 맛이 너무 좋았다. 당시 카오야는 베이징카오야가
아닌 「난징카오야」였던 셈이다. 이후 명나라가 베이징으로 천도를 했고,
난징카오야 역시 베이징으로 올라와 궁중요리로 자리를 잡았다.

베이징카오야가 민간에 보급된 데에는 「취엔쥐더(全聚德)」라고 하는 음

식점이 결정적인 역할을 하게 된다.

청나라 동치황제 제위기간이었던 1864년. 당시 베이징 톈안먼 건너편 치엔먼(前門)에서 닭·오리 장사를 하던 양취엔런(楊全仁)이라는 사람이 있었다. 그는 황실이 왜 그렇게 많은 오리를 사들이는지 궁금했다. 수소문한 결과「카오야」를 만드는 데 쓴다는 얘기를 들었다.

그는「황제가 먹는 음식을 백성이 먹게 하겠다」는 생각으로 치엔먼 근처 과자점이었던「더쥐취엔(德聚全)」을 사들여 이를 카오야집으로 개장했다. 그리고 궁중의 요리사를 스카우트해 그 맛을 보존하게끔 했다.

이슈 추적

불법(佛法)은 없고 권법(拳法)만 판치는 샤오린스(少林寺)

필자는 직접 경험한 샤오린스의 이야기를 서울서 오는 손님들에게 가끔 들려준다.

어느 눈 내리는 겨울날에 찾은 허난(河南)성 덩펑(登封)의 샤오린스(少林寺). 눈에 묻힌 샤오린스는 1,500년 고찰의 아름다움을 간직하고 있었다. 9년 면벽(面壁)으로 깨달음을 얻은 달마대사가 불교 선종의 큰 물줄기를 열어간 곳. 산사의 역사에 절로 고개가 숙여진다. 달마대사가 면벽을 했다는 동굴, 고승들의 사리가 담긴 타린(塔林) 등은 아직까지 남아 있어 신비감을 더해준다.

샤오린스는 그러나 달마의 불심(佛心)을 기대하고 온 방문객을 이내 실망시키고 만다. 불당은 허술한 관리로 더럽혀졌고, 절간 곳곳을 비집고 들어선 기념품 매점이 눈살을 찌푸리게 한다. 스님은 관광객에게 염주를 안기고는 돈을 받아 챙기는 데 여념이 없다.

절 강당에서는 샤오린스 권법(拳法) 공연이 수시로 벌어진다. 승려들의 심신수련 기법이〈샤오린스〉라는 영화 덕택에 쿵푸(功夫) 무술로 포장되자, 이를 상업화

그러나 장사는 잘 안 됐다. 풍수가를 데려다 그 이유를 물으니 음양오행으로 볼 때 상호 앞뒤를 바꿔야 한다는 답이 나왔다. 이러한 이유로 상호는 「취엔쥐더(全聚德)」로 바뀌었고, 그 때부터 손님이 끊이지 않았다. 그 집은 137년이 지난 지금도 치엔먼 앞 카오야집으로 남아 있다. 치엔먼 취엔쥐더는 베이징카오야를 대표하는 음식점으로 고색창연함을 잃지 않고 있다. 베이징을 찾는 관광객들이 꼭 한 번 들러보는 코스이기도 하다.

취엔쥐더는 현재 중국 전역에 60여 개 점포를 운영하고 있다. 취엔쥐더 식탁에 오르는 오리만 1년에 200만 마리가 넘는다. 지난 1998년에는 산

한 것. 어설픈 공연으로 300위안(약 4만 5,000원)을 받는다. 최근 이 곳을 방문한 우리나라 한 스님은 『샤오린스에 불법(佛法)은 없고 권법(拳法)만이 판을 치고 있다』며 발길을 돌리기도 했다.

샤오린스만이 아니다. 중국 대부분의 절은 지금 관광수입원으로 전락한 지 오래다. 불법을 좇는 스님이 없으니 너무도 당연한 현상이다. 절에서 만나는 스님은 수행자라기보다는 관리원처럼 보였다. 독경소리는 사라진 지 오래다. 우리나라 절에서 느껴지는 엄숙함도 없다. 껍데기만 남은 것이다.

불법이 사라진 샤오린스에서 「사상의 공백」을 실감하게 된다. 중국인들은 지금 의지하고 따를 만한 사상 또는 신앙 부재로 정신적 혼란에 빠져 있는지도 모른다. 최고 생활철학이었던 유교는 공산정권 등장과 함께 설 땅을 잃었다. 중국인들은 학교에서 공자 대신 마르크스-레닌주의, 마오쩌둥 이론을 배운다. 개혁개방정책과 함께 돈이 위력을 발휘하면서 최근에는 물질만능주의가 판을 치고 있다.

중국 서민들은 어려운 현실로부터 탈출할 수 있는 사상을 찾아 헤매고 있는지도 모른다. 중국정부가 전력을 기울여 탄압하고 있는 파룬궁(法輪功)과도 무관하지 않다. 단순한 정신·기공 훈련인 파룬궁이 서민생활에 깊숙이 파고드는 이유는 사상적 허무, 철학 부재현상이 뒷받침됐기 때문이다.

생활에 찌든 중국인들은 끊임없이 「달마대사」를 찾고 있다.

하 식당 및 관련 업체를 통합, 「취엔쥐더 그룹」을 형성하기도 했다. 이 회사는 지금 해외시장 개척에 매진하고 있고, 상장도 추진 중이다. 베이징 카오야에 고유의 전통문화를 상업화하는 중국인들의 지혜가 담겨 있다.」

이 사장의 이야기가 끝날 때쯤 배갈(白酒)이 몇 순 돌고, 그 취기에 모두 기분이 좋아진다. 중국 친구들은 「어떻게 중국 전통문화에 대해 그렇게 소상하게 알고 있느냐」며 감탄한다. 이쯤이면 그는 중국인을 모신 오늘 저녁식사가 성공했다고 생각한다. 「앞으로 그들과의 비즈니스는 잘 풀릴 것 같다」는 느낌을 받는다.

이 사장의 카오야 이야기를 장황하게 늘어놓은 이유는, 그것이 바로 중국 비즈니스의 하나이기 때문이다. 중국인들은 그들의 문화를 소재로 얘기하기를 좋아한다. 온갖 허풍을 떨며 자랑을 해대기도 한다. 그 얘기에 장단을 맞출 정도의 문화적 소양을 갖고 있다면 중국 비즈니스가 쉬워질 것이다. 이 사장처럼 압도해버리면 그 효과는 더 크다.

중국 전통문화에 대한 소양이 충분하지 않으면 그들과의 대화가 중국의 현재 얘기로 흐르게 된다. 현실을 얘기하다 보면 자연스럽게 중국의 부정적인 측면도 거론된다. 중국인이 중국에 대한 좋지 않은 얘기를 좋아할 리 있겠는가. 기업인이 정치얘기를 할 필요는 없다. 중국인은 그런 대화가 이어지면 겉으로는 장단을 맞춰주는 척하지만 속으로는 당황할지도 모른다.

중국전통에 대해 공부를 해둘 필요가 있다. 우리가 즐겨 읽는 《삼국지》, 《금병매》, 《수호지》 등은 좋은 술안주 감이다. 진시황의 중국통일, 유방과 항우가 엮어내는 사면초가 이야기, 이백(李白)의 시(詩) 한 수 등은 쉽게 얻을 수 있는 이야기다. 이런 얘기들은 공부 조금 했다는 중국인들이라면 다 안다. 얘기를 하다 보면 쉽게 통할 수 있게 된다.

중국공산당사를 읽어둬도 좋다. 마오쩌둥(毛澤東)이 혁명 당시 말한 어록이나 활동, 꼬마장군 덩샤오핑이 장제스(將介石) 군대를 이긴 일, 대장정 이야기, 장칭(江淸) 숙청 비록…. 중국에 관한 이야기는 엄청나게 많다. 중국인은 일반적으로 「공산당이 없었더라면 신중국은 없었을 것(沒有共産黨,沒有新中國)」이라는 데 동의하고 있다. 공산당에 대해 좋은 얘기를 해야 한다. 평소 중국에 대해 관심을 갖는다면 그들의 긍정적인 면을 찾는 데 어려움이 없다.

중국은 애정을 갖는 만큼 보이게 마련이다.

중원(中原)의 고독한 사냥꾼

화공 분야 어느 중견기업의 베이징 현지법인 법인장인 P씨. 그는 최근 서울에서 온 사장을 모시고 저녁식사를 했다. 필자도 그 자리에 초대받아 함께 했다. 한식집이었다. 이런저런 얘기를 나누며 배갈을 기울였고, 모두 즐겁게 취했다. 그런데 사장이 갑자기 취한 몸을 추스르며 일어나더니 P법인장에게 넙죽 큰절을 했다. P법인장은 『왜 이러시느냐』며 어쩔 줄 몰라했고, 필자도 깜짝 놀랐다.

『당신은 중국 사령관이야. 내가 당신 관할지역에 왔는데 절 한 번은 해야 하는 거 아니야. 여기서 절대권력을 휘둘러보라고. 나는 병참지원을 맡을 테니까.』

그렇게 말하며 사장은 자세를 고쳐 앉았다. 희끗희끗한 그의 머리칼이 더욱 빛났다.

이 중견업체는 성공한 투자업체로 베이징에서 꽤 소문이 났는데, 식사를 하면서 그 이유를 알았다. 회사 사장이 P법인장을 「무한 정의」로 밀어주고 있었던 것이다. P법인장은 그 지원에 탄력을 받아 베이징 근교 랑팡

(廊坊)이라는 곳에서 800여 명의 중국 직원과 4명의 주재원을 거느리고 비즈니스 전선을 진두지휘하고 있다.

이와는 다른 사례가 있다.

다니던 대기업을 그만두고 한 섬유업체 현지법인장으로 자리를 옮긴 B 씨. 그는 『책임지고 중국사업을 해보고 싶어 회사를 옮겼는데 현실은 너무도 다르다』고 말한다. 직장을 옮긴 지 6개월이 채 되지도 않았는데, 그는 또다시 직장을 바꿔야 할지 고민하고 있다.

B씨가 부딪힌 첫번째 벽은 「보고」다. 위에서 사사건건 보고하라고 지시를 한단다. 보고 라인도 ○○이사, □□이사, △△이사 모두 달랐다. B 씨는 『귀중한 시간을 보고서 쓰는 일로 보내고 있다』고 푸념했다.

『보고서 쓰는 게 이 회사의 문화구나 하고 저도 거기에 적응을 해야겠다고 생각했습니다. 그러나 저를 더 괴롭힌 것은 보고를 올리면 중국 현실과 동떨어진 지시가 내려오는 겁니다. 중국에서 사업을 책임지고 있는 제 말은 무시되기 일쑤였습니다.』

알고 보니 그 회사 사장은 중국사업을 아래 직원들에게 맡겨놓고 자기는 국내 일만 챙기고 있었다고 한다. 중국 비즈니스 간섭은 사장 아래 라인에서 이루어지고 있었던 것이다. 나중에야 알았지만 이전 법인장도 그러한 시스템을 견디지 못해 회사를 그만두었다. 그러니 회사가 잘 될 리 있겠는가. 사람을 바꾸기 전에 중국 비즈니스에 대한 회사의 전략을 재점검해야 했다.

중국에 진출한 기업은 현지에 책임자를 파견하게 된다. 사무소의 경우에는 대표(사무소장), 법인의 경우에는 법인장(總經理) 등의 직위가 붙는다. 이들 책임자는 중국 비즈니스 전선에서 싸움을 지휘하는 현장 「총사령관」이다.

필자는 중국에서 활동하고 있는 기업 현지 상사원들을 「고독한 사냥꾼」으로 비유하곤 한다. 사냥감을 찾아 거친 들판을 뛰어다니는 사냥꾼. 그 곁을 따르는 사냥개가 유일한 친구다. 사냥꾼은 꿩이 날아오르면 즉각 총을 겨냥해야 하고, 노루가 있을 만한 곳을 직감적으로 찾아내 달려가야 한다. 아무것도 정해진 게 없다. 혼자 결정하고, 혼자 뛰어야 한다. 때로는 넘어지고, 때로는 가시에 찔리기도 한다. 유능한 사냥꾼은 해가 서산에 걸릴 무렵 어깨에 송아지만한 노루를 메고 집으로 돌아온다.

한 회사의 중국 비즈니스 성패는 이들 「고독한 사냥꾼」의 활약에 달려 있다. 당연히 그들이 최대한의 능력을 발휘할 수 있도록 본사에서 지원을 해야 한다. P법인장에게 넙죽 절했던 그 사장 말대로 본사는 중국 비즈니스의 「지원 병참부대」에 불과할지도 모른다.

어떻게 하면 「고독한 사냥꾼」을 더 열심히 뛰게 할 수 있을까.

우선 그들을 믿고, 중국 현지 비즈니스의 결정권을 줘야 한다.

중국 비즈니스에는 돌발변수가 많다. 법이 완비된 여느 선진국과는 다르다. 매순간 현지 책임자의 판단이 필요하다. 「의사결정에 앞서 어떻게 보고를 올려야 하나」 고민한다면 판단이 흐려질 수 있다. 시기를 놓칠 수도 있다. 물론 중국 비즈니스의 흐름을 바꿀 만한 큰 사안은 보고를 해야 한다. 그러나 시시콜콜한 것까지 보고를 요구하는 것은 무리다.

둘째, 사장이 직접 나서야 한다.

중국 비즈니스는 전사적으로 달려들어도 성공하기 어려운 사안이다. 리스크가 높다. 경영권을 쥔 사장이 중국사업을 챙기지 않으면 중국 비즈니스 대열이 흐트러질 수 있다. 아랫사람들이 맡게 되면 「책임 회피용」으로 보고서를 쓰라 하고, 쓸데없는 것까지 참견하게 된다. 이런 게 바로 「고독한 사냥꾼」의 발목을 잡는다. 사장이 중역회의에서 『중국사업은 내가 챙긴다. 현지 책임자는 모든 사안을 나에게 직접 보고하라」고 말하라. 그러면 사냥꾼은 틀림없이 석양을 뒤로 하고 노루 두어 마리를 어깨에 메고 돌아올 거다.

셋째, 중국 전문가를 아끼고 중용해야 한다.

중국 주재원 중 상당수는 회사 귀임 발령을 받게 되면 고민에 빠진다. 돌아가봐야 「찬밥 신세」라는 거다. 특히 요즘같이 분위기가 뒤숭숭하면 혹시 「짤리지」 않을까 걱정한다. 일부 회사에서는 『미국이나 일본 주재 경력자들은 쑥쑥 크는데, 중국 근무 경력자들은 눈치를 봐야 한다』라는 분위기가 형성되어 있다고 한다.

이래서는 현지 책임자가 마음놓고 일을 할 수 없다. 지속적으로 중국사업을 하려는 기업은 『한 번 중국에 갔다 온 직원은 꼭 중용한다』라는 것을 보여줘야 한다. 조금 더 회사 분위기를 익히게 한 뒤 다시 중국으로 보내는 시스템이 필요하다. 중국 현지근무를 3~4년, 본사근무를 1~2년 단위로 번갈아 하면 가장 이상적이다. 사장이 주재원을 아끼면 직원들이 중국 비즈니스를 대하는 태도도 달라질 것이다.

넷째, 사업의 영속성을 유지해야 한다.

우리나라 상사원의 경우 대개 과장 초입에 중국에 와서 3~4년 근무한다. 나이는 30대 초반 무렵이다. 현지 중국직원과 함께 일하고 적응하는 데에는 약 1년, 그러면 중국 현지인과 어느 정도 호흡을 맞출 정도가 된다. 그 후 2~3년, 한참 일이 손에 잡힐 때쯤이면 그는 훌쩍 떠난다. 순환근무라는 거다.

그 사람 후임으로 오는 사람도 30대 초반이다. 신참직원이 올 때쯤이면 전임자와 호흡을 맞추던 중국인은 이미 회사물정 알 만큼 알고, 한국사람을 알 만큼 안다. 중국인이 마음먹기에 따라서 신참자는 휘둘리게 되어 있다. 그게 싫어서 일부 신참 상사원은 부임하자마자 현지인을 과감하게 갈아 치운다. 그러면 새로운 중국인을 데려다 부려먹기야 쉽겠지만 예전에 쌓은 노하우는 그냥 물거품이 되고 만다.

이를 막기 위해서는 고독한 사냥꾼을 중국에 박아둘 필요가 있다. 귀임 발령을 내더라도 중국관련 업무에 배치, 관련된 일을 계속 시켜야 한다. 자기가 호흡을 맞췄던 중국 현지인과의 연계도 유지해야 한다. 그래야 신참자도 일하기가 편하다.

다섯째, 든든한 사냥꾼을 구해야 한다.

어떤 조건을 갖춰야 할까. 중국어는 필수다. 중국인을 만나 관시를 트

비행기표 대신 사표 쓰는 상사원

최근 본사 발령을 받은 베이징 주재 상사원 K차장은 귀국 비행기표 대신 사표를 선택했다. 5년 간 중국 각지를 「맨발」로 뛰며 영업을 해왔던 그는 중국 비즈니스의 귀재로 통하던 인물. 「회사로 돌아가 서먹서먹한 사람들과 경쟁을 하기가 겁이 나고, 중국과 관련이 없는 부서로 배치돼서」라는 게 K차장이 사직한 이유였다. 그는 「배운 게 중국장사인데 달리 뭘 하겠느냐」고 한숨을 내쉬었다.

임기를 마치고 중국에 남는 상사원들이 늘고 있다. 정확한 통계는 없지만 필자 주위에도 귀국 발령과 함께 중국사업을 위해 퇴사한 친구가 적지 않다. 특히 대기업 상사원들이 귀국 발령과 함께 벤처기업 중국지사 자리로 옮기는 경우가 많았다. 부처 파견 대사관 직원이 귀국을 포기하고 벤처업체 베이징 지사장으로 옮긴 일도 있었다.

베이징에 오랫동안 머물렀던 많은 상사원들은 귀임시기가 다가오면 걱정이 앞선다. 귀국 후 적절한 자리가 마련될지, 안에서 착실하게 터를 닦아온 동료 「경쟁

고, 그들과 얼굴을 맞대고 상담을 해야 하는 자리이기에 중국어 구사력은 꼭 필요하다. 직원들에게 업무지시를 내릴 때마다 통역이 필요하다면 그 효과가 줄어들 수밖에 없다.

중국어를 구사하지 못하는 사람이 중국에 오면 적응에 많은 시간이 걸린다. 적응기가 끝나면 돌아갈 생각을 하게 될지도 모른다. 중국어가 안 되면 비즈니스에 소극적일 수밖에 없다. 중국에 대한 애착이 생기기도 어렵다. 중국의 껍데기만을 보게 되는 거다. 필자는 3년 동안 중국인 욕만 하다가 서울로 가는 상사원도 봤다.

중국어가 된다고 해서 곧 비즈니스를 잘 한다는 얘기는 아니다. 책임자

자」들과 잘 어울릴 수 있을지 등을 우려한다. 벤처기업으로 옮긴 전직 대기업 상사원은 『귀국 후 실업을 걱정해야 하는 처지였다』고 말했다.

고속성장을 거듭하고 있는 중국은 이들에게 기회의 땅으로 인식되고 있다. 잘 만 하면 중국에서 뿌리를 내릴 수 있다는 계산이다. 일부 「잔류파」는 한-중 경제 협력의 틈새시장을 파고들어 자리를 잡기도 한다.

그러나 모두 성공하는 것은 아니다. 오히려 대기업이라는 울타리를 벗어난 그들에게 중국은 더 큰 시련을 안겨주기도 한다. 대기업 상사원으로 만날 때는 「하오하오(好好)」를 연발하던 중국인이 개인사업가로 만나면 얼굴을 바꾸기도 한다. 대기업 퇴사 후 잔류해 개인사업을 하고 있는 선배들은 『생각만큼 쉽지 않다』고 입을 모은다.

기업으로서는 키워왔던 중국인재를 잃는 손실을 맛봐야 한다. 나가겠다는 직원을 말리기도 어려운 처지다. 이 문제는 지역 전문성을 인정해주지 않는 풍토, 장기 해외근무에 따른 승진 불이익 등 인사정책에 1차적인 이유가 있다.

비행기표 대신 사표를 쓰는 상사원들. 우리나라 기업의 중국인재가 빠져나가고 있다.

가 되기 위해서는 관련 분야의 중국 현장경험이 있어야 한다. 중국인들의 상(商)관습을 알고, 시장 메커니즘을 알아야 한다. 이를 위해서는 균형 잡힌 중국인재를 양성해야 한다. 중국어 인력을 선발해 국내 부서에서 회사 일을 익히도록 하고, 그 후 중국에 직원자격으로 3~4년 파견한 뒤, 다시 서울로 불러들여 관리교육을 시키고, 또다시 중국 현지 책임자로 파견한다면 최상일 거다. 그 과정을 통해 전투력이 뛰어난 사냥꾼이 만들어지는 것이다.

중원의 고독한 사냥꾼들은 지금도 거친 중국 땅에서 사냥감을 찾아 헤매고 있다.

특명, 관시를 잡아라(上)
관시가 뭐길래

관시(關係). 흔히 중국 비즈니스에서 관시가 중요하다고 한다. 「나 그 사람하고 관시가 있어」, 「관시가 없으니까 막막하군」 등의 말을 자주 듣는다. 근사한 요릿집에 가서 저녁식사 한 끼 하고는 「그 사람하고 관시 텄어」라고 즐거워하는 비즈니스맨도 있다.

「관시 만능주의」에 빠진 것 같다.

그런데 정작 「관시가 뭐냐」라는 물음에 명확하게 대답하는 비즈니스맨을 찾아보기 어렵다. 베이징의 여러 상사원들에게 「관시가 뭐냐, 정의를 내려봐라」라는 질문을 던졌다. 열이면 열 모두 답변이 달랐다. human relationship, human network, inner circle, personal relationship, friendship, connection, 인맥, 연줄 등 너무나 다양했다.

모두 틀린 답은 아닐 거다. 그렇다고 어느 것 하나가 딱 「맞다」고 말하기도 어렵다. 이는 곧 중국의 관시라는 것이 우리 생각만큼 간단하지 않다는 것을 보여준다. 개념부터 모호하니까 그 속성을 파악하는 것도 쉽지 않다.

비즈니스에서 관시가 중요하지 않은 나라는 없다. 미국에서 장사를 해도, 일본에서 사업을 해도 아는 사람을 가장 먼저 찾게 마련이다. 사람을 소개받고, 그 사람을 통해 다른 사람을 만나고, 그래서 범위를 넓혀나가는 것이 일반적인 비즈니스 형태다. 우리나라에서는 더 심하다. 구청에서 여권을 발급받을 때 보통 일 주일 걸리지만, 창구 너머에 아는 사람이 있으면 한나절 만에 나오기도 한다.

그런데 왜 유독 중국에서만 관시가 강조되고 있을까. 「중국은 관시의 나라」라며 관시를 찾아 헤매는 이유가 무엇일까.

관시의 속성을 알아보기 위해 먼저 관시가 중국에서 힘을 발휘하는 배경을 알아보자.

중국 시골에 가면 담벼락에 씌어진 「依法治理(법에 따라 이치에 맞게 처리한다)」라는 슬로건을 쉽게 볼 수 있다. 법치가 잘 안 되고 있다는 걸 반증한다. 중국은 역사적으로 법치(法治)보다는 인치(人治) 성향이 강한 나라였다. 시스템보다는 공무원의 자의적인 판단에 따라 행정이 집행될 여지가 많다. 그러니까 더욱더 관시가 강조되는 것이다. 그런 면에서는 우리나라도 크게 다르지 않을 듯싶다.

중국에서 사업하는 비즈니스맨들은 『중국은 되는 것도 없고, 안 되는 것도 없는 나라』라는 말을 자주 한다. 도저히 안 되는 일 같은데도 어느 날 갑자기 술술 풀리는 경우가 있다. 이런 경우 대부분 관시가 작동했기 때문이다. 「인치」의 나라에서는 「연줄 있는 놈이 장땡」이라는 말이 나올 법하다. 반면 법이 정한 절차에 따라 일을 처리하면 쉽게 될 듯한 일도 안 되는 경우가 허다하다. 「인치」를 돌파할 관시가 없기 때문이다.

관시의 또 다른 배경은 사회주의 관료주의 체제다. 중국 공무원들은 특정 사안에 대해 쉽게 총대를 메지 않는다. 책임질 일을 맡으려 하지 않는다. 보신주의 때문이다. 그래서 중요한 의사결정은 가급적 남에게 미룬다. 국유기업도 유사하다. 중국인들은 그런 사회 분위기에서 50여 년을 살아왔다.

그런 평등주의를 깰 때 필요한 게 관시다. 『내가 너에게 확실한 경제적 보상을 해주마. 그러니 이 일은 내 뜻대로 해다오』라는 완벽한 공감대가 바로 관시다.

해당 관리나 기업 간부는 확실한 보상이 있다고 판단될 때 과감히 책임을 지고 총대를 멘다. 흔히 돈이 매개가 된다. 중국인들은 그러나 워낙 남을 의심하는 성향이 강해 어정쩡한 관시를 갖고는 일을 도모하지 않는다. 신뢰가 쌓여야 돈도 받는다.

이 같은 사회적 배경 속에서 관시가 힘을 발휘하고 있는 것이다.

그렇다면 중국인의 관시 속성은 무엇일까.

L씨의 경험이다. IT 업계에서 일을 하고 있는 그는 중국인 파트너와 함께 선전의 한 전시회에 참석했다. 중국측 파트너는 베이징 업계에서 거물급이었다.

『파트너는 선전에 도착하자마자 이해하기 힘든 출장 일정을 보내기 시작했습니다. 그는 선전의 지인과 어울려 밤새도록 술을 먹었지요. 그러고는 오전 내내 곯아떨어졌습니다. 점심 때 부스스 일어나 대충 점심을 해결하고 어디론가 또 전화를 해댔습니다. 그러고는 저녁나절 친구들을 찻집으로 불러 모임을 가졌습니다. 전날 같이 술 먹던 친구도 눈에 띄었고, 새로운 얼굴도 보였습니다.

파트너의 비즈니스는 바로 찻집에서 이뤄졌습니다. 친구들이 모여 『어느 사업에 얼마를 넣고, 어떤 사업을 누구에게 맡긴다』는 등의 얘기가 오갔지요. 그러고는 또 술집으로 가는 겁니다.

그렇게 3박4일을 보냈습니다. 실컷 술을 마시면서도 중요한 비즈니스는 다 한 겁니다. 나중에 안 사실이지만 그들은 하룻밤 술로 친해진 게 아니었습니다. 최소한 5년 이상의 관시를 유지하고 있던 사람들이지요. 파트너가 만난 친구들은 선전 전시회를 계기로 전국에서 모인 동종업계 인사들이었습니다.」

이게 바로 우리가 말하는 중국의 관시다. 오랫동안 서로 테스트하고, 그 검증 과정을 거쳐 믿음이 있다고 판단될 때 관시는 형성된다. 단순한 「human relationship」 또는 「human network」와는 차원이 다른 얘기다. 그런 면에서 관시는 「inner circle」, 「connection」 등과 가깝다.

한 번 관시로 엮어지면 상호 「무한 신뢰」를 보낸다. 배타적인 성향을 보이기도 한다.

울타리를 쳐놓고 자기들끼리 움직이는 것이다. 그러기에 외국인인 우리가 중국의 관시를 파고들기가 쉽지 않다.

물론 밥 한 끼 먹고 「관시를 텄다」라고 말할 수도 있다. 그 역시 관시는 관시다. 점심을 얻어먹은 중국인은 다음에 「라오펑요우(老朋友)」를 연발하며 호들갑을 떨 거다.

그러나 그에게 진정한 도움을 기대하기 어렵다. 인사치레 정도의 도움은 주겠지만 말이다. 중국사람들은 그것을 「관시」라기보다는 「런스(認識 · 알고 있다)」라고 한다.

관시의 또 다른 특성은 돈이 개입되어야 한다는 것이다. 돈을 매개로 하지 않은 관시는 성립 자체가 어렵다. 그래서 관시는 「friendship」, 「personal relationship」 등과는 거리가 있다.

대기업 종합상사에 다니다 지금은 사업을 하고 있는 K씨의 사례다.

그는 종합상사에서 근무하다가 중국인 친구를 한 명 사귀었다. 아주 친했다. 거래 과정에서 그 중국 친구가 어려움에 처했을 때 몇 차례 도와줬단다.

대기업의 굴레를 빠져나온 K씨의 사업은 쉽지 않았다. 자금이 쪼들려 개업 1년이 못 되어 엉망이 됐다. 그 때 중국인 친구를 만났다. 그는 K씨의 얘기를 듣더니 『얼마면 되겠는가』라고 묻더란다.

아무런 조건도 없었다. 다만 『옛날에 나도 너에게 신세 한 번 지지 않았느냐』라는 말과 함께 거금을 내놓았다. K씨는 「관시」의 힘으로 지금 재기를 노리고 있다.

중국 관시의 핵심은 신뢰와 돈이다. 오랜 교류를 통해 신뢰를 쌓고 또 돈을 매개로 그 관시가 유지되고 단단해진다. 신뢰와 돈으로 쌓은 울타리, 그게 관시의 속성이다.

특명, 관시를 잡아라(下)
제도적 관시쌓기에 나서라

재미있는 얘기 한 토막. 한국사람, 일본사람, 중국사람 세 명이 내기를 했다. 누가 닭장 속에 들어가 오랫동안 닭똥 냄새를 참느냐는 게임이었다. 일본사람은 들어가자마자 못 참겠다며 코를 움켜쥐고 뛰쳐나왔다. 30분이 지났을까 한국사람이 『더 이상 안 되겠다』며 걸어나왔다. 중국인은 그 후로부터 한참이 지난 뒤에야 콧물을 질질 흘리며 기어나왔다. 그런데 그의 손에 무엇인가가 들려 있었다. 뭘까. 달걀이다.

중국인들의 성향을 잘 보여주는 이야기다. 그들은 겉으로는 허술하면서도 속으로는 실속을 챙긴다. 그들은 화가 나도 참고, 싫은 소리를 들어도 쓴웃음으로 받아넘긴다. 관시쌓기는 그런 중국인을 상대로 한 것이기에 어렵다.

필자는 취재 과정에서 의외의 사실을 발견했다. 『관시가 깊다고 생각되는 중국인을 몇이나 두고 있느냐』라는 질문에 자신 있게 대답하는 상사원이 드물었다는 것이다. 7~8년 중국에서 비즈니스를 해온 사장님도, 대기업의 상사원도, 대사관 고급외교관들도 대개가 그러했다. 관시의 범위가 모호하기 때문이기도 하겠지만, 우리나라 사람들이 중국 사회에 깊숙이 파고들지 못하고 있다는 것을 말해주기도 한다.

특파원 생활 2년이 지난 필자 역시 마찬가지다. 취재 과정에서 수많은 중국인을 만나면서도 「관시가 깊다」고 꼽을 수 있는 친구는 솔직히 한 명도 없다. 다만, 지속적으로 공을 들이고 있는 사람이 몇 될 뿐이다. 그들과는 자주 만나고, 때가 되면 선물한다. 그게 필자가 할 수 있는 관시쌓기의 전부다.

동서고금을 막론하고 인간관계를 유지하는 근본은 같다. 성실, 정직, 상대에 대한 배려…. 중국에 있는 많은 상사원들 역시 그러한 마음가짐으로 중국인들을 접하고 있다. 그런데도 관시쌓기가 어렵다고 하는 이유는 무엇일까.

10년 이상 중국 비즈니스 경력을 가진 포항제철 중국본부 김동진 상무는 중국인 특유의 대인관계 성향에서 그 원인을 찾는다.

『중국인들은 대인관계에서 매우 보수적이고 소극적입니다. 그들은 한두 번 만난 사람에게 쉽게 마음을 열지 않습니다. 겉으로는 술 한 잔에 10년지기가 된 듯 「하오하오(好好), 라오펑요우(老朋友)」라고 추켜세우지만 관련된 일이 마무리되면 그것으로 끝입니다. 한두 번 만나 관시를 맺겠다는 발상 자체가 성립되지 않는 겁니다.

반면 우리는 처음 만난 사람이라도 술집에 가 어깨동무하고 노래 한 번 같이 부르고 나면 10년지기가 됩니다. 간도 쓸개도 모두 빼줄 수 있는 관계로 변합니다. 중국인과 사이클이 다른 것입니다. 술자리 몇 번 같이했다고 해서 큰 도움을 기대하면 착각입니다.

자주 만나는 것 이외에는 다른 관시쌓기 방법이 없습니다. 자주 만나서 양파 껍질을 벗겨내듯 한 발 한 발 파고들어야 합니다. 만남의 횟수가 곧 관시의 정도입니다.」

어떻게 하면 지속적으로 만날 수 있을까. 대우 중국본부 전병우 상무가 제시하는 해법이다.

『공통된 비전을 갖고 있을 때 비로소 관시가 형성됩니다. 서로의 이익을 극대화할 수 있는 비전을 제시하고, 「윈-윈(win-win)」 관계가 성립돼야 그 관시가 오랫동안 이어질 수 있지요. 그러기 위해서는 상대방에게 무엇인가를 줄 수 있어야 합니다. 저 사람을 만나면 새로운 정보를 얻는다든가, 돈 벌 기회를 잡는 데 도움을 준다는 등의 인식을 심어줘야 합니다. 특히 「돈」은 관시에서 결코 무시할 수 없는 요소입니다. 그래야 만나도 할 얘기가 많고, 그 과정에서 인간적인 신뢰가 쌓입니다.

우선 비전을 공유할 수 있는 목표(관시의 대상 인물)를 설정하고, 집중적으로 그와 교류를 갖는 게 필요합니다. 2~3년 정도 만나면서 서로를 확인하고, 5년을 넘기면서 신뢰를 쌓고, 10년 정도가 지나면 여자 얘기도 털어놓을 수 있는 관계로 발전합니다.」

삼성물산 베이징 지점 김재경 부장이 제시하는 가장 좋은 관시쌓기는 「해외로 데려가는 것」이다.

『중국인들은 중국에서는 쉽게 마음을 열지 않습니다. 주위 눈을 의식해야 하니까요. 그런 그들도 해외로 나가면 쉽게 친해질 수 있습니다. 비즈니스도 쉽게 이루어지고요. 많은 기업이 사업 파트너를 제주도로 초청, 협상을 갖는 것도 이 때문입니다. 한국이 아닌 제3국으로 함께 여행하는 것도 방법입니다. 해외여행 기회가 적은 그들은 세상구경에 목말라하고 있습니다.」

그래서 필요한 게 제도적 차원의 관시쌓기다. 개인이 아닌 회사가 나서야 한다는 것이다. 물론 관시쌓기의 출발은 개인이다. 그러나 개인이 중국인과 만나 관시를 쌓아가는 데는 한계가 있다. 식사와 술, 여자 등으로 연결되는 개인 차원의 관시쌓기는 모래성과 같아 쉽게 허물어질 수 있다. 중국측 사업파트너를 한국 또는 제3국으로 여행시켜주는 일은 개인으로서는 할 수 없다. 개인이 하기 어려운 일도 회사가 조직적으로 나서면 쉽게 해결된다.

해당 중국인 자녀를 해외로 유학시켜주는 것도 좋은 관시쌓기 수단이다. 자식에게는 한없이 약한 게 중국인이다. 그들은 『아들을 해외로 유학시켜주겠다』면 반한다. 이 역시 개인이 아닌 회사가 나서야 가능한 일이다. 중국 파트너들을 국내로 불러들이는 것도 회사의 지원이 있어야 가능하다.

국가 차원의 관시쌓기도 필요하다. 정부가 나서서 중국인을 불러들이고, 그들에게 많은 것을 보여주고 베풀어주는 것도 일종의 관시쌓기다.

관시쌓기 초기에 중국인에게 접근하는 방법을 알아보자.

우선 상대가 누구냐에 따라 다를 것이다. 파트너가 술을 좋아하면 같이 마셔주고, 여자를 좋아하면 예쁜 여자들이 있는 곳으로 데려다 주고, 골프를 좋아하면 같이 라운딩해주고…. 서울에서와 다를 게 없다. 끝없이 관심을 갖고 정성스럽게 대해주면 된다.

돈 좋아하지 않는 중국인은 없다. 적당히 돈을 찔러주는 것도 초기 관시를 트는 한 가지 방법이다. 한 상사원은 『돈을 주려면 쩨쩨하게 주지 말고 입이 딱 벌어질 정도의 거금을 주라』고 충고한다. 관리의 경우 최근 부정부패 단속이 심해지면서 뇌물을 매우 조심한다. 『이 돈은 우리 회사가 지원을 받은 대가로 주는 것이니 부담 없이 받아라』라는 식으로 자연스럽게 건넬 필요가 있다. 한국과 크게 다르지 않다.

상대가 젊거나 출세욕이 강한 관리라면 조심해야 한다. 상하이 같은 경

골프, 중국 비즈니스의 또 다른 수단

「중국과 골프장.」 다소 안 어울린 듯한 조합이다. 골프는 왠지 사치스러워 지저분한 이미지가 강한 중국과는 궁합이 안 맞을 것 같다. 그러나 사실은 그렇지 않다.

지금 중국 주요 도시에는 붐이라고 할 정도로 골프장 건설이 한창이다. 베이징만 해도 이미 13개 골프장이 영업 중이고, 올림픽이 열릴 2008년에는 약 40여 개로 늘어날 것이라고 한다.

2008년 베이징올림픽에는 골프가 시범종목으로 포함될 것으로 예상돼 골프장 건설은 더욱 늘어날 전망이다.

상하이 역시 골프 천국이라고 할 만큼 골프장이 많다. 중국 전역에 약 1,000개의 골프장이 있는 것으로 알려졌다.

중국에서 활동 중인 대부분의 비즈니스맨들은 골프를 친다. 주말이면 골프 클럽을 메고 골프장으로 향한다.

서울에 비하면 훨씬 싼 가격으로 여유를 갖고 칠 수 있다. 대부분 시내에서 1시간 이내에 자리잡고 있어 오고가기도 어렵지 않다.

중국은 적당히 여유시간을 즐길 만한 오락이 없다. 골프가 가장 적당한 운동이다. 건강관리 차원에서 골프가 필요한 것이다. 골프가 정말 필요한 이유는 다른 데 있다. 골프 인구가 급증하면서 중국에서도 골프가 강력한 비즈니스 수단으로 등장하고 있다는 점이다.

중국 골프장의 주요 고객 구성원이 바뀌고 있다. 얼마 전까지만 해도 베이징 골프장의 최대 고객은 외국인이었다. 미국·일본·한국인이 주요 고객이었다. 그러나 지금은 다르다. 부유층이 늘어나면서 이제는 중국인이 주요 고객으로 등장했다. 골프를 치는 중국인들은 모두 「힘깨나 쓰고, 돈깨나 있는 사람들」이다. 이들과 교제할 수 있는 장소가 바로 골프장이다.

선전 투자기업에서 일하고 있는 P과장이 들려주는 얘기.

준프로급인 그가 어느 날 라운딩을 앞두고 몸을 풀고 있었다. 우연히 옆에서 스윙 연습을 하고 있는 사람과 눈이 마주쳤다. 그의 폼을 보고는 몇 가지 조언을 해주었다.

라운딩을 마치고 라커룸에서 그를 다시 만났다. 그는 「당신의 지적 덕에 오늘 굉장히 잘 쳤다」며 다음에 같이 칠 수 있겠느냐고 제의해왔다.

그 다음 주 P과장은 「제자」와 다시 라운딩을 했고, 금방 친해졌다. 알고 보니 그는 중국은행 광둥(廣東)지역 책임자였다. 그는 세번째 라운딩에 회사 재무담당자를 참여시켰고, 그 재무담당자는 그 후 중국은행을 자주 드나들었다.

골프장을 찾는 중국인의 구성을 보자.

돈벼락을 맞은 개인사업가가 가장 많고, 그 다음이 공무원·금융관계자·정보기술종사자·외국인기업 종사자 등의 순이었다. 모두 중국에서 한몫 하는 사람들이다. 그런 사람들과 어울리고, 관시를 맺는 가장 좋은 장소가 바로 골프장인 것이다.

물론 대부분의 한국 상사원들은 한국인끼리 골프를 친다. 그것 역시 비즈니스 정보를 교환하는 방법이기는 하다. 그러나 비즈니스를 잘 하는 상사원들은 골프를 치는 중국인을 일부러 찾아다니며 사귄다. 상대 파트너가 골프를 치자고 제안했는데 실력에 자신이 없어 주저한다면 낭패다.

「라운딩을 같이한 중국인은 결코 친구를 잊지 않습니다. 그들은, 내가 필요한 정보를 주기도 하고, 사람을 소개시켜주기도 합니다. 특히 정부관리와 라운딩을 하면서 관시를 터놓으면 일이 수월하게 풀리는 경우가 많습니다. 중국의 상류사회로 파고들고자 하는 비즈니스맨들은 반드시 골프를 쳐야 할 겁니다.」 베이징에서 골프 관련 사업을 하고 있는 차이나링커의 정윤모 사장은 「리치 마케팅의 좋은 장소가 바로 골프장」이라고 말한다.

중국 상사원이 골프를 치는 것에 대해 색안경을 끼고 보지 말자. 유능한 상사원들은 사장이 「너는 일 안 하고 골프만 쳤냐」라고 물으면 이렇게 자신 있게 대답한다.

「그렇습니다. 골프 치느라고 바빴습니다. 그러기에 이만큼 꾸려 가는 것입니다.」

우는 공무원에게 「뇌물」이 잘 통하지 않는다고 한다.

정부부처의 연로한 간부라면 『퇴직 후를 보장해주겠다』는 식으로 접근하는 것도 방법이다. 『퇴직 후 우리가 설립하는 합작법인의 고문으로 영입하겠다』는 제안을 하면 그들은 정말 내 일이라도 되는 양 헌신적으로 도와주기도 한다.

종합상사 한화의 한갑진 베이징 소장(40)은 아직 젊은 나이인지라 중국 친구들과 어울리기를 좋아한다. 베이징에서 6여 년을 보낸 그는 지난 추석 연휴 때 중국 파트너들을 집으로 불러 마작 게임을 했다. 물론 적당히 잃어줬다. 그는 중국인 친구와 골프도 친다. 그의 중국 친구 중에는 그와 별다른 이해관계가 없는 친구들도 많다. 그는 상대방이 무엇에 관심이 있는지를 먼저 파악하고, 그에 맞는 관시쌓기 전략을 세운다고 한다.

관시쌓기는 돈과 시간이 요구되는 일종의 투자라는 점을 잊어서는 안 되겠다. 또 관시는 의존하는 게 아니라 활용하는 것이라는 점도 명심해야 한다.

중국 비즈니스
「본능적 자본주의자」들과의 대화

　중국에서 사업을 하는 기업인이나 상사원들은 하루에도 수십 명의 중국 파트너를 만난다. 그들에게 물건을 팔기도 하고, 협상도 하고, 또 어울려 술을 먹기도 한다. 『중국 비즈니스맨, 그들은 누구인가?』 『그들은 어떤 생각으로 뛰고 있는가?』 상사원들은 끊임없이 중국인을 알려고 노력한다. 필자 역시 취재 과정에서 똑같은 「물음표」를 머리에 두고 중국인들을 접하게 된다.

　후난(湖南)성 창사(長沙)의 한 사영기업인 위엔다(遠大)를 방문했다. 중앙통제식 에어컨 생산업체다. 연간 생산량을 기준으로 하면 세계에서 가장 큰 업체다.

　이 회사의 제품 가격은 외국 제품보다 약 20% 높다. 그럼에도 미국, 프랑스, 일본 등으로 수출된다. 기술 경쟁력이 높기 때문이다. 「중국제품은 싸구려」라는 인식이 이 회사에게는 맞지 않는다. 이 회사는 미국의 한 투자은행과 함께 뉴욕증시 상장을 추진 중이다.

　최근 후난성 정부가 이 회사에게 「선물」을 하나 줬다. 이 회사 부지의 여섯 배나 되는 주변 땅 2만㎡를 「위엔다파크(遠大城)」로 지정, 마음껏 활용하도록 했다. 공장을 확대할 필요가 있으면 얼마든지 쓰라는 얘기였다.

맨주먹으로 회사를 설립한 엔지니어 출신 장위에(張躍·41) 사장은 이렇게 말한다. 『공무원들이 더 난리입니다. 그들은 우리가 하는 모든 사업에 후원자입니다. 그들은 우리가 요구하지도 않았는데 찾아와 「불편한 것 없느냐」라고 묻고, 문제를 해결해줍니다. 세금을 깎아주기도 합니다. 외국 바이어들을 데려오기도 하지요. 』

이 회사 취재를 마치고 창사로 나오는 미니버스 안. 싱가포르, 일본, 독일, 한국 등 네 명의 외신기자들 사이에 토론이 벌어졌다. 중국 체제가 주제였다. 필자가 『이런 나라를 어떻게 사회주의 국가라고 할 수 있느냐, 오히려 자본주의 국가보다 더 자본주의적 성향을 갖고 있지 않느냐』라고 문제를 제기해 토론이 시작됐다.

『그렇다. 「사회주의 시장경제」라고 하지만 너무나 빨리 사회주의적 색채를 탈색해가고 있다.』(싱가포르 기자)

『지금 모든 중국인은 돈을 향해 뛰는 「경제 동물(economic animal)」 같다. 그들에게 더 이상 이념은 중요하지 않다.』(독일 기자)

『변형된 자본주의 국가라고 부르는 게 좋을 것 같다.』(일본 기자)

우리가 내린 결론은 이랬다. 이제부터 중국을 「중국 특색의 사회주의」로 보지 말고 「중국 특색의 자본주의」로 바라보자는 것이었다.

옆에서 토론을 지켜보던 중국 신화통신 기자가 끼여들었다. 그는 『체제가 무슨 상관이 있느냐. 국민들만 배불리 먹이면 그만이지 않느냐』라고 했다. 그 말을 듣는 순간 우리 외신기자들은 『중국인다운 말이다.』라며 박수를 쳤다. 개혁개방의 총설계사 덩샤오핑(鄧小平)은 『흰 고양이든 검은 고양이든 쥐만 잘 잡으면 좋은 고양이다(不理是黑猫惑是白猫, 捉到老鼠的就

是好猫)」라고 말하지 않았던가.

「중국 특색의 자본주의(有中國特色的資本主義) 국가.」학문적 배경이 있는 것도 아니고, 뚜렷한 이론이 있는 것도 아니다. 다만, 그런 시각으로 중국을 보니 더

흑묘백묘 「흰 고양이든 검은 고양이든 쥐만 잘 잡으면 좋은 고양이」라는 덩샤오핑의 「흑묘백묘론」. 이 한 마디가 중국 개혁개방의 큰 줄기를 열었다.

「명확하게」 중국이 다가오더라는 것뿐이다.

「중국 특색의 자본주의」는 어떻게 형성될까.

양저우(揚州)는 인구 100만의 작은 역사 도시다. 남북을 잇는 대운하와 양쯔(揚子)강이 교차하는 곳에 자리잡고 있어 수·당 시대에는 화동(華東) 지역 최대 거점이었다. 신라 최치원이 그 곳에서 지금으로 치면 시장비서에 해당하는 관직에 오르기도 했다. 우리나라 역사교과서에 나오는 「토황소격문」이 씌어진 장소도 바로 그 곳이다. 지금은 장쩌민(江澤民) 주석의 고향으로 더 잘 알려졌다.

이 곳에 박물관이 있다고 해서 찾아갔다. 수나라와 당나라 때의 양저우 문물(文物)을 보고 싶어서였다.

박물관에서 필자를 맞은 것은 유물이 아니라 노점상이었다. 박물관 앞뜰에 장사꾼들이 판을 벌리고 호객행위를 하고 있었다. 슬금슬금 다가와 물건을 파는 그런 사람들이 아니었다. 그들은 돗자리에 조잡한 물건을 펼쳐놓고 너무도 당당하게 물건을 팔고 있었다.

어떻게 박물관 경내에서 장사꾼들이 판을 벌일 수 있을까. 우리로서는 상상도 할 수 없는 일이다.

양저우에서 난징(南京)으로 건너왔다. 도심 한가운데 부자묘(夫子廟)라는 곳이 있었다. 하천에 분수대를 만들어 물 춤을 연출하고, 조명을 밝혀

놓는 공원인데 이방인의 눈에는 유치하게 보였다. 밤이 되자, 이 곳에도 사람들이 몰려들었다. 엄청나게 많은 선물가게들이 밤 산보를 즐기러 나온 사람들을 상대로 영업을 하고 있었다. 공원의 호젓함이란 없었다. 장사꾼들이 산책을 나온 사람들보다 많았으니까 말이다.

양저우 취재길에서 「중국인에게 돈은 본능이다」라는 걸 새삼 느꼈다. 그들은 끊임없이 돈 맥을 찾고, 돈 맥을 잡으면 앞뒤 가리지 않고 캐들어 간다. 단 1원의 수익이 생겨도 팔을 걷어붙이고 뛰어든다. 돈은 그들에게

Biz 포인트

내 주머니 돈 「易入難出」

가끔 아내와 함께 재래시장을 찾는다. 호객하는 상점 주인 아줌마의 팔팔한 목소리, 가격을 깎으려는 손님과 한 푼이라도 더 받으려고 안달이 난 상점 주인과의 신경전, 할일 없이 시장을 서성대는 아저씨… 재래시장은 내가 중국 땅에서 살고 있음을 가장 절실하게 느끼게 해주는 곳이다.

시간이 나거나, 이유 없이 답답함을 느낄 때 필자는 가끔 베이징 신웬리(新源里) 시장에 들르곤 한다.

그 날도 필자는 아내와 함께 이 곳 시장을 찾았다. 우리 상식으로는 납득이 안 가는 일이 벌어졌다. 아내가 27위안어치의 과일을 사고, 30위안을 꺼내주었다. 당연히 3위안을 거슬러줘야 할 상인은 돈 거슬러줄 생각은 않고 다른 과일들을 이것저것 더 담아주며 『3위안어치를 더 담았다』라고 말하는 것이었다. 3위안을 은근 슬쩍 손에 넣으려는 「수작」이었다. 어이가 없었다. 『하올러하올러(好了好了)』를 연발하며 봉지를 억지로 떠미는 그가 귀엽기도 했다.

이러한 일은 중국 시장에서는 흔히 보는 광경이다. 아내는 처음에는 『돈 거슬

「본능」이기 때문이다.

중국인들은 흔히 체면(미엔즈·面子)을 중시하는 민족이라고 한다. 그런데 돈 앞에서는 이 체면도 내팽개치기 일쑤다. 속이 뻔하게 들여다보이는 거짓말을 너무도 태연하게 해댄다. 염치없는 일도 척척 잘 한다.

최근 전시회에 참가차 베이징에 온 벤처기업 P사장은 전시장에서 한 TV 방송국 제작진의 방문을 받았다. 기자인 듯한 그 사람은 P사장에게 다가오더니 『2만 위안(1위안=약 150원)만 내면 크게 찍어 방송해주겠다』

러달라』며 따지곤 했지만 이제는 「으레 그러려니」 한다.

중국 상인들은 일단 내 주머니에 들어온 돈은 결코 내주려 하지 않는다. 당연히 내주어야 할 돈인데도 아까워한다. 「되놈 기질」이라는 우리말이 그래서 나온 것인지도 모르겠다.

최근 사무실을 이전한 한 중소기업 박(朴) 사장이 겪은 일이다. 중국 건물주는 일반적으로 입주시 보증금(두 달치 임대료)을 요구한다. 계약이 끝나고 사무실을 비울 때 입주자에게 주어야 할 돈이다. 그런데 이 보증금을 받아내기가 보통 까다로운 게 아니다.

박 사장은 건물 주인에게 보증금 반환을 요구했지만 건물주는 온갖 트집을 다 잡아 보증금의 절반 정도만 주겠다고 우겼다. 그는 결국 보증금의 3분의 2밖에 받아내지 못했다.

베이징 상사원들은 중국인들과 비즈니스 협상을 할 때도 이 같은 성향이 자주 나타난다고 말한다. 일단 돈이 상대방으로 넘어간 뒤에는 태도가 달라지는 경우가 많다는 거다. 돈을 건네준 대가로 마땅히 돌아와야 할 상품이나 서비스 가치가 돈의 액수와 동일하지 않은 때도 많다.

상사원들은 그래서 일의 진전상황을 봐가며 단계적으로 돈을 지불하라고 충고한다. 덜컥 선금으로 많은 돈을 주면 낭패 보기 쉽다는 얘기다.

고 제의했다. P사장은 한편으로는 기가 막히고, 또 다른 한편으로는 돈의 위력을 직감했다. 이 날 P사장의 부스는 베이징 TV 저녁 뉴스시간에 꽤 긴 시간 방송을 탔다.

중국에는 개혁개방 초기 유행어로 「向錢走(돈을 보고 달려라)」라는 말이 있었다. 문혁시기 담벼락에 표어로 널리 쓰이던 동음어 「向前走(앞을 보고 달려라)」를 패러디한 말이다. 개혁개방과 함께 그들은 돈을 향해 달려가는 사람들이 됐다. 그들 속에 잠재해 있던 「돈에 대한 본능」이 덩샤오핑의 개혁개방정책과 함께 살아나기 시작한 것이다.

그러한 「자본주의 사람들이 만든 사회주의 국가」가 바로 지금 중국이다. 그래서 한국인은 중국에 가면 『여기 공산주의 국가 맞아?』하며 놀란다. 「사회주의 사람들이 만든 자본주의 국가」에서 자라온 우리로서는 이해하기 어려울 수밖에 없다.

「중국 특색의 자본주의」는 돈을 좇는 중국인들의 본능이 만들어낸 속성이다. 「돈을 좇아 삼만 리」다. 그들은 국가, 기업, 개인 모두가 돈을 버는 최적의 방법을 만들어낸다. 아주 효율적이다. 중국은 이 같은 특성의 자본주의를 운영해놓고서도 「사회주의」라는 껍데기를 덮어뒀다. 뚜껑을 열면 중국은 자본주의 국가이며, 그 자본주의는 돈에 대한 본능이 만들어낸 「본능 자본주의」다.

중국의 우리나라 상사원들은 그러한 「본능적 자본주의자」들과 비즈니스를 하고 있는 것이다.

천(千)의 얼굴 중국인 상술

중국 비즈니스 경력 7년째로 접어들고 있는 한 대기업 베이징 지사장 K씨. 그의 주요 일과는 중국 비즈니스맨과의 협상으로 시작돼 협상으로 끝난다. 그런 그도 『중국인들과 매일매일 만나지만 그들의 상술은 따라잡기 힘들다』고 털어놓는다. 중국인들의 상술은 상황에 따라 변화무쌍하다는 얘기다.

중국인들의 상술이 가장 화려하게 빛나는 곳은 협상 테이블이다. 중국에서 활동하고 있는 상사원들이 들려주는 중국인 특유의 협상술을 보자.

「성동격서(聲東擊西)」형.

가장 흔하게 나타나는 협상술이다. 주변 경쟁업체와 협상을 벌이는 척 꾸미며 상대방의 약점을 공격한다.

화학업체인 P사 베이징 지사는 최근 기존 거래업체로부터 수입제안을 받았다. 그러나 중국 바이어는 수입하겠다는 말만 해놓고 협상은 경쟁관계에 있는 S사와 시작했다. S사는 『새로 거래를 틀 테니 가격을 깎아달라』는 중국 바이어 제안을 받아들였다. 신규고객 확보차원이었다. 그렇다고 바이어가 S사로부터 물건을 수입한 것은 아니다. 그는 그 가격을 갖고 P사로 가 『S사에서 이만큼 깎아줬는데 어쩌겠느냐』고 으름장을 놓았다. P사는 기존 거래가격을 낮춰줄 수밖에 없었다.

「전략적 만만디(慢慢的·느리다는 뜻)」형.

자기가 유리하다고 판단될 때 구사하는 협상술이다. 고의로 협상을 지연시켜 상대방의 진을 빼는 작전이다.

2년 전 발생한 한-중 마늘분쟁 협상이 한 예다. 당시 협상에 관여한 한 상사원은 중국측의 지연작전에 치를 떨었다. 중국측은 어렵게 얻어낸 협상 결과를 그 이튿날 뒤집기 일쑤였다. 다 됐다 싶으면 새로운 조건을 내밀기도 했다. 협상 중 파트너가 바뀌기도 했다. 국내언론의 질타를 받고 시간에 쫓기던 우리나라 협상 팀의 약점을 노린 것으로 해석된다.

「허장성세(虛張聲勢)」형.

자신의 결점을 감추기 위해 허세를 동원하기도 한다. 투자협상에서 자주 나타난다.

산시(陝西)성 타이위안(太原)에 합작 공장을 세웠던 P사가 이 전략에 말려든 케이스. 이 회사의 파트너는 투자협상을 벌이면서 산시성 성장, 성서기, 타이위안 시장 등 거물들을 모두 끌어들였다. 성정부 차원의 지원이 있음을 암시한 것. 그러나 협상이 타결되고, 투자금이 입금된 후 성정부 관계자들은 만날 수조차 없었다. 성정부에서 판로를 열어줄 거라는 기대는 포기해야 했다. P사는 약 1,000만 달러에 달하는 투자 자금만 몽땅 날렸다.

「애매모호(曖昧模糊)」형.

일단 포괄적으로 협상을 타결해놓고 구체적인 사안은 상황에 따라 자신에게 유리한 방향으로 이끄는 경우다. 상황변화에 따라 협상 자체를 파기하기도 한다.

대우는 이동통신사업자인 중국연통과 4년 전 저장(浙江)성 이동통신사업 계약을 체결했다. 중국은 그러나 사업이 궤도에 오른 2000년 하반기 대우에게 사업에서 손을 떼도록 압력을 가했다. 중국은 당시에는 문제되지 않았던 「중중외(中中外 · 중국업체 2개와 외국업체 1개 합작)방식」을 불법이라며 협상파기를 선언했다.

「속전속결(速戰速決)」형.

상대방이 다른 생각을 하기 전에 협상을 매듭 짓는다. 자신이 불리하다고 판단될 때, 바이어를 꼭 잡아야겠다고 판단될 때 활용된다.

ADSL 전문 통신설비 벤처업체인 T사는 최근 한 중국업체와 합작사를 설립했다. 이 회사가 파트너를 찾고, 합작사를 설립하기까지 걸린 시간은 약 4개월. 그야말로 일사천리였다. 이 회사는 더 좋은 회사와 더 좋은 조건으로 계약을 체결할 수 있었다는 것을 나중에 깨달았다.

이 같은 협상술이 오늘의 중국을 만들었다. 중국은 지난 20여 년 동안 해외 자금과 기술을 끌어들였다. 「시장」이 미끼였다. 외국의 돈과 기술을 바탕으로 매년 10~20%의 놀랄 만한 성장세를 보였다. 테러와의 전쟁이 벌어지고 있음에도 중국의 성장세는 누그러질 줄 모른다.

그러나 중국에 들어와 성공했다는 외국기업은 찾기 힘들다. 모두 중국인들의 배만 불려주었을 뿐이다. 많은 이유가 꼽히고 있다. 그 중 무시할 수 없는 게 「중국인 상술」이다. 그들의 상술 앞에 외국기업들이 무력화된 것이다.

중국인 상술은 어떻게 형성된 걸까.

상사원들은 『변화무쌍한 중국인의 상술을 하나하나 파악하려는 것은 의미가 없다』고 말한다. 『수천 년 역사에서 축적된 그들의 문화 속성을 먼저 이해해야 그들의 상술이 보인다」는 얘기다. 상술은 정신문화의 한 단면이기 때문이다.

중국인의 상술 중 하나인 「인고(忍苦)의 지혜」를 예로 들어보자. 그들은 참는 데 이골이 난 사람들이다. 단돈 1원을 위해서라면 화가 나도 참고, 싫은 소리를 들어도 쓴웃음으로 받아넘긴다. 그러면서 비즈니스가 숙성되기를 기다린다. 때가 됐다 싶으면 누구보다 빨리 움직인다. 겉으로는 허술한 것 같지만 속으로는 실속을 챙긴다.

중국인들이 자주 쓰는 말로 「好死不如賴活着(호사불여뢰활착)」이라는 게 있다. 『아무리 장렬한 죽음도 비열한 삶만은 못하다』라는 뜻. 살아 있어야 복수도 하고, 기회를 엿볼 수 있다는 얘기다. 중국인들의 마인드에 이 같은 의식이 자리잡고 있기에 기회가 성숙될 때까지 고통을 참고 또 참는 것이다.

중국인들은 화려한 속임수를 구사하기도 한다. 뻔히 들여다보이는 거짓말을 해대기도 하고, 계약을 했다가도 상황이 불리해지면 쉽게 파기하기도 한다. 속임수에 넘어간 우리나라 비즈니스맨들은 『중국인의 상술에 당했다』고 푸념한다.

우리나라 비즈니스맨들은 중국의 「商(상)」개념에 이미 「속임」의 뜻이 내포되어 있음을 알아야 한다. 『간사함이 없었다면 상업도 존재하지 못했을 것이다(無姦不商)』라는 말이 이를 말해준다. 중국인 상술은 결국 「남의 재화를 앗아오는 것」이라는 차원에서 생성된 것이다. 서양식 「윈-윈 상술」과는 거리가 멀다. 동방예의지국에서 자라온 우리나라 「선비」 비즈니스맨들이 중국인에게 당하는 이유다.

수천 년 중국 왕조역사를 통해 「돈」은 관료주의의 압제로부터 자신을 보호할 수 있는 유일한 수단이었다. 관료의 길을 걷지 못했던 대다수 서민들은 가족의 안전을 위해 재신(財神)을 숭배했다. 덩샤오핑의 개혁개방 추진과 함께 잠시 억눌렸던 그들의 「재신 숭배」 전통이 다시 화려한 빛을 발하고 있다. 비즈니스맨뿐만 아니라 관료·교수·예술가·농민 모두 「파차이파차이(發財發財·돈벌자)」를 외친다.

천(千)의 얼굴을 가진 중국인 상술. 그들의 상술이 광대한 시장과 맞물려 빛을 발하고 있다.

현지인 다루기(上)
생산직 근로자

2001년 여름 어느 날. 베이징 상사원들은 아침신문을 받아들고는 경악을 금치 못했다. 「한국 투자기업 여공 몸수색 사건」이라고 씌어진 커다란 활자가 눈에 들어왔기 때문이다. 각 신문은 기사와 함께 여직공들이 몸수색당하는 장면을 사진으로 싣기도 했다. 상사원들은 『설마 한국기업이 그랬을까』라며 믿지 않으려 했지만 신문에는 「한치(韓企 · 한국기업)」라고 분명히 찍혀 있었다.

이 사건은 〈천바오(晨報)〉, 〈완바오(晚報)〉 등 주요 일간지에 보도된 데 이어 인터넷에도 올라 사이버 공간을 헤집고 다녔다. 일부 뉴스 사이트에는 「한국투자기업에 치욕당한 여공」이라는 코너가 생기기도 했다.

보도를 접한 베이징 상사원들의 심정은 착잡했다. 도대체 어쨌기에 멀리 선전에서 일어난 일이 베이징 주요 일간지 뉴스로 전해졌을까. 이로 인해 우리나라 기업 이미지는 얼마나 많은 타격을 받을까. 상사원들의 걱정은 이만저만이 아니었다.

선전의 가발가공업체인 B업체가 물건을 빼돌린다는 이유로 여공들의 몸을 수색한 게 사건의 발단이었다. 신문은 『심지어 남자들이 보는 앞에서 하의를 내리고 몸을 수색했다』며 자극적으로 보도했다. 「한국 때리기」가 아니냐는 의구심이 일 정도였다. 보도시각이 어떻든 이 사건은 중국 노동자를 인간적으로 대우하지 않은 회사측에 1차적 책임이 있음을 부인하기 어렵다.

여공들의 소송으로 이 문제는 법정으로 비화된 후 서로가 대화와 타협으로 2개월여 만에 해결됐지만, 이 사건은 우리나라 일부 기업들의 중국 근로자 다루기가 미숙하다는 것을 보여줬다는 점에서 시사하는 바가 매우 크다.

중국에 투자한 기업은 많은 수의 현지 중국인을 고용하게 된다. 공장의 단순노동자에서부터 시작해 중간관리자, 고급관리자에 이르기까지 다양한 중국인을 고용한다. 중국사업은 이들을 어떻게 활용하느냐에 달려 있다고 해도 틀리지 않다. 그들이 바로 부가가치 창출의 원동력이기 때문이다.

모두 그렇다고는 할 수 없지만 많은 한국 투자자들은 중국인을 「부리는 대상」으로 여기고 있다. 그들에게 지나칠 정도의 노동을 요구하며, 그들을 믿지 못해 중요한 일을 맡기지도 못한다.

이로 인해서 발생하는 문제는 가지각색이다. 직원들의 노동분규를 적절히 처리하지 못해 결국 공장문을 닫는 경우가 아직도 발생하고 있다. 비인간적인 대우를 받은 운전사의 본사 투서로 현지직원 사장이 귀국행 비행기를 타기도 했다. 처우에 불만을 품은 직원들의 사보타주로 불량품이 너무 많이 생산되어 사업에 애를 먹는 기업도 많다. 사업내용을 모두 알고 있는 중국인 중간관리자가 한국인 사장과 싸운 후 회사 기밀을 관계 당국에 밀고해 엄청난 벌금을 물기도 한다. 말하자면 발생하는 문제가 끝

몸 수색 중국 언론에 실렸던 선전 가발 가공업체의 몸 수색 재연 사진. 이 보도를 접한 한 베이징 상사원은 『감춰뒀던 우리의 치부를 들킨 것 같다』고 했다.

이 없다는 얘기다.

그 같은 투자기업의 말로는 뻔하다. 고생고생하다가 보따리를 싸는 수밖에 없다. 중국에 투자해서 실패한 많은 경우가 바로 현지 직원을 잘못 다루었기 때문이다.

해결방안을 찾아보자.

우선 그들을 믿어야 한다. 그 믿음을 바탕으로 생산성 향상을 모색해야 한다. 『중국의 생산직 직원들은 최적의 근로환경을 제공한다면 회사를

이슈 추적

제식훈련받는 중국 근로자

중국 선전의 이웃 도시인 동관(東莞)에 자리잡은 삼성SDI의 브라운관 전자총 공장. 이 곳에 들어서자 50여 명의 젊은 여성들이 운동장에 정렬, 일사불란하게 움직이는 장면이 눈에 들어왔다. 그들은 교관인 듯한 남자의 구령에 맞춰 「차렷」, 「뒤로 돌아」, 「우향우」 등을 반복했다. 경례할 때 구령소리가 들리기도 했다. 제식훈련이었다.

『신입사원 교육 중입니다. 타성에 젖은 중국 노동자들에게 「한국식 군기」를 심어주고 있습니다. 훈련을 받기 전과 받은 후 일에 대한 그들의 집중력 차이가 크지요.』

회사 관계자가 들려주는 제식훈련에 대한 이유다. 중국 노동자들은 이 훈련에 대해 처음에는 거부감을 보이다가도 금방 잘 적응한다고 한다.

위해 충성할 준비가 되어 있다」는 확신을 갖고 그들을 바라봐야 한다. 실제로 생산직 직원의 경우 중국 노동자의 생산성이 국내 노동자에 비해 결코 뒤지지 않는다. 선전에 진출한 삼성SDI 공장의 직원 1인당 불량률이 서울보다 훨씬 낮다는 게 이를 증명한다.

그런 믿음을 바탕으로 사장이 직접 나서서 종업원들과 하나 됨을 보여줘야 한다. 한국인 사장과 중국인 종업원이 물과 기름처럼 떨어져 있다면 생산성이 높아질 리 없다. 그들을 칭찬해주고, 그들을 존중해주려는 의식이 필요하다. 절대 무시해서는 안 된다. 이와 함께 시간을 갖고 차분하게 그들을 교육시켜야 한다.

선양의 스포츠용품 임가공 업체인 동경스포츠 안경찬 사장은 이렇게 말한다.

이 공장 노동자는 현재 약 2,500여 명. 젊은 여성이 대부분인 이들은 조립 라인에 앉아 하루 2교대로 일하고 있다. 놀라운 사실은 이 공장의 불량률이 한국의 공장보다 낮다는 점이다. 현재 불량률은 330ppm(100만 개당 불량품 개수)으로 한국공장의 3분의 1 수준에 불과하다. 그런데도 이들의 평균임금은 한국의 약 15분의 1에 그치고 있다. 이 관계자는 『중국 노동자들이 본사 차원의 「6시그마」 운동도 잘 소화하고 있다』며 『어디에 공장을 세워야 할지 답이 나오지 않느냐』고 말했다.

동관에 있는 또 다른 한국 투자기업인 아태완구. 이 회사의 한국인은 노기수 사장 한 명이다. 그는 종업원 500여 명을 거느리고 있지만 인사관리에 별다른 문제가 없다. 노 사장은 『중국 여성 노동자의 손재주가 아주 만족스러운 수준』이라며 『성품이 순해 회사가 요구하는 대로 잘 따라온다』고 말했다. 그는 그러면서도 『앞으로 중국에서 몇 년이나 버틸지 걱정』이라고 털어놓는다. 중국이 자체 디자인 개발 및 해외 수주 능력을 서서히 갖추고 있기 때문이다.

동관 삼성SDI 노동자가 제식훈련을 받고 있는 바로 그 시간 서울에서는 은행 노조원 파업으로 은행업무가 마비될 위기에 몰렸다는 소식이 전해지고 있었다.

『중국 직원들은 적절한 보상만 해주면 꾀부릴 줄 모르고 일합니다. 교육을 잘 시키면 우리나라 근로자보다 오히려 생산성이 높습니다. 중국 직원들은 평등의식이 강합니다. 차별적인 대우를 받는다 생각하면 불만이 커집니다. 사장과 직원이 평등하다는 것을 보여줘야지요.』

랴오닝(遼寧)성 단둥에 진출한 식기류 제조업체인 동양물산의 사례다.

이 회사는 2년 전 화재를 당해 공장의 시설을 거의 날렸다. 이제 막 흑자로 돌아서려는 때에 당한 사고였기에 최대 위기였다.

공장장이었던 최훈일 사장은 『사업을 접을 수밖에 없는 처지에 몰렸다』고 당시를 회고한다.

그 때 힘을 준 사람들이 바로 공장 직원들이었다. 그들 스스로 『우리도 참을 테니 다시 한번 일하자』고 나선 것이다. 공장 직원들의 순수한 열정에 최 사장은 기름수건을 들고 화재로 그을린 기계를 손질했다. 지금 이 회사 직원들은 미국 및 유럽에서 받은 주문을 처리하느라고 비지땀을 흘리고 있다. 다시 공장이 살아난 것이다. 사장과 공장 직원이 하나가 됐기에 가능했던 얘기다.

중국의 근로환경이 바뀌고 있음을 알아야 한다. 경제환경 호전으로 중국 근로자의 기대수준이 높아지고 있다. 그들은 돈보다 더 중요한 게 있다는 것을 깨닫고 있다. 「종업원 학대」는 더 이상 통하지 않는다. 중국정부 역시 자국 근로자들의 희생을 더 이상 눈감고 있지 않다. 오히려 기술이전 없는 단순 임가공 분야 외국투자는 반기지 않는다.

이제는 『조금 주고 많이 부려먹겠다는 생각에서 벗어나 최적의 노동환경을 조성해주겠다』는 자세가 필요하다. 그러면 중국 근로자들은 최고의 노동생산성으로 보답할 것이다.

중국 노동자들을 사업 동반자로 인식해야 한다는 얘기다.

현지인 다루기(中)
사례연구 — 동경스포츠

중국 랴오닝성 선양에 있는 동경(東敬)스포츠. 이 회사는 임가공 사업체로서, 저임금을 노리고 중국에 진출한 국내 중소기업의 전형을 보여준다.

동경스포츠는 지난 1992년 60만 달러를 투자, 설립된 독자 투자회사다. 체육용품(주로 검도복)을 만들어 일본, 한국 등에 전량 수출하고 있다. 『작년에 돈 얼마나 벌었느냐』는 질문에 이 회사 안경찬 사장은 『400여 명의 직원들이 먹고사는 데 문제 없을 만큼 벌고, 또 쓰고 있다』라고 답했다. 흑자를 보고 있다는 뜻을 에둘러 얘기했다. 동경스포츠는 선양에서 수출을 가장 많이 한 10개 외국기업에 선정되기도 했다. 한국인 직원은 안 사장 한 명뿐이다.

임가공 형식의 사업이다. 원·부자재를 중국 현지 및 한국에서 들여와 생산직 직원(대부분 여성)의 손작업을 거쳐 검도복을 만들어 파는 형태다. 직원들 평균임금은 약 700위안에 달한다. 여러 보험성 급여를 포함한 실질임금은 이보다 1.5배 높다고 보면 된다. 그래도 아직은 서울에 비할 바가 못 된다. 이 회사 공장을 방문했을 때 직원들은 재봉틀 또는 바느질로 바쁘게 움직이고 있었다.

직원에게 『일하기 힘들지 않느냐』라고 물었다. 한 직원은 『하이 커이(還可以 · 괜찮다)』라고 대답했다. 말을 하는 중에도 검도복에 바늘을 찔러 넣는 그들의 손이 분주하게 움직였다.

이 회사의 가장 큰 성공 요인은 철저한 인력관리에 있었다.

임가공 속성상 직원들의 근무태도는 제품의 질을 결정하는 중요한 요소다. 그들을 잘 다루고 이끌어야 생산성이 높아진다.

공장에서 근무하고 있는 여직원은 하나같이 30대 이상의 나이든 아주머니들이었다. 50대는 됨직한 나이 지긋한 아주머니들도 여럿 보였다. 안 사장은 『아이 하나 있는 30대 이상의 여성을 주로 고용한다』고 채용원칙을 말했다. 그들이 일에 대한 집중력이 높단다.

직원의 90%는 한족(漢族)이다. 초기에는 90% 조선족, 10% 한족이었는데 지금은 상황이 바뀌었다. 선양은 조선족 노동자가 풍부한데도 한족을 고집하는 이유가 궁금했다.

『한족 여성이 손재주가 뛰어나고 회사 충성도도 역시 높았습니다. 중국정부에서도 조선족을 너무 많이 고용하고 있는 것에 대해 불만이 많았지요. 그래서 바꾼 겁니다.』

임가공 사업에서 조선족에 지나치게 의존하는 비즈니스는 바람직하지 않을 수 있다. 같은 민족이라는 동정심이 오히려 생산효율을 저하시키는 요인이 된다.

둘째, 직원들과 함께 이익을 나누겠다는 「윈-윈(win-win)전략」이 주효했다.

안 사장은 「조금 주고 많이 부려먹자」는 생각이 아닌 「적당히 줘 열심히 일하도록 유도하자」라는 생각으로 임금을 책정했다. 작업반장 제도를 만들어 자율적인 작업 분위기도 조성했다. 자발적으로 작업에 임해야 불량품 없는 원하는 제품이 나오기 때문이다. 『학력수준이 낮은 직원들이기에 더더욱 인간적인 대우를 해줘야 생산성이 높아진다』는 게 안 사장의 굳은 신념이다.

『선양만 하더라도 오지입니다. 직장을 구하려는 많은 여인네들이 있습니다. 이들은 순수하고, 일을 하고 싶어하는 사람들입니다. 일할 분위기를 만들어주면 헌신적으로 일할 준비가 되어 있는 사람들이지요.』

안 사장은 부가가치 창출의 원천인 중국 근로자들을 깍듯이 아끼는 듯했다.

셋째, 사장이 모든 제조공정을 꿰고 있는 전문가였다는 점이다.

일을 처음 시작할 때 가장 큰 문제는 중국인 노동자들의 엉성한 마무리였다. 중국인들은 마무리 작업에 약하다. 제품은 괜찮은 것 같은데 자세히 뜯어보면 실오라기가 나와 있고, 바느질 규격이 통일되지 않는 등 어려움이 많았단다.

안 사장은 이것을 고치는 데 3년이 걸렸다고 한다. 그가 직접 직원들에게 시범을 보여가며 설명했다. 그런 과정에서 사장에 대한 직원들의 존경심이 높아졌고, 그들의 손기술도 차츰 향상됐다. 지금은 서울에서 만들때보다 오히려 더 좋은 제품이 나온다고 한다. 그가 생산과정을 몰랐다면 어려웠을 것이다.

이 회사 한족 직원들은 사장과 시선을 맞추면 밝게 웃으며 머리 숙여 인사를 한다. 사장과 직원들 간 신뢰가 형성된 것이다.

넷째, 시장을 확보하고 중국에 진출했다.

안 사장은 한국에서도 검도복 사업을 해왔다. 한국에서 가공, 일본에 수출하는 형태였다. 그는 한국사업 때 거래했던 일본 바이어에게 지금도 제품을 공급하고 있다. 싼 임금을 찾아 중국으로 생산기지를 옮겼을 뿐 제품 유통은 서울에서와 다르지 않은 것이다.

지금의 생산제품 대부분은 일본으로 수출된다. 시장을 미리 확보하지 않고 중국에 진출했다면 제품판매에 많은 애로가 있었을 것이다. 「중국에 들어가 시장을 뚫어보겠다」라는 생각은 재고에 허덕이다 시간을 다 보낼 수 있다. 중국투자는 생산 이전에 제품을 소화할 수 있는 시장을 먼

중국 노조는 뭘 하나?

후난(湖南)성 창사(長沙)에서 기차로 약 10시간 달려 도착한 지쇼우(吉首). 이곳에 중국 최고의 명주인 지우궤이(酒鬼) 공장이 있다. 취재차 방문한 이 곳에서 회사 조직표를 봤다. 「당지부·공회(黨支部·工會)」라는 조직이 눈에 띄었다. 회사 관계자는 「공산당 지부와 노조(중국에서는 工會라고 함)」라는 뜻이라고 설명했다.

재미있는 것은 공산당 지부와 노조가 하나의 기구로 되어 있다는 점이다. 우리는 노조라는 말을 들으면 「쟁의」, 「파업」 등을 떠올린다. 그러나 중국 공회 성격은 다르다.

지우궤이의 경우 기층조직 당서기(사장)가 공회 주석을 겸하고 있었다. 공산당 경영 공회가 일체화됐다는 얘기다.

중국 공회는 근로조건의 유지보호, 입법쟁의 조정, 생산성 향상·복리증진, 교육 등 네 가지 기능을 수행하고 있다. 사장이 공회 주석을 겸직하는 경우가 많다. 공회는 경영의 보조기구 중 하나인 셈이다.

외자기업의 경우는 좀 달라진다. 중국의 노조는 우리나라와는 달리 단결권, 단

저 확보해야 한다는 것을 보여준다.

다섯째, 업종 자체가 특수한 분야였다.

동경스포츠는 검도복만을 생산하고 있다. 검도복은 단순한 의류 가공 이상의 기술력과 손재주를 요구한다. 그러기에 이 회사는 중국인들이 넘볼 수 없는 영역에서 독보적인 위치를 차지할 수 있었다. 중국인들이 따라오려면 아직 멀었다는 얘기다. 게다가 검도복 속성상 가짜 제품이 나올 수도 없다. 많은 기업들이 중국 가짜상품에 시달려 문을 닫아야 했던

체교섭권만 갖고 단체행동권은 주어지지 않는다. 그러나 만일 파업이 발생한다면 역시 노조가 중심이 되는 경우가 많다. 이럴 때 노조를 제재할 법적 근거가 약하다.

공권력 역시 자국 국민인 노조의 입장을 두둔하는 경향을 보이기 쉽다. 이런 상황으로 발전한다면 경영의 보조수단이었던 노조는 치명타를 입히는 세력으로 변하기도 한다.

대우중공업 옌타이(煙台) 공장은 공회를 긍정적으로 활용하고 있다. 공회와 협의를 거쳐 단합대회, 야유회, 생산성 향상대회 등을 연다. 최근 열린 굴삭기 5,000대 판매 기념행사 때에는 모든 사원이 운동장에 모여 만찬 파티를 열기도 했다.

대우중공업 김동철 부장은 『직원들과 공생공사하겠다는 자세로 공회와 긴밀한 협력관계를 유지해야 한다』며 『공회를 생산성 향상의 보조기구로 활용하는 적극적인 자세가 필요하다』고 말한다.

회사 직원 중에는 복리·근무환경 등을 들어 유독 불만이 많은 사람이 한두 명 있게 마련이다. 베이징의 상사원들은 그런 직원이 발견될 경우 단호하게 대처하라고 권한다.

중국인들은 일반적으로 선동에 약하고, 군중심리에 강하기 때문이다. 불만을 가진 직원이 민족감정을 건드리며 나머지 직원을 선동해 자칫 걷잡을 수 없는 상황으로 발전할 수도 있다.

교훈을 생각하면 다행스러운 일이다.

많은 기업들이 중국에서 임가공 사업을 하고 있다. 그러나 중국의 국제 비즈니스 역량이 높아지면서 임가공도 중국기업에게 밀리고 있는 상황이다. 완구와 의류가 그 대표적인 분야다. 같은 임가공 사업이라도 중국인이 따라오기 어려운 아이템을 잡을 필요가 있다.

안 사장은 좀더 가벼운 검도복을 만들기 위해 오늘도 기술개발에 땀을 흘리고 있다.

현지인 다루기(下)
사무직 근로자

사무직 직원을 뜻하는 중국어는 바이링(白領)이다. 말 그대로 「화이트 칼라」다. 중국에 진출한 우리 기업들은 이들 화이트칼라를 어떻게 다뤄야 할까.

우리나라 투자기업에서 일하는 사무직 직원들은 일반적으로 대학이나 전문대학 이상의 학력을 갖고 있다. 이들은 영업, 사무보조, 비서, 연구개발 등 다양한 업무를 맡고 있다. 한국인 책임자와 말단 생산직 직원을 연결하는 허리와 같은 존재다. 그만큼 이들의 역할이 중요하다는 얘기다.

이들을 잘 다루기 위해서는 그들의 성향을 먼저 파악해야 한다.

중국 사무직 직원들은 일반적으로 기업에 대한 충성도가 낮다. 우리나라 일반 샐러리맨들처럼 회사를 위해 몸바쳐 일하지 않는다. 해당 직장에서 경력을 쌓아, 더 좋은 기회가 있으면 기꺼이 회사를 떠난다. 직장을 옮기면서 자기 몸값을 높이는 서구식 직업관이다. 노동의 유연성이라는 측면에서 볼 때 중국은 우리나라보다 훨씬 선진국이라고 할 수 있다.

그렇다고 중국 사무근로자들이 적당히 대충대충 일한다는 얘기는 아니다. 일반적으로 회사에 대한 충성도는 낮지만 업무 충실도는 매우 높다. 내가 이 회사에 몸담고 있는 한 최선을 다하겠다는 자세가 뚜렷하다.

이들은 또 교육열이 뛰어나다. LG 중국법인의 최만복 상무는 「중국 직원들은 교육받기를 아주 좋아하고 또 열심히 따라온다」며 「교육성취도 역시 매우 높다」고 말한다. 다만, 창의력이 좀 떨어지는 게 흠이란다. 사회주의 국가 교육을 받아온 탓으로 해석된다. 생산직 근로자와는 달리 사무직 직원들은 창의력이 필요한 존재다. 그래서 LG는 창의력을 불어넣어주려는 데 교육의 초점을 맞추고 있다.

우리나라 투자기업들의 「사무직 노동자 다루기」에서 나타나는 문제를 보자.

가장 근본적인 문제는 그들을 믿지 못한다는 데 있다.

혹 자금을 속이지 않을까, 물건을 빼돌리지 않을까…. 이런 의심을 하다 보면 끝이 없다. 내 직원으로 채용한 이상 확실히 가르쳐 내 사람으로 만들겠다는 신념이 필요하다. 내 직원으로 만들 수 있다는 자신감을 가져야 한다. 믿지 못하니까 중요한 일은 못 맡기고 심부름만 시키고 있다. 대학까지 나온 인재를 단순한 업무에 투입한다면 생산성이 높을 리 없다.

한국기업들은 또 고급직원을 채용하면서도 비전을 제시하지 않는다.

「당신이 우리 회사에 와서 일하면 어떤 면에서 어떤 커리어를 쌓을 수 있고, 우리 회사의 성장에 따라 당신은 어디까지 승진할 수 있다」는 등의 확실한 비전을 줘야 한다. 이런 것을 제시해주지 않으니 월급 조금 받고 일하다가 다른 외국인 기업으로 옮기는 근로자가 많이 생기는 것이다.

해결 방안을 알아보자.

우선 그들을 영업 전면에 내세워 뛰게 하고, 그들에게 권한과 책임을 줘야 한다.

그들을 과감히 승진시켜 『우리도 잘만 하면 한국 투자기업의 CEO까지 승진할 수 있다』는 희망을 심어줘야 한다.

우리나라 상사원들의 중국 비즈니스에는 한계가 있다. 시장 파고들기가 쉽지 않다. 중국 직원들을 쓰는 것도 그와 같은 맹점을 해결하자는 것이다. 당연히 중국 사무직 직원이 뛸 수 있도록 환경을 만들어줘야 한다. 본사 파견 직원이 할 일은 그들을 관리하는 것뿐이다. 그들을 다독거리고, 부릴 수 없다면 보따리 싸는 것밖에는 달리 방법이 없다.

대우중공업의 쑨 과장 『대학을 막 졸업하고 얻은 직장입니다. 내 직장이지요. 덕분에 한국 구경도 하고, 많이 배웠습니다. 높은 자리까지 승진하고 싶어요.』
-쑨잉시아(孫迎霞)

중국 굴삭기 분야 시장점유율 1위를 기록하고 있는 대우중공업의 산둥성 엔타이 공장 서비스 파트에서 일하는 쑨잉시아(孫迎霞) 과장의 얘기다.

그녀는 한족(漢族)이면서도 한국어를 거의 완벽하게 구사한다. 회사는 과장급인 그에게 중책인 서비스 종합 관리업무를 맡겼다. 어느 날 중국인 고객이 서비스를 먼저 받게 해달라고 쑨 과장에게 뒷돈을 건넸다.

돈을 받아든 쑨 과장은 이게 무엇이냐고 물었다. 돈의 성격을 파악한 그는 그 날 서비스를 받으러 온 고객과 서비스 담당직원들을 사무실에 모두 모았다. 그러고는 돈 봉투를 내보이면서 『이 돈은 ○○가 서비스 먼저 받으려고 나한테 가져온 것』이라며 공개했다. 남들이 다 보는 앞에서 뒷돈을 건넨 이에게 창피를 준 것이다. 그 후 대우중공업은 서비스에 관한 한 모든 권한을 쑨 과장에게 넘겼다.

이 사례는 중국 직원에게 책임과 권한을 명확하게 부여하면 회사일을 자기 일처럼 처리한다는 것을 보여준다.

중국 사무직 직원을 「내 회사 사람」으로 만드는 게 중요하다. 물론 우리나라 샐러리맨처럼 되지는 않는다고 하더라도 회사에 대한 충성도를 높이는 작업이 필요하다.

어떻게 가능할까. 교육이다.

중국 사무직원들은 일반적으로 교육에 목말라하고 있다. 그들은 한국

생선횟집 주인의 지혜

생선횟집의 성패는 주방장에 달려 있다. 주방장은 매일 아침 노량진 또는 가락동 농수산물 시장에 가서 그 날 찬거리를 사온다. 어떤 생선을 살지, 어떤 시금치를 살지는 모두 그의 몫이다.

일부 주방장은 이 과정에서 「비리」를 저지른다고 한다. 200만 원을 들고 나가 180만 원어치만 사고 나머지 20만 원은 「인 마이 포켓」하는 거다. 그런데 이것을 식당 주인이 알았다. 이런 경우 두 가지 반응이 나온다고 한다. 왜 20만 원이 비느냐고 따지는 주인이 있는가 하면, 알면서도 모르는 척 넘어가는 주인이 있단다.

그런데 지혜로운 식당주인은 후자를 택한다고 한다. 그래야 주방장이 흥이 나서 더 싱싱한 생선, 더 맛있는 시금치를 고르기 때문이다. 전자의 주인을 가진 주방장은 『흥, 주인이 쩨쩨하게 20만원을 갖고 따져, 그래 한 번 잘 해봐라』라며 대충대충 횟거리를 사올지 모른다.

기업의 선진 경영 노하우를 배우고 싶어한다. 한국기업의 기술도 습득하고 싶다. 그래야 자기의 몸값이 높아지기 때문이다. 그런 그들에게 교육혜택을 줌으로써 『이 회사에 있으면 많이 배운다』는 생각을 끊임없이 불어넣어 줘야 한다.

「관리의 삼성」은 중국에서도 앞서가는 인력관리 모습을 보여주고 있다.

삼성은 베이징 대학과 공동으로 「관리자 양성 프로그램」을 신설했다. 중국에 있는 삼성의 여러 계열사에서 일하는 관리자급(과장급 이상) 중국직원을 베이징 대학에 위탁, 교육을 시키는 시스템이다. 3주 과정으로 실시되는 이 프로그램에서는 기수마다 20여 명의 졸업생이 배출된다. 이

세상사는 깨끗한 것만으로, 청렴한 것만으로 해결되지 않는다는 얘기다. 그래서 우리 사회는 경륜이 필요하고, 경험이 중시되는 것 아닐까.

중국의 비즈니스가 그렇다. 합리성만으로, 깨끗함만으로 상거래가 이뤄지지 않는다. 적당히 부패가 있고, 뒷돈이 오가고, 엉성한 면이 있다는 얘기다. 그렇게 수천 년을 살아온 그들인데 하루아침에 부정거래가 없어질 리 있겠는가.

중국에서 IT 비즈니스를 하는 사업가 얘기다.

미국과 한국의 전사적 자원관리(ERP) 솔루션 중 중국에 맞는 것은 어떤 것일까. 그는 단연 한국의 ERP라고 답한다. 중국 비즈니스 자체가 논리적이고 체계적이지 못해 경영 투명성을 전제로 한 SAP, 오라클 등 서방 솔루션은 맞지 않는다는 설명이다. 다소 뜯어맞추기식으로 되어 있는 한국 솔루션이 중국 기업에 훨씬 잘 어울린단다. 그는 이를 두고 「퍼지(fuzzy · 모호한, 경계가 불확실한)」라고 설명한다.

중국 비즈니스는 「퍼지」하다. 그래서 중국사람들과 장사할 때 어느 정도는 생선횟집 주인의 지혜가 필요하다.

교육을 통해 중국 직원들은 문제해결 능력, 전문직무 교육, 조직관리 능력을 배우게 된다.

삼성 베이징 법인의 이석명 인사담당 부장은 자신 있게 말한다.

『이 교육을 받은 중국 직원들은 삼성에 대해 다시 생각하는 기회를 갖습니다. 베이징 대학 교수들로부터 최신 경영기법이라고 배운 것 대부분은 이미 삼성이 실시하고 있다는 것이지요. 그들은 이 교육을 통해 삼성에 대해 자부심을 느끼고 있습니다.』

중국 사무직 직원들은 기회만 닿으면 다른 직장으로 튀려고 한다. 평생직장이라는 개념은 아예 없는 사람들이다. 이들을 무리하게 잡아둘 필요는 없다. 오히려 부작용만 불러일으킬 뿐이다.

『한국기업에서 일하니까 보수도 괜찮고, 많은 것을 배우고, 내 뜻을 펼수 있더라』라는 희망을 줘야 한다. 그래야 유능한 인재를 많이 받아들이고, 오랫동안 내 사람으로 붙잡아둘 수 있다.

제2부

그들의 속도로 가라

『不怕慢, 只怕站(부파만, 즈파잔). 늦는 것을 두려워하지 말아라, 정말 무서워할 것은 멈추는 것이다.』 중국 비즈니스를 하겠다면 수첩에 이 말을 적어놓고 다니자. 중국 파트너의 속도에 휘말리거나, 속도를 맞추지 못하면 실패하기 쉽기 때문이다….

통계에 현혹되지 마라

중국에서 대약진운동이 한창이던 1958년 가을, 당시 부총리였던 덩샤오핑은 허베이(河北)성에서 올라온 보고를 받고 흥분한다. 논 1무(畝·약 660㎡)에서 벼 1만 근(斤·약 6,000kg)을 생산했다는 보고였다. 평균 생산량을 무려 일곱 배나 웃도는 기적과 같은 수치였다. 보고서에는 「사회주의 농법의 승리」라는 설명이 곁들여졌다.

평소에도 민첩함을 자랑하던 단신의 덩샤오핑은 즉각 현지로 달려갔다. 담당자들이 보여준 논은 벼로 빼곡했다. 그는 관계자들의 노고를 치하했다.

논을 빠져나오던 덩샤오핑은 뭔가 찜찜했다. 그 많은 벼가 어떻게 햇볕을 받으며 고루 성장할 수 있었는지 이해할 수 없었던 것이다.

그는 다시 논으로 가 벼 한 포기를 뽑아들었다. 아니나다를까 뿌리가 반쯤 잘려 있었다. 누군가가 보고용으로 다른 논에서 벼를 옮겨 꽂아놓은 것이었다. 그는 실적과시를 위해 허위보고를 올리는 관리들의 행태에 치를 떨었다.

그로부터 43년이 훌쩍 지난 지금 과연 중국 대륙에서 허위보고, 허위통계는 사라졌을까. 그렇지 않다. 같은 허베이성에서 발생한 사례가 이를 말해준다. 〈중화공상시보〉가 「허베이성 국유기업의 황당한 회계」라는 제목으로 지면 한구석에 보도한 기사다.

『허베이성 정부는 최근 11개 성(省) 주요 도시 94개 국유기업을 대상으로 회계감사를 실시했다. 각 도시에서 총 300여 명의 감사관을 뽑아 다른 도시 기업으로 파견, 조사하도록 했다. 당초 회계로는 94개 기업 중 65개가 흑자, 나머지 29개가 적자였다.

그러나 감사관의 조사결과는 달랐다. 흑자를 낸 기업이 조사대상의 절반에도 못 미치는 40개에 불과했다. 전체 순익도 당초 보고의 77%에 그쳤다. 더욱 놀랄 만한 일은 조사대상 기업의 72%가 회계기준을 지키지 않고 결산서를 작성했다는 것이다.』

덩샤오핑이 살아 있었다면 또 한 번 경악할 일이다.

경제통계는 경제활동을 계량화, 이를 수치로 나타낸 것이다. 사업계획의 가장 기초 자료로 활용되며 얼마나 정확한 통계를 얻느냐에 따라 사업의 성패가 좌우된다. 그만큼 통계는 중요하다. 이는 중국에서도 마찬가지다. 그러나 중국의 통계는 세심하게 살펴봐야 할 부분이 많다.

PC방 사업을 예로 들자.

2000년 하반기 중국에서 PC방을 하겠다는 벤처기업인을 자주 만났다. 한국에서 성공한 PC방 모델을 중국에 이식시키겠다는 얘기였다. 『성공할 수 있겠느냐』는 물음에 그들은 『방대한 인터넷 수요, 미약한 컴퓨터 보급, 열악한 통신기술 등을 감안할 때 이건 분명히 되는 사업이다』라고 자신 있게 대답했다.

통계만 보면 맞다. 중국의 인터넷 인구는 약 2,000만 명에 달하고, 매년 배로 늘어가는 추세다. 그에 반해 일반학생들의 가정에는 아직 컴퓨터 보급이 늦고(도시지역 가정 PC 보급률 약 14%), 게다가 컴퓨터 대부분이 모뎀으로 인터넷에 접속해 가정 컴퓨터로는 수요를 충족시킬 수 없다. 학생들이 꼬이는 목을 잡아 PC방을 차린다면 장사가 될 것이라는 결론을 내린 거다. 많은 국내업체들이 베이징, 상하이 등에 PC방을 차렸다.

그러나 결과는 그렇지 않았다. 사업을 그만둔 사례도 있고, 상당수 다른 업체들도 힘들어하고 있다. 우선 중국은 PC방에서의 게임을 법으로 금지하고 있다(지금은 법이 바뀌어 게임을 할 수 있다). PC방은 게임 없이는 장사가 되지 않는 터라 고객이 게임하는 것을 묵인할 수밖에 없었는데, 가끔 경찰들이 들이닥쳐 컴퓨터를 뜯어가곤 했다.

이를 막기 위해 일부 업체들은 경찰에 정기적으로 상납하는 경우도 있다. 게다가 중국 고객들은 컴퓨터에 대한 지식이 낮아 고장을 자주 내기 때문에 옆에 붙어서 하나하나 가르쳐야 하는 경우도 많다. 분명히 통계로는 「되는 장사」인데 현실은 그렇지 못한 것이다.

또 다른 예다.

최근 한국의 한 중견기업 사장은 합작투자를 위한 파트너 선정을 위해 중국업체 5~6군데를 들렀다. 중국업체가 보내준 자료는 손잡고 사업하기에 손색이 없었다. 건실한 재무제표, 훌륭한 인력, 많은 부동산 등 호감이 갔다.

중견업체 회사 사장은 비서와 함께 실사에 나섰고 그 때마다 융숭한 대접을 받았다. 그러나 정작 이들 업체가 보여준 것은 아무것도 없었다. 쓰러져가는 공장에 덜렁 놓인 기계 몇 대, 기술자인지 이웃집 아저씨인지

모를 직원…. 그는 파트너 선정작업을 처음부터 다시 시작해야 했다.

그래도 그는 다행스러운 경우다. 현장 실사를 통해 최악의 사태는 막았으니 말이다. 많은 업체들은 중국기업이 제시하는 통계를 믿고 쉽게 계약을 체결한다. 계약을 체결하는 순간 발을 뺄 수도, 들여놓을 수도 없는 수렁에 빠져 허덕이는 경우가 빈번하게 발생한다.

한 창투사는 중국의 통신설비 관련업체와 무려 5,000만 달러 투자계약을 체결했다. 상대 회사가 제시한 기술증명(중국정부 공인), 사업자 영업권 등을 믿은 것이다. 진상을 알았을 때는 이미 회사의 돈 일부가 투자된 상태였다. 이 창투사는 불과 1년도 안 돼 1,000만 달러를 고스란히 중국에 바친 꼴이 되었다. 땅을 치고 통곡할 일이다.

왜 이런 일이 생기는 것일까.

중국 통계는 현실과의 괴리가 심하다. 통계 자체가 너무나 중국적인 것이 많다. 인터넷 이용자 수의 경우에도 IDC 등 외국 시장분석기관은 중국정부 발표를 기준으로 볼 때 3분의 2 정도로 추정하고 있다. 거시경제의 가장 기본이 되는 경제성장률조차 의심이 가는 부분이 많다.

허베이성에서 나타난 국유기업들의 분식결산이 허베이에 국한된 일이라고는 볼 수 없다. 허베이성 사례는 오히려 빙산의 일각일지도 모른다. 각 기업은 당초 계획치를 억지로라도 맞추기 위해, 기업 책임자의 영전을 위해, 또는 적자기업을 과감히 정리하려는 정부의 국유기업 개혁 칼날을 피하기 위해 분식결산의 유혹을 떨치지 못하고 있다.

통계는 항상 외면적이라는 것을 잊어서는 안 된다. 통계를 과신하게 되면 통계 이면에 숨어 있는 중국의 비즈니스 여건을 간과하기 쉽다. 「중국 국민들에게 플라스틱 바가지 하나씩만 팔아도 13억 개」라는 생각은 너무 순진하다.

통계자료를 갖고 중국시장을 연구하기보다는 현지에 와서 사람을 만나는 「현장 분석」이 요구된다. 사람을 만나 어떻게 비즈니스가 이루어지는지를 살펴보고, 중국에 진출한 선배를 만나 조언을 구하는 작업이 필요하다. 실제로 시장에서 물건이 어떻게 팔리고 있는지도 꼼꼼하게 따져봐야한다.

중국 비즈니스, 뛴 만큼 얻는다.

사회주의 국가임을 잊지 마라

지난 2001년 8월, 전경련 관계자 일행이 중국을 다녀갔다. 4박5일 일정으로 베이징·상하이 등 2개 도시를 돌았다. 중국의 겉모습을 훑어보기에는 너무도 적당한 시간이다. 「달리는 말에서 산을 한 번 훌쩍 보고」 중국을 떠난 그들의 일성(一聲)은 「중국은 우리나라보다 더 자본주의적인 나라」였다.

그들의 말 한 마디는 국내 산업계에서 일고 있던 「중국열풍」의 기폭제 역할을 했다. 각 연구소에서는 별로 새로울 게 없는 중국 정보를 적당히 포장, 잇따라 발표했다. 언론에서도 중국관련 기사가 쏟아져 나왔다. 「우리의 살길은 중국이다」라는 의식이 사회 전반에 급속히 퍼져나갔다. 중국을 찾는 발걸음도 잦아졌다. 미국·일본 등 선진국이 동시불황에 빠지면서 「중국 대망론」은 더 힘을 얻고 있다.

무엇이 전경련 일행을 흥분시켰을까.

베이징·상하이·광저우 등 발전도시를 가면 그 화려한 겉모습에 놀라게 된다. 웅장한 건물, 시내 곳곳에 웅크리고 있는 단란주점(가라오케),

젊은이들의 자유로운 복장, 대형 광고판 등 모든 것이 서울과 다르지 않다. 오히려 서울보다 더 개방적이고 「자본주의답다」라는 생각이 든다. 외국 투자유치를 위해 「중국 세일즈」를 하고 있는 관리들에게 사회주의 관료 이미지는 없다. 그래서 중국에 처음 온 한국인이라면 『여기 공산주의 국가 맞아?』라며 물음표(?)를 찍는다. 머리에 담고 있던 「공산주의 중국」과는 너무도 다른 모습이기 때문이다. 그는 「중국은 무서운 나라」라는 말을 남기고 중국을 떠난다.

한국인은 중국 정부관리나 비즈니스맨들을 만나 얘기하면 쉽게 감탄한다. 투자유치를 위해 맨발로 뛰고 있는 중국 관리들을 보고는 『당파싸움으로 날 새는 줄 모르는 우리나라 정치인들하고는 근본적으로 다르다』라고 평가한다. 중국 비즈니스맨들은 돈에 예민하고, 돈이라면 죽는 시늉도 할 만큼 돈을 좋아한다. 그들 중에는 합리적이고 국제감각을 갖춘 사람도 쉽게 찾아볼 수 있다. 이들을 「사회주의 국가의 국민」이라고 느끼기는 어렵다. 그래서 우리는 쉽게 「중국은 자본주의적 성향이 강한 나라」 또는 「우리나라보다 더 자본주의적인 나라」로 여기게 된다.

틀린 말은 아니다.

중국의 국가체제는 「사회주의 시장경제」다. 정치적으로는 사회주의 시스템을 유지하면서 경제는 시장 자율경제 체제로 운용한다는 게 「사회주의 시장경제」의 큰 틀이다. 이는 『중국 투자기업은 중국에서 경제활동을 하게 된다. 중국경제는 시장자율 시스템이다. 투자기업은 시장자율에 맞춰 기업을 운영하면 된다』라는 논리를 만들고 있다.

그러나 비즈니스맨들이 겉으로 드러난 경제현상을 보고 중국을 「자본주의의 나라」라고 속단하면 큰코 다치기 쉽다. 이는 4박5일 동안 중국을 보고 간 사람이나 할 소리다. 우리의 대 중국 비즈니스에서 발생하는 문제는 대부분 외부 현상에 현혹돼 내부 중국을 간과하는 데서 발생한다.

중국은 분명 「사회주의 시장경제」 체제다. 시장경제 앞에 붙어 있는 「사회주의」라는 말을 잊는 순간 엄청난 사회주위 공권력의 타격을 받을 수 있다. 중국정책에 반(反)하거나, 법규를 어길 때, 사회적으로 물의를 일으킬 때 중국의 사회주의 공권력은 투자기업의 터전을 송두리째 흔들어버릴 수도 있다.

중관춘에 진출한 PC방 사업자 H씨의 얘기다. 그는 지난 2000년 2월 칭화 대학교 근처에 PC방을 차렸다. 정상적인 허가절차를 밟은 영업이었다. PC 100여 대를 갖춰놓고 시작했다. 수익도 짭짤했으며 한동안 순조로웠다. 그런데 따뜻한 어느 봄날 경찰이 들이닥쳤다. 경찰은 PC를 막무가내로 뜯기 시작했다. 그 날 현장에서 영업을 책임지고 있던 조선족 직원은 그냥 바라만 보고 있을 수밖에 없었다. 컴퓨터를 뜯는 경찰 옆으로 다가가 『왜 그러세요?』라고 기어들어가는 소리로 묻자 경찰은 『사회주의를 오염시키는 음란 사이트를 봤기 때문』이라고 퉁명스럽게 답했다. 한없이 강한 사회주의 공권력에 그 PC방은 앉아 당할 수밖에 없었다.

한편 이러한 사태는 H씨 스스로 자초한 일이기도 하다. 그가 PC방을 운영하던 시기에 중국 당국은 언론을 통해 『PC방에서는 게임 및 음란물을 통제하라』는 권고를 했다. 사회주의의 순수성을 훼손시킨다는 이유에서였다. H씨는 그러나 규제를 하면 손님이 떨어질 것을 우려, 게임과 음란 사이트 보는 것을 방관했다. 「설마 자기들이 어쩌려고… 걸리면 벌금물면 되지 뭐」라는 지극히 「한국적인 생각」으로 버텼다. 그러나 그 결과는 경찰의 습격이었다. 결국 그는 사업을 포기해야 했고 친구와 가족에게 빚만 남겼다. 무소불위(無所不爲)의 사회주의 공권력의 실상이다.

중국경제 시스템은 엄격히 말해 시장경제가 아니다. 계획경제 테두리

속에서 자라고 있는 제한적 시장경제일 뿐이다. 중국에서는 이를 「냐오룽(鳥籠) 경제」라고 한다. 커다란 새장(계획경제) 속에 갇힌 새(시장경제)라는 뜻이다. WTO에 가입한다고 이 같은 체제가 하루 아침에 변할 것으로 생각한다면 큰 오산이다.

중국은 사회주의 국가다. 중국에서의 기업활동은 사회주의 테두리에서 중국이 추진하고 있는 시장경제체제에 맞춰야 한다. 그러므로 그 큰 틀을 읽어야 한다. 중국에서 가장 중요한 것은 법을 지키는 일이다.

예를 하나 더 들자.

까르푸(家樂富)는 중국에서 가장 잘 나가고 있는 대형 할인매장이다. 이 회사는 2001년 봄 한때 위기를 맞았다. 중국진출 당시 법망을 피해 중앙정부 대신 지방정부의 승인을 얻은 게 화근이었다.

중국정부는 그 동안 까르푸의 위법사실에 대해 아무런 얘기도 하지 않았다. 그러나 까르푸가 돈을 많이 번다고 판단되는 시점에서 문제를 제기해 까르푸를 공격했다. 언론도 앞장섰다. 중국 당국은 또 상점 외부에 「家樂富」라는 상호를 쓰지 못하도록 한 합작조건을 어겼다며 까르푸를 몰아붙였다. 결국 까르푸 회장이 베이징을 방문해 공식사과하고, 벌금을 무는 선에서 이 문제는 일단락됐다. 중국은 외국인이 달러를 싸들고 올 때는 법망을 피해가는 것을 묵인한다. 그러나 일단 돈을 벌고, 달러를 가지고 나가려고 하면 법을 지키라고 강요한다.

그러기에 중국에서는 첫째도 합법경영, 둘째도 합법경영을 해야 한다. 정부의 지도정책을 잘 따라야 하고, 세금도 꼬박꼬박 내야 한다. 그들은 법을 어기는 투자업체를 가만히 보고 있다가 때가 됐다고 생각하면 철퇴를 가하곤 한다.

그런 그들에게 구실을 주면 큰코 다치기 십상이다.

세금 얼마나 내나요?

합법경영의 원칙을 잘 적용해야 할 분야가 바로 세금이다. 세금 조금 절약하려고 얄팍한 수를 썼다가는 「탈세범」으로 낙인 찍혀 쫓겨날 수도 있다. 실제로 그런 일이 일어나기도 한다.

그러므로 적절한 범위 내에서 세금을 신고하고, 법의 테두리에서 절세의 지혜를 찾아내야 한다.

중국에 투자한 기업들이 내야 하는 세금으로는 크게 기업소득세, 증치세(부가가치세), 개인소득세, 토지사용세, 관세 등이 있다.

세금 규정은 중국의 WTO 가입으로 다소 조정되겠지만 그 골격은 그대로 유지될 것으로 보인다.

기업소득세를 보자.

세율은 총이윤의 33%다. 굉장히 높다. 그러나 이를 모두 내는 외국 투자기업은 거의 없다. 우선 경제특구의 경우 15%까지, 연해 경제개방구 및 인접 도시는 24%까지 감세 혜택이 있다.

에너지·통신·항만 등 국가가 정한 업종도 15%로 낮아진다. 어떤 혜택을 받을 것인지 꼼꼼히 챙겨야 한다.

외국기업에 대해서는 「2년 면세, 3년 반세(半稅)」 혜택이 주어진다. 이익이 발생한 후 2년 간 세금을 면제받고, 그 후 또다시 3년 동안 절반만 내면 된다. 이익 발생 유예기간은 5년. 따라서 최고 10년 동안 세금혜택을 받게 된다. 실제로 일부 업체의 경우 회계처리를 통해 합법적으로 5년 동안 이익을 내지 않고 있다. 소득세는 4개월마다 한 번씩 신고, 납부한다.

증치세(增値稅)는 우리나라의 부가가치세로 생각하면 된다.

공산품의 증치세 세율은 일반적으로 17%다. 산출 근거는 「(매출액×0.17)−(자재 매입액×0.17)=증치세액」이다. 원료 수입의 경우에도 17%의 수입 증치세가 부과된다. 매달 10일 신고한다.

일부 품목의 경우 증치세율이 13%인 경우도 있다. 화학비료·농산물 등에 대한 투자가 그것이다. 그러나 우리나라 기업에게는 일반적으로 적용이 되지 않는 분야다.

개인소득세는 투자법인에 근무하는 사람이라면 모두 내야 한다.

외국인은 4,000위안의 기본공제혜택을 받는다. 자기의 소득에서 4,000위안을 제외한 금액이 과세 대상이다. 세율은 소득액수에 따라 5~45%까지 9단계로 나뉜다.

약 2만 위안(300만 원)의 월 급여를 받는 사람의 경우 1만 6,000위안에 대해 20%의 소득세가 부과된다.

토지사용세를 내는 기업도 있다.

개발구·도시·농촌 등에 따라 세금이 다르다. 베이징 근교에 공장을 두고 있는 기업의 경우 1m²당 8위안을 낸다고 한다.

서비스업은 영업세를 내야 한다. 식당의 경우 매출액의 5%가 부과된다. 물론 식당도 기업소득세를 내야 한다. 외국 투자기업으로 인정받아 「2년 감세, 3년 반세」의 소득세 혜택이 주어진다.

이 밖에 자동차세·인하세 등 여러 세금이 있는데 모두 25가지다. 그러나 우리나라 기업은 위에 지적한 것만 잘 챙기면 될 듯싶다.

중국에서 장기적으로 사업을 하겠다고 생각하는 기업은 원칙을 지키는 게 좋다. 세무당국은 외국기업에 대해 큰 관심을 보이지 않는 척해도 안으로 꼼꼼히 챙기고 있다.

정도가 지나치다 싶으면, 또 외자기업이 지나치게 돈을 많이 번다고 판단되면 덮치는 경우가 허다하다.

톈진의 한 중소기업은 장사가 잘 되는 업체로 소문이 났었다. 그런데 최근 세무조사를 받고는 450만 위안을 추징당했다. 우리 돈으로 6억 7,000만 원이 넘는 액수다.

그 회사가 어떻게 위기를 극복했을까.

보따리 쌌다.

그들의 속도로 가라

중국에서 활동하는 상사원들에게 『중국 비즈니스 현장에서 가장 중요한 것이 무엇이냐』라고 물으면 「템포」라는 대답이 많이 나온다. 중국인과의 협상에서 특히 강조되는 게 바로 「속도」다. 상대방의 템포를 잘 파악하고, 그 템포에 맞추는 게 필요하다. 중국인의 템포에 휘말린다거나, 템포를 맞추지 못해 실패하는 경우가 많기 때문이다.

흔히 중국사람의 특징을 말할 때 「만만디(慢慢的)」라는 단어가 꼭 지적된다. 느리다는 뜻이다. 그러나 우리는 이 만만디라는 말의 정확한 뜻을 잘못 이해하고 있다. 만만디라는 것은 행동이 느리다는 뜻도 있겠지만, 그보다는 「느긋하다」라는 것으로 해석하는 게 옳다. 일상생활에서 조급해하지 않고, 여유를 가지려는 정신적 속성이다. 보다 멀리 바라보고 장기적인 안목에서 느긋하게 사업을 추진하려는 속성이 만만디다.

그러나 중국인은 비즈니스에 관한 한 이 「만만디」가 절대원칙이 아니다. 그들은 자신들이 불리하거나, 상대방을 잡아야겠다고 생각하면 템포를 높인다. 그러나 자기가 유리하다고 생각하면 만만디 기질을 유감 없이 발휘한다. 질질 끌면서 단물을 쏙쏙 빨아들이는 거다. 계산된 「만만디」라고 할 수 있겠다.

종합상사 직원들이 자주 겪는 일이다.

종합상사 중국 지점 상사원들은 중국인들로부터 수입 인콰이어리를 받게 된다. 중국인들은 일반적으로 정상 가격보다 터무니없이 낮은 가격을 제시한다. 유능한 상사원들은 이 때 인콰이어리에 즉각 반응을 보이지 않는다. 즉각 반응을 보이면 중국인들은 「상대방이 조급하게 나온다」는 것으로 알고 가격 후려치기에 나설 것이기 때문이다.

상사원은 대신 「가격이 너무 낮다」라는 회신을 보낸 뒤 잊어버린다. 그러면 그들은 며칠 후 또 다른 가격을 제시하며 접근한다. 물론 중국 비즈니스맨들은 이곳 저곳 찔러본 뒤 그래도 이 제품밖에 없다고 판단했을 것이다. 중국측에서 거꾸로 조급해진다면 협상은 끝난 것이나 다름없다. 좋은 조건으로 협상을 이끌 수 있다. 상대방의 템포에 말려들지 않았기 때문에 성공할 수 있었던 것이다.

중국 파트너가 먼저 빨리빨리 하자고 달려드는 경우가 있다. 이 같은 파트너를 만난 한국 기업인은 「상대방이 우리를 원하는구나」 하고 맞장구를 치기 쉽다. 그래서 합작계약을 맺고, 뜻이 맞아 공장을 세우고…. 일은 일사천리로 진행된다.

이럴 경우 중국인이 왜 템포를 높이는지 다시 한번 생각해봐야 한다. 그들이 협상이나 거래에 적극적으로 나오는 이유는 곧 「이 사업이 우리에게 커다란 이득을 가져다 준다」라는 결론을 내렸기 때문이다. 이는 상대적으로 한국측에게 불리할 수 있다는 얘기다.

이 경우 좀더 느긋하게 기다린다면 더 좋은 조건으로 계약을 성사시킬 수 있다. 아쉬운 쪽은 상대편이기 때문이다.

초코파이 『不怕慢, 只怕站(부파만, 즈파잔). 속도가 늦는 것을 두려워 말아라, 정말 무서워할 것은 멈추는 것이다.』 오리온 초코파이는 꿈은 크지만 시장공략 속도는 「차근차근」으로 나아가고 있다.

중국측의 고속 템포에 말리게 되면 당장은 일이 빠르게 진행되어 좋겠지만 두고두고 후회할 수 있다. 제값을 받지 못하고 우리 기술을 넘겨줄 수도 있다. 게다가 합작 협상이 앞뒤 가릴 틈 없이 너무 빨리 진행되어 낭패를 보기도 한다. 중국에 발을 한번 잘못 들여놓으면 발가벗기 전에는 중국을 떠나지 못하는 경우가 많다.

중국 비즈니스맨들은 자신에게 유리하다고 판단되면 슬로 템포로 변한다. 협상을 질질 끌고, 가격도 낮출 대로 낮춘 다음 타협에 나선다. 한국측 파트너는 중국인들의 「계산된 만만디」에 손을 들고 만다. 그럴 때일수록 우리도 느긋하게 나가야 한다. 조급하게 달려든다면 모든 것을 빼앗기고 만다.

그들은 자신이 갑(甲)의 입장에 있다고 판단되면 다수의 을(乙)을 상대로 싸움을 시킨다. 「당신들 경쟁사 ○○는 얼마에 준다더라」라는 식으로 접근한다. 실적을 올려야 하는 많은 한국기업들은 이 전략에 놀아나 「제 살 깎아먹기」 경쟁을 벌이기도 한다. 중국 비즈니스맨들은 그 때까지 계약을 질질 끈다. 심지어 계약을 체결했다가도 더 좋은 조건의 제품이 나오면 쉽게 파기하기도 한다.

협상뿐만이 아니다. 중국 비즈니스 전체의 전개 속도 역시 그들의 템포에 맞춰야 한다. 속전속결은 중국인과의 비즈니스에서 어울리지 않는다. 최소한 2~3년 앞을 내다보고 탄탄하게 기반을 다지겠다는 자세가 필요하다. 2~3년 손해볼 수 있는 배짱이 있어야 하고, 이 기간 동안 버틸 수 있는 자금도 있어야 한다.

중국을 찾는 벤처기업이 크게 늘고 있지만 중국에 투자한 벤처기업 가운데 대다수가 다시 서울로 돌아가고 있다. 그 원인 중 하나가 속도감 때문이다.

우리나라 벤처기업들은 단기 승부에 익숙하다. 의사결정이 빠르고 수익도 빨리 내야 한다. 이 같은 성향은 중국에서도 마찬가지였다. 빨리 투자하고, 빨리 한몫 잡아야겠다는 생각으로 들어왔다. 그러나 중국은 빨리빨리 움직여주지 않았다. 돈을 퍼부어도 언제 이익이 날지 알 수 없는 상황이 지속됐다. 이를 참지 못한 기업은 모두 돌아가고 있다. 지금 남아 있는 벤처기업들은 그나마 미래를 내다보고 기반을 닦아나가는 업체들이다. 그들은 빠르지는 않지만 우직하게 사업을 추진하고 있다.

베이징에서 7년 간 생활하고 있는 B씨. 대기업 상사원 출신인 그는 4년 전 다니던 회사를 그만두고 컨설팅 관련 개인사업을 운영하고 있다. 그는 거의 매일 한국손님을 맞는다. 그 손님들로부터 가장 많이 듣는 말이 「베이징에서 돈 좀 벌 일 없나?」라는 질문이다.

B씨는 그런 말을 들을 때마다 차분하게 설명해준다.

『중국에서 1~2년 안에 돈 버는 길을 찾는다면 도둑질 또는 사기치는 것밖에는 없을 겁니다. 지금 베이징에서 그래도 자리를 잡았다는 사람들은 최소한 5년 이상 꾸준하게 터를 닦았던 분들입니다. 각고의 노력을 통해 기초를 닦아놓고 이제 그 위에서 성장해가고 있는 것이지요. 정말 중국에서 돈을 벌고 싶다면 차근차근 밑에서부터 일을 배우겠다는 자세로 시작해야 합니다. 중국 비즈니스는 항상 파트너가 있게 마련이고, 그 파트너의 속도를 감안해야 합니다. 상대방 템포에 맞춰야지요.』

「不怕慢, 只怕站(부파만, 즈파잔).」

『속도가 늦는 것을 두려워하지 말아라, 정말 무서워할 것은 멈추는 것이다』라는 뜻을 가진 중국 격언이다. 중국에서 비즈니스를 꿈꾸는 사람은 근무 다이어리에 이 말을 적어가지고 다니자.

송사에 휘말리지 마라(上)
피해사례

어느 나라에서든 소송은 피하는 게 상책이다. 중국에서는 더더욱 그렇다. 중국의 법률환경으로 볼 때 외국기업이 소송에서 이기기도 어렵거니와, 이긴다고 하더라도 자금, 대외 이미지 등에서 많은 손해를 보게 된다. 송사에 휘말리지 않도록 미리미리 조심하는 수밖에 없다.

그렇다고 법적 소송을 마냥 피할 수만도 없는 노릇이다. 송사를 피할 수 없는 경우가 종종 발생한다.

상대방이 약점을 잡아 법적으로 「도전」해오는 경우가 많다. 중국의 악덕기업에게 당하는 경우도 있다. 이런 경우에는 중국 법에 따라 능동적으로 대처하는 지혜가 필요하다.

A회사는 셋톱박스(위성수신기) 전문업체다. 기술력이 뛰어나 국내에서도 유명한 이 업체는 2년 전 중국수출을 추진하는 과정에서 송사에 휘말리게 되었다.

사건의 발단은 이렇다.

당시 서울에서 파견된 이 회사 직원이 선양 지역 정보기술 분야의 한 유통업자를 만나게 된다. 그 업자는 자기가 셋톱박스를 팔아주겠다고 제의해왔다. 그는 대신 독점권을 달라고 했다. A회사 직원은 『어떻게 믿을 수 있느냐』며 『우선 3개월 간 판매상황을 봐가며 독점권에 대한 여부를 결정하겠다』고 응답했다. 독점권을 줬다가는 중국지역에서의 입지가 좁아질 것을 우려한 것이다.

A회사 관계자가 이 계약에 서명한 데에는 중국정부의 형식승인을 피하자는 계산도 깔려 있었다. 외국기업이 셋톱박스를 중국에서 팔기 위해서는 중국정부의 형식승인을 받아야 한다.

그러나 이 회사는 선양의 업자를 통해 이 조항을 우회했다. 물건을 팔아주겠다고 나서는 업자를 발견하고는 「얼씨구나」 하고 형식승인 없이 중국판매에 들어간 것이다. A회사 직원은 『설마 무슨 큰일이 일어나겠느냐…』라고 생각했다.

양측은 그 조건으로 대리점 계약을 맺었다. 직원은 의기양양하게 서울로 돌아갔다. A회사는 현금이 입금되는 것을 확인하고 물건을 중국으로 보냈다. 순조로운 출발이었다. 그런데 어느 날 그 「설마」가 사람을 잡았던 것이다.

선양의 업자가 손해배상 청구소송을 낸 것이다. 소송금액은 자그만치 180만 달러. 최악의 경우 본격적으로 물건을 팔아보기도 전에 23억 4,000만 원을 떼일 수 있는 어처구니없는 일이 벌어진 것이다.

선양의 업자가 소송을 제기한 이유는 『A회사가 대리점 운영권을 나에게 맡기고도 다른 경로를 통해 더 싼 가격에 동일 제품을 중국에 판매했다』는 것이었다. 실제로 A회사는 구조조정으로 셋톱박스 사업팀을 분사시켰고, 분사한 회사가 동일 제품을 중국에 판매했다.

선양의 업자는 자기 임의대로 대리점 운영 기간을 설정, 그 기간 동안에 발생할 것으로 예상되는 손해 금액을 산정해 돈을 물어내라고 소송을 제기했다. 그래서 제기한 손해배상 금액이 180만 달러였다. 그야말로 고무줄 계산 방식이었다.

이 때부터 법정싸움이 시작됐다. 당시 본사파견 직원이 써준 계약서에는 분명 기간이 명시되지 않았고, 독점판매권이 아닌 대리판매권을 준 것으로 되어 있었기 때문에 A회사는 소송에 들어가면 쉽게 이길 것으로 판단했다. 또 당시에 써준 계약서를 본 계약서로 인정할 것이냐를 놓고도 승산이 있었다. A사는 변호사를 구했다.

제1심이 열린 것은 선양에서 세 시간 남짓 떨어진 푸신이라는 곳이었다. 업자의 고향이었다. 참고로 말하자면 중국의 시골지역 법관은 정규 법 공부를 하지 않은 사람이 대부분이며 군대에서 법무관으로 일했던 사람, 공직자 출신 등이 법관으로 앉아 있다.

그들은 법리를 따져 판단하기보다는, 변호사들의 변론을 듣고 더 합리적이라고 판단되는 쪽의 손을 들어준다. 특히 지방보호주의 영향으로 지방법관의 대부분은 본지인과 외부인이 법정에 섰을 때 본지인 편에 서게 된다.

업자가 그의 고향에서 제기한 소송으로 열린 재판, 그 결과는 보나마나였다. 재판부는 원고의 주장을 모두 받아들여 160만 달러의 손해배상 판결을 내렸다.

당시 이 사건에 관계했던 베이징 상사원 H씨는 『중국 법정에서 보니 정말 어처구니없는 일이 너무 많았다』고 몸서리를 쳤다.

제2심은 선양 법원에서 열렸다. 법원은 합의를 종용해왔다. A사 변호사는 돈 갈취를 목적으로 조직적으로 소송을 제기한 원고를 재판에서 이기기는 사실상 어렵다고 판단했다. A회사측을 더 어렵게 만든 것은 형식승인을 안 받아두고 물건을 팔았다는 점이었으며 그것은 치명적인 약점이었다. 설마, 설마 했던 게 끝끝내 회사를 괴롭혔다.

A회사는 2심에서 결국 합의를 받아들여야 했다. 60만 달러로 결정됐다. 그 이후 재판은 형식적으로 진행됐다. 대당 300달러짜리 물건을 팔려다가 억울하게 60만 달러만 날리고 말았던 것이다.

그뿐만이 아니다. 변호사 비용도 적지 않게 들어갔다. 소송 금액의 4% 정도를 내야 했다. 또 중간에 선양 업자가 자신들의 주장을 일방적으로 담은 보도자료를 신문에 뿌려 중국언론에도 나는 바람에 A회사는 결국 중국에서 물건 하나 제대로 팔아보지도 못하고 사업을 접어야 했다. 통탄할 일이다.

무엇이 문제였을까.

계약체결 단계에서 너무 성급했다. 서울에서 출장온 직원이 「실적」을 의식하고 서둘러 계약서에 서명했을 거라는 추측이 간다. 더군다나 그 계약서는 시기를 적시하지 않고, 대리점 계약의 성격 등을 명확히 하지 않는 등 문제가 많았다. 당연히 침착하게 관계 전문가에게 법적 자문을 구했어야 했다. 형식승인을 거치지 않고 물건을 서둘러 팔려고 했던 것은 중국법을 우습게 봤다는 얘기다. 그러기에 중국에서는 합법경영을 해야 한다.

또 다른 문제는 중국 사정을 잘 아는 전문가의 조언을 무시했다는 점이다. 이 회사 북경 지사장은 계약의 문제점을 지적하며 판매에 제동을 걸려고 노력했다. 그러나 받아들여지지 않았다고 한다. 현지 주재원 말을 믿지 못하고, 오히려 잠시 다녀간 직원을 믿는 풍조는 고쳐져야 한다. 눈앞에 있는 직원이 더 예쁘게 보이는 것은 당연하겠지만, 누가 더 정확한 정보를 갖고 있는지는 정상적인 상식을 가진 사람이라면 쉽게 판단할 수 있었을 것이다.

이러한 경우는 A회사만 겪은 일이 아니다. 필자가 알고 있는 많은 업체들이 법정문제에 휘말려 사업을 접어야 했다. 송사에서 지면 피해 금액도 어마어마하다.

우리는 언제까지 「수업료」라는 명목으로 중국에 돈을 바쳐야 하는 걸까.

송사에 휘말리지 마라(下)
대응방안

　많은 외국 투자기업들이 중국에서 법률문제로 골치를 앓고 있다. 그렇다고 외국기업이 중국법의 보호를 받지 못하는 것은 아니다. 오히려 법을 배경으로 비즈니스를 해야 안전하다. 문제는 법을 알지 못했거나, 법을 간과했거나, 법적으로 모호한 여지를 남겼을 경우에 발생한다. 이를 피하는 방법은 하나다. 사전에 분쟁의 소지를 없애는 거다.

　어떻게 할까.

　소송문제가 가장 많이 발생하는 부분은 계약서 작성이다. 베이징에서 활동하고 있는 이춘옥 변호사(조선족)는 『합작선 물색 단계에서부터 변호사들의 법률자문을 받는 게 가장 좋다』고 말한다. 특히 계약서 또는 합자법인 정관작성 등에 있어서는 변호사의 조언을 구해야 한다. 큰돈이 드는 것도 아니다. 돈을 아끼려다 오히려 큰코 다칠 수가 있다.

　계약서 작성에서 피해야 할 것 한 가지가 있다. 다른 회사의 계약서를 가져다가 이름만 바꿔 서명하는 경우다. 모든 합작사업에는 고유의 특징이 있다. 이걸 무시하고 양식에 빈칸을 메우는 식으로 계약서를 작성한다면 예상하지 못한 문제가 발생할 수 있다.

사업 도중에도 법적으로 문제를 야기할 수 있는 사안이 발생할 것이다. 이 때에도 변호사의 자문을 구하면 좋다. 「돌다리도 두드려보고 건너는」 신중함이 요구된다. 그래서 많은 기업들은 고문변호사 또는 법률사무소와 자문계약을 체결한다. 삼성, LG 등과 같은 대기업은 중국 변호사를 직원으로 채용, 어지간한 법률문제를 스스로 해결하고 있다. 중소기업들은 주로 조선족 변호사의 법률자문을 받고 있으나 중국어에 문제가 없다면 한족(漢族) 변호사도 괜찮을 듯싶다.

아무리 조심해도 사업을 하다 보면 송사에 휘말리게 된다. 내 권익을 찾기 위해 또는 상대방이 재판을 걸어올 경우 법정에 갈 수밖에 없다.

만약의 경우를 대비해 중국 재판절차에 대해 알아두자.

중국법원은 기층-중급-고급-최고 등의 순으로 나뉜다. 사안의 경중에 따라 재판을 기층에서 시작할 수도 있고 중급, 고급에서 시작할 수도 있다. 2심이 원칙이다. 기층에서 시작했다면 중급에서, 중급에서 시작했다면 고급에서, 고급에서 시작했다면 최고에서 확정판결이 내려진다. 2심 판결 이후 2년 안에 재심을 신청할 수 있다. 결국 세 번의 재판 기회가 있는 셈이다.

중국에는 집행이라는 절차가 있다. 재판의 결과에 따라 돈을 받아내는 절차를 말한다. 재판에서 진 측이 돈이 있음에도 불구하고 배상금 지불을 거부할 경우 돈을 강제로 받아내는 과정이다. 이 과정에서도 변호사를 선임하는 경우가 있다. 돈 받아내기가 어려울수록 변호사 수임료는 높아진다. 집행을 전문으로 하는 변호사도 있다.

변호사 선택이 관건이다. 중국에 변호사 자격증을 가진 변호사는 얼마든지 있다. 그러나 중국법률을 완벽하게 이해하고, 한국 기업문화를 알고, 실전(송사처리) 경력이 많고, 막강한 「관시 파워」를 갖춘 변호사는 찾기 어렵다.

그럴 경우 해당 지역의 기존 중국진출 업체로부터 정보를 얻는 수밖에 없다. 베이징의 경우 한국인이 찾는 법률사무소는 너덧 곳 된다. 중국진출 「선배」들에게 물어보면 금방 알 수 있다. 고문변호사인지 또는 소송을 맡길 변호사인지에 따라 해당 분야의 능력 있는 변호사를 구해야 한다.

변호사 가격은 차이가 많다. 계약에 따라 들쭉날쭉이다. 고문변호사의 경우 고문시간에 따라 가격을 결정하거나, 정액계약을 맺는다. 필자가 알고 있는 한 조선족 변호사는 시간당 약 100~150달러를 받는다. 정액 계약을 할 경우 가격은 연간 4,000~5,000달러에 달한다. 그러나 그 변호사는 「다른 변호사에 비해 높은 수준」이다. 그 변호사의 절반 가격으로 활용할 수 있는 변호사도 많다.

소송의 경우 일반적으로 전부 승소를 했을 경우 5% 이상, 부분 승소를 했을 경우에는 승소액의 10% 정도를 받는다. 집행건을 변호사에게 맡길 경우 집행액의 40%에 달하는 경우도 있다. 계약에 따라 가격이 엄청나게 높아지는 경우도 있다.

국영기업인 N공사의 사례다.

이 회사는 지난 1996년 6월 10만 달러 규모의 재판싸움을 벌였다. 상대방이 소송을 걸어 피고자격으로 법정에 섰고, 재판은 2000년 여름 4년여 만에 겨우 마무리되었다. 소송을 하는 동안 이 회사가 지불한 변호사 비용은 착수금 1만 달러, 완전승소 비용 1만 달러, 부대비용 5,000달러 등 모두 2만 5,000달러에 달했다. 소송액의 25%에 해당하는 금액이었다. 소송을 대리했던 변호사는 베이징에서 유능하기로 이름난 사람이다. 필자와 개인적으로 친한 그는 「힘든 싸움이었기에 가격이 높았다」고 말한다.

중국 변호사제도에 대해 간단히 알아보자.

중국은 지난 1986년부터 변호사 자격시험을 통해 변호사를 양성하고 있다. 법과 대학원을 졸업한 학생 역시 변호사 자격을 취득한다. 변호사 시험점수 60점 이상이면 자격을 따지만 최근 들어 변호사 시험이 매우 어려워졌다고 한다. 특히 2000년부터 합격 정원제를 적용, 시험점수가 높음에도 떨어지는 수험생이 많다고 한다.

시험점수 60점은 쉽게 얻을 수 있어 그 동안 많은 수의 변호사가 양산됐다. 그 중에는 실력이 부족하거나, 경험이 부족한 변호사도 많아 엉터리 변호사에게 애를 먹는 경우가 있으니 조심해야 한다. 중국에는 개인변호사 사무실이 없다. 모두 합동변호사다. 지방에는 국영변호사 사무실이 많다.

변호사를 잘 골라야 하는 또 다른 이유가 있다.

중국 법정에는 법리 대결 이외의 것이 있다고 한다. 바로 관시가 크게 작용한다는 얘기다. 관시에 능한 변호사를 구해야 재판을 순조롭게 이끌 수 있다. 변호사는 때로는 「해결사」 역할도 해야 한다. 그러기에 경력 있고 「인맥」 있는 변호사가 필요하다.

변호사는 「무식한」 중국 법관을 설득시키는 일을 해야 할 사람이다. 「베이징의 베스트 10 변호사」로 뽑히기도 한 조선족 김연숙 변호사의 말이다.

『중국 법관은 고시를 통해 선발되지 않습니다. 국가공무원 시험을 통과한 예비공무원 중에서 법무부에 배치받은 사람들이 서기에서 시작, 법관으로 성장하지요. 이 경우라면 법관의 자질에 큰 문제는 없을 겁니다. 그러나 상당수 법관은 군대 또는 일반행정 분야 공직 출신입니다. 법에 대한 이들의 지식은 한계가 있을 수밖에 없지요. 특히 내국기업과 외국기업이 부딪치면 너무 쉽게 내국기업 편을 들기도 합니다.」

「무식한」 그들을 공부시켜가면서 재판을 이끌어갈 수 있는 변호사를 구해야 한다는 얘기다. 거기에 재판의 성패가 달려 있다고 해도 지나친 말이 아니다.

중국은 2002년부터 사법고시를 실시할 예정이다. 우리나라 사법고시와 유사하다. 고시 합격자 중에서 법관·검찰관을 뽑고, 변호사도 배출할 예정이다. 그러나 이 제도가 실시된다 하더라도 앞으로 상당 기간 중국의 송사 여건은 열악할 것으로 예상된다.

중국 특유의 법률과 법정 환경을 이해하려는 노력이 필요하다.

가짜의 함정에 빠지지 마라

서울손님 마중을 위해 베이징 수도공항으로 가는 길. 필자는 톨게이트에서 통행료 15위안을 내려고 10위안짜리 두 장을 내밀었다. 근무자가 잠시 지폐를 보더니 그 중 하나를 다시 건네준다. 『가짜니 다른 것을 달라』는 것이다. 『나도 받은 돈인데 가짜일 리 있겠느냐』라고 말하자 그는 귀찮다는 듯 다른 설명 없이 『빨리 달라』고 재촉했다. 나중에 그 돈을 유심히 봤더니 조잡하게 만들어진 가짜였다. 그 10위안짜리는 아직도 필자 주머니 속에 「기념품」으로 남아 있다.

재미있는 것은 톨게이트 근무자의 태도다. 가짜 돈을 발견하고도 너무 태연했다. 『나만 손해보지 않으면 된다』라는 식이다. 적잖이 기분 나쁘다는 표정을 지었다. 우리나라였다면 어찌 됐을까. 경찰에 신고하고, 수사에 착수하고, 신문에 나고… 나라가 떠들썩했을 것이다. 위폐 제작은 경제의 근간을 흐트러뜨리는 경제사범으로 취급된다. 경찰은 그래서 치밀하게 수사를 하고, 위폐를 제조한 범인은 꼭 잡히고 만다.

내 주머니에 가짜 돈이 들어왔다면 「재수없는 일」이라고 치부해버리는 중국인들. 가짜에 대해 얼마나 무감각한지를 단적으로 보여준다. 이 같은 가짜 무감각증은 수많은 가짜 상품을 만들어낸다. 『(눈을 아래로 깔면 언제나 볼 수 있는) 내 코만 빼고 모두 가짜』라는 말이 나올 정도다.

「가짜 천국」 중국의 실상을 보여주는 통계는 많다.

베이징에서 팔리고 있는 배갈(白酒) 중 3분의 2가 가짜다. 중국 소프트웨어의 96%가 가짜다. 자동차 수리점의 「상하이다중(上海大衆)」 부품 중 4분의 3이 가짜다. 베이징 대학 근처에 가면 한국돈 100만 원짜리 가짜 석·박사학위를 쉽게 살 수 있다. 시중에서 판매되는 VCD의 98%가 가짜다. 심지어 가슴에는 폴로, 목 부분에는 노티카, 지퍼에는 나이키 상표를 단 가짜투성이 파카가 버젓이 팔리기도 한다.

가짜 무감각증은 그들의 비즈니스에도 너무 잘 나타난다. 조금 잘 나가는 브랜드가 있으면 며칠 안 돼 똑같은 제품이 나온다. 심혈을 기울여 만든 디자인이나 상표가 너무 쉽게 복제된다. 이 가짜 속성에 너무도 많은 우리나라 기업들이 울었고, 또 울고 있다.

골프웨어 브랜드인 울시는 중국에서 고가 브랜드로 자리잡았다. 중국 골프장에서 울시를 입고 있다면 성공한 사람이라고 보면 된다. 울시는 원래 영국 브랜드인데, 중국 사업권을 갖고 있는 한국의 하이파이브가 중국에서 생산해 팔고 있다.

이 회사는 최근 신강성 우루무치에 가짜 울시가 난무하고 있다는 정보를 얻고는 국가공상국(國家工商局)에 조치를 의뢰했다. 국가공상국은 제작회사를 덮쳐 창고에 쌓여 있는 가짜 울시 티셔츠 30만 장을 적발했다. 그러나 문제는 또 있었다. 공상국에 의뢰해 가짜를 적발할 경우 그들에게 건당 10위안을 줘야 한다는 사실이었다. 돈을 받아야 행정력을 발휘하는 중국 공무원들 역시 가짜에 무감각해 있는 것이다.

가짜 시계 『롤렉스, 구짜, 오메가…. 원하는 것은 다 있습니다.』 베이징 훙차오 시장의 가짜 시계 상점. 그들은 함정을 깊게 파놓고 미숙한 손님이 걸려들기를 기다리고 있다.

이 회사는 적발된 티셔츠가 30만 장이었으니 무려 300만 위안을 공상국에 바쳐야 할 판이었다. 우리 돈 5억에 육박하는 거금이었다. 물론 협상을 통해 많이 낮춰졌지만 어쨌든 괜한 곳에 돈을 써야 했다.

단속을 안 하자니 브랜드 인지도가 타격을 받고, 단속을 하자니 엄청난 돈이 들고…. 이 회사 관계자는 『환장할 노릇』이라고 혀를 찬다.

울시 상표는 베이징의 가짜 상품 상가에 가면 너무나 쉽게 발견할 수 있다. 가슴에 여우 상표가 선명한 골프웨어 티셔츠를 가리키며 얼마냐고 물으면 230위안이라고 답한다. 잘 깎으면 70위안에도 살 수 있다. 원래 1,000위안이 넘는 울시 티셔츠가 가짜 상표를 달고 70위안에 팔리고 있는 것이다. 그 제품이 온전할 리 없다.

베이징에서 정보통신 관련 컨설팅을 하고 있는 임모 씨의 얘기다.

그는 7년 전쯤 선양에서 플라스틱 바가지를 만드는 합작공장을 운영했

다. 중국업체와의 합작이었다. 바가지는 시장에 내놓자마자 팔려나가기
시작했다. 다른 제품에 비해 가격은 비슷하면서도 제품이 좋았던 것이다.
공장은 6개월여를 쉬지 않고 가동되었다. 임 사장은 흥이 났다. 그는 동
북지방에서의 여세를 몰아 베이징 근교에 또다시 공장 하나를 짓기 시작
했다. 자금이 조금 부족했지만 「공장 준공될 때까지만 참자」라는 식으로
견뎠다.

그런데 공장이 반쯤 준공되어갈 즈음 매출이 눈에 띄게 줄기 시작했다.
원인을 조사하던 중 임씨는 경악하고 말았다. 동일한 상표가 붙은 제품이
베이징 상가에 더덕더덕 붙어 있었기 때문이다.

문혁(文革)의 어두운 그림자

가짜와 문화대혁명. 무슨 함수관계가 있을까. 최근 중국 후난성 창사에서 발생
한 한국인 자동차사고를 보며 이 함수관계를 풀어보자.

이 사고로 한국인 다섯 명이 크게 다쳤다. 승합차가 뒤에 오던 버스에 받혀 약
30m 급경사 언덕으로 두 바퀴나 구른 사고였다. 승객의 얼굴에서 피가 흘렀고,
신음소리가 들렸다. 얼마 후 여기저기에서 손전등을 든 마을 주민들이 나타났다.

신음하는 승객들을 먼저 구출하는 게 인지상정. 그러나 손전등 빛은 차 내부
로 들어오지 않았다. 그들은 멀거니 사고현장을 바라보고 있었고 일부는 언덕에
서 무엇인가를 열심히 찾고 있었다. 나중에서야 그들이 흘린 물건을 줍고 있었다
는 것을 알았다. 당시 현장에 있었던 사람은 「그들에게서 타인에 대한 배려는 조
금도 찾아볼 수 없었다」고 말했다.

그들은 왜 부상자를 외면했을까. 전직 외교부 고급관리였던 왕(王·68)선생은
이를 「지난 1966년부터 10여 년 동안 중국을 혼돈의 도가니로 몰아넣었던 문화대

『우리 제품이 시장에 나온 지 3개월 후쯤 이미 남부지역에서 가짜가 나왔답니다. 그 가짜가 베이징 지역에서 생산되는 데는 6개월이 채 안 걸렸지요. 그것도 모르고 공장을 짓고 있었으니…. 그 땐 무엇에 홀렸었다는 생각이 듭니다.』

그의 한숨이 깊다.

베이징 홍차오(虹橋) 시장은 가짜 상품으로 유명한 곳이다. 규모가 서울 이태원과는 비교가 안 된다. 우리 돈 5,000원만 주면 롤렉스, 구찌, 라도 등 유명 브랜드 시계를 살 수 있다. 물론 가짜다. 이 시장은 외국인들의 관광 코스가 됐다. 가짜 그 자체가 상품화된 것이다. 단속이 있었다면

혁명의 후유증』이라고 진단한다.

베이징 토박이인 그는 『문혁 이전 중국 젊은이들은 버스 타는 노인에게 자리를 양보할 정도로 따뜻한 마음을 지녔다』고 했다. 그는 이어 『베이징의 경우 문혁 이전에는 깨끗하게 정돈돼 아름다웠다』며 『질서와 정(情), 그리고 신뢰가 있는 도시였다』고 회고했다.

문혁 10년의 혼돈 속에서 『나를 보호하지 않으면 당한다』라는 의식이 자연스럽게 형성됐다고 왕 선생은 말한다. 내 가정을 보호하기 위해 돈으로 권력을 사고, 돈을 벌기 위해서라면 옳고 그름을 따지지 않는 풍조가 굳어졌다는 설명이다. 관가에 만연하고 있는 부정부패, 서로를 인정하지 못하는 불신풍조도 여기에서 비롯됐다.

가짜 상품도 이와 무관하지 않다고 말한다. 남이야 가짜 술을 마시고 배탈이 나건 말건, 나만 돈 벌면 그만이라는 의식이 가짜 배갈을 양산해내고 있다는 얘기다.

왕 선생은 문혁시절 홍위병에게 쫓겨 광시(廣西)성 한 농촌의 돼지우리에서 3년을 보내야 했던 일을 생각하면 지금도 몸서리가 난다고 한다.

중국사회에 문혁의 어두운 그림자가 짙게 드리워져 있다.

5,000원짜리 롤렉스 시계는 있을 수 없다. 정부가 가짜를 방관한다는 얘기다.

중국에서 가짜는 영원토록 사라지지 않을지도 모른다. 돈이 된다 싶으면 무엇이든 해대는 중국인들이 가장 쉽게 돈을 버는 방법을 놓칠 리 없다. WTO도 가짜 앞에서 무력해질 수밖에 없다. 그 넓은 땅에서 어느 촌구석에 박혀 있을지 모를 가짜 공장을 어떻게 잡아내겠는가. 미국은 한때 중국의 음반, 소프트웨어, VCD 복제를 끈질기게 물고늘어지곤 했다. 그런데 달라진 게 하나도 없다. 미국도 이제는 포기한 모양이다. 이제는 가짜 단속하라는 얘기를 더 이상 하지 않는다.

중국인들의 가짜 함정, 조심하는 길밖에는 다른 방법이 없다.

첫 단추 끼우기(上)
최적 투자형태를 찾아라

중국진출에 성공한 기업은 몇이나 될까. 이 물음에 대한 통계는 없다. 분명한 것은 실패한 기업이 성공한 기업보다 훨씬 많다는 것이다. 지금도 많은 기업들이 사업 과정에서 돌출한 문제를 해결하지 못해 결국 사업을 접고 보따리를 싸고 있다. 막대한 투자자금을 중국에 고스란히 남겨둔 채 그들은 귀국행 비행기를 탄다. 그 중 많은 사람들이 『다시는 중국 쪽을 쳐다보지도 않겠다』며 분노하기도 한다.

그러나 투자손실에 대한 책임은 전적으로 자기 몫이다. 잘못된 투자계획을 세웠고, 중국 비즈니스의 정확한 밑그림이 없었기에 일어난 손실이다. 그 중에서도 특히 투자 초기에 자신의 사업에 맞는 적절한 투자 형태를 고르지 못한 경우가 제일 큰 요인으로 작용한다.

수많은 실패를 경험하고도 이 같은 문제는 개선되지 않고 있다. 중국에 돈을 싸들고 오는 기업인에게 『왜 중국에 오려고 하느냐?』고 물으면 대답이 분명치 않은 경우가 많다. 시장이 크니까, 인건비가 싸니까, 남들이 다 가니까…. 이런 대답이 나온다면 그 투자사업은 이미 실패를 잉태하고 출발하는 것과 다르지 않다.

삼성물산 베이징 지점장인 김재경 부장은 10여 년 이상 중국 비즈니스를 해온 이 분야 베테랑이다. 그는 중국에 진출해 실패한 많은 기업들이 초기 전략을 분명히 해야 한다고 강조한다.

『중국진출 초기 자신이 중국에 가서 무엇을 할 것인지 분명한 그림을 갖고 있어야 합니다. 투자 형태를 분명히 알아야 한다는 거지요. 그래야 투자전략이 나오고, 문제해결 능력이 생깁니다. 어떤 형태의 투자인가에 따라 투자지역, 파트너 선정, 협상 내용 등이 달라질 겁니다.』

김 부장이 제시하는 중국의 투자 유형을 보자.

첫째, 「생산기지 이전형」 투자다.

이 형태의 투자는 생산기지를 한국에서 중국으로 이전하겠다는 게 유일한 목적이다. 생산거점을 인건비가 싼 중국으로 옮겨 수익성을 높이자는 취지다. 판로와 원자재는 모두 한국에서 했던 비즈니스 형태와 동일하다.

생산품은 한국 또는 해외로 수출하고, 원자재는 한국에서 수입하는 경우가 많다. 섬유·봉제 등 임가공 산업이 많다. 한·중수교 초창기에 흔했던 투자 형태다. 중국시장을 노린 것이 아니기 때문에 단독투자가 많다.

중소기업에는 이런 형태의 투자가 많다. 선양에 설립된 동경스포츠의 경우가 대표적인 회사다. 이 회사는 낮은 인건비를 노리고 선양에 왔고, 제품은 일본으로 전량 수출한다.

지역적으로는 조선족이 많이 살고 있고, 가까운 동북지역 및 산동지역에 많이 몰려 있다. 이 밖에도 톈진 주변, 선전을 비롯한 광둥지역, 서부지역 등에 이 같은 투자 형태가 흔하다.

둘째, 「내수시장 침투형」 투자다.

중국 현지에서 생산·판매해 중국의 무역장벽을 뚫어보자는 목적의 투자다. 대기업이 중국에 진출할 때 가장 흔히 볼 수 있는 투자 패턴이다. 중국으로 제품을 수출해 시장을 개척하는 데는 한계가 있으므로 시장이 있는 곳으로 달려가자는 취지다.

이 같은 형태의 투자는 중국기업과 합작하려는 경향이 강하다. 생산은 한국기업이 맡고, 판매 · 유통은 중국 파트너가 맡는다. 한국기업은 아직 중국 유통시장에 대해 잘 모르고 있어 파트너의 시장접근 능력이 요구된다.

당연히 공장은 시장과 가까운 곳에 설립해야 한다. 상하이 · 선전 · 톈진 등에 이 같은 형태의 투자기업이 많다.

포스코가 상하이 양쯔(揚子)강변에 세운 열연공장, 난징 LG모니터, 쑤저우(蘇州)의 삼성냉장고 등이 대표적인 예다. 이들은 중국의 낮은 생산비 이점도 노리지만 더 근본적으로는 제품을 중국시장에 팔겠다는 데 사업목표를 두고 있다.

셋째, 「원자재 확보형」 투자다.

중국은 원자재 반출을 엄격히 규제하고 있다. 그러나 이것을 가공해 가져가면 규제장벽이 크게 낮아진다. 중국에 원자재 가공공장을 설립, 필요한 자재를 안정적으로 들여가자는 게 목적이다. 당연히 공장은 원자재가 생산되는 곳이 유리하다.

삼성이 원유를 노리고 서북부 닝샤(寧夏), 인촨(銀川) 지역에 설립한 합작사가 대표적인 예다. 삼성은 또 칭하이(靑海)성에 알루미늄 가공공장을 설립해 생산품을 해외로 수출하기도 한다. 한솔제지는 단둥(丹東)에 이 같은 형태의 합작공장을 설립했다. 한솔은 이 공장에서 종이 표백처리에 필요한 광석분말을 가공, 전량 서울로 가져간다.

파트너는 원자재 개발권이 있는 회사가 된다. 이 같은 형태의 투자기업

중국에서 주식투자로 돈 벌 수 있나?

베이징 일부 상사원들은 인터넷 시스템을 이용해 증권거래소나 코스닥의 주식을 사고 판다.

컴퓨터로 주식을 팔고 살 때 그들의 몸은 베이징에 있지만 이미 마음은 서울에 가 있다. 정보가 훨씬 빠른 서울에서도 깨지는데, 하물며 베이징에서 돈을 벌 수 있으랴.

그래서 그들은 「중국에서 주식으로 돈을 벌 길이 없을까」 생각하게 된다. 중국 주식시장은 세계적인 경기불황에도 아랑곳하지 않고 오름세를 보여왔기에 그런 생각이 더욱 간절하다.

과연 중국에서 주식투자가 가능할까.

결론부터 말하면 가능하다.

잘 알겠지만 중국은 외국인에게 B주만을 개방하고 있다. B주는 상하이와 선전 주식시장에서 거래되고 있다. 상하이 B주는 달러로, 선전 B주는 홍콩달러로 거래된다.

중국 금융당국이 내국인도 B주식에 투자할 수 있도록 허용, B주 가격이 크게 올랐다.

상사원 K씨가 중국에서 주식을 투자한다면 어떤 절차를 밟아야 하는지 살펴보도록 하자.

K씨는 중국에서 약 1만 달러 정도를 갖고 주식거래를 하고자 한다. 그는 우선 B주식 투자용 계좌를 만들기 위해 신흥만국(新興萬國)이라는 증권사로 간다. 물론 다른 증권사도 가능하다.

이 때 여권(1년 이상의 비자가 찍힌 것)과 외국인 거류증을 가져가야 한다. 장기체류 외국인이라는 것을 확인하기 위한 절차다. 증권사에서 요구하는 양식을 채워 넘겨주면 쉽게 계좌를 만들 수 있다.

신흥만국은 그에게 돈을 넣을 은행계좌를 지정해준다. 이 계좌는 외국계(일반적으로 미국) 은행에 개설된다. 주식거래는 중국에서 이뤄지지만 실제 자금은 미국에 있게 되는 셈이다. 그는 그 곳에 달러를 입금하고, 그 한도 내에서 거래를 할 수 있다.

한빛은행과 거래를 하고 있는 K씨는 한빛은행에 달러 자금을 신흥만국이 지정한 은행계좌에 입금시켜달라고 의뢰한다.

그러면 돈 버는 일만 남았다.

중국에서도 사이버 트레이딩이 많이 활용되고 있다.

그러나 B주의 경우 외국계 은행이 개입하기 때문에 사이버 트레이딩이 잘 안 된다.

K씨는 다소 귀찮아도 전화주문을 내야 한다. K씨는 증권사 영업직원을 정하고, 그를 통해 주문을 내면 편리하다.

과실송금 문제는 전혀 걱정하지 않아도 된다. 계좌 자체가 외국에 있으므로 송금이라고 할 것도 없다.

K씨가 번 돈은 고스란히 외국에 있는 신흥만국의 거래은행 계좌에 쌓이게 된다. 그는 신흥만국 증권사에 자기의 은행계좌의 돈을 한빛은행 미국지점으로 이전해달라고 의뢰한다. 그러면 돈이 한빛은행으로 들어온다.

중국 증시는 겉으로는 화려해도 속으로는 우리나라 시장보다 훨씬 더 많은 문제를 안고 있다.

내부자거래, 검은 돈의 증시유입, 기업분식회계 등이 그렇다.

2001년 여름, 중국 금융당국이 불법자금 유입 여부를 조사하겠다고 발표하자, B주 가격은 한 달 사이 무려 30%가 떨어지기도 했다. 그만큼 위험이 많은 시장이다.

원래 내국인에게 개방되기 전, 외국인 전용주였던 B주 투자액의 80%가 사실은 내국인 자금이었다. 서방 외국인 투자자들이 중국 B시장에 들어오지 않는다는 얘기다.

투자에 날고 긴다는 그들이 중국 증시에 들어오지 않은 이유를 곰곰 생각해봐야 한다.

은 해당지역 지방정부의 지원이 필수다. 지방정부를 합작에 끌어들이는 경우가 많다.

넷째, 「설비판매형」 투자다.

중국에 생산설비 또는 그와 관련된 기술을 팔겠다는 게 투자 목적이다. 합작사를 만들어 그 회사에 설비를 수출하는 형태다. 이 경우 한국 투자회사는 합작사의 경영에 큰 관심이 없다. 많은 지분을 가질 필요가 없는 것이다.

한때 유행했던 컨테이너 공장의 경우가 그렇다. 합작사에게 컨테이너 설비를 공급하는 조건으로 합작계약을 체결하게 된다. 『컨테이너 공장이 잘 되면 배당도 챙길 수 있어 좋지만, 잘 되지 않는다고 하더라도 설비를 팔아먹으니 좋다』라는 식이다. 중국측이 별로 좋아하지 않는 스타일이다. 중국의 기술 발전으로 이 같은 유형의 투자는 크게 줄어들고 있다.

다섯째, 「순수 수익성」 투자다.

다른 것은 다 필요 없고 단기간에 돈만 벌면 된다는 게 목적이다. 음식점, PC방, 여행사, 가라오케 등에서 이러한 목적의 투자기업을 많이 발견하게 된다. 소비성향이 높은 대도시가 투자지역으로 유리하다. 이 분야는 대부분 단독투자가 금지되어 있기에 명의를 빌리기 위해 중국측과 합작하는 경우가 많다.

이 밖에 중국의 기술습득을 노린 기술확보형, 요즘 새롭게 부각되고 있는 벤처 캐피털의 순수 자본투자, 종합상사들이 중국 내 상권을 얻기 위해 추진하는 상권확보형 등이 있다.

어떤 형식으로 어디에 진출할 것인지는 중국진출의 첫 단추를 끼우는 중요한 작업이다. 결코 소홀히 할 수 없다.

첫 단추 끼우기(下)
나 홀로 가라

랴오닝(遼寧)성 다롄에 자리잡은 G업체는 스키복을 생산, 수출하는 투자업체다. 이 회사는 요즘 문을 닫아야 할 위기에 몰렸다. 실적이 좋지 않은 탓도 있지만 더 큰 문제는 파트너의 고의적인 「사보타주」 때문이다.

이 회사가 다롄에 진출한 것은 5년 전. 중국의 한 국유기업과 합자 형태로 법인을 설립했다. 이 회사는 생산된 제품을 유럽·미국 등에 수출, 괜찮은 투자업체로 인정받았다. 실적도 괜찮았고, 중국 파트너에 배당금도 적지 않게 안겨줬다. 그러나 최근 들어 선진국 경기가 불황에 빠지면서 수출이 줄자 경영이 어려워졌다.

그런데 어려움을 헤쳐나가는 데 힘을 모아야 할 중국 파트너가 「공동전선」에서 이탈했다. 회사 경영이 앞으로 좋아지지 않을 것이라고 판단한 파트너가 지원을 공공연히 거부한 것이다.

『회사가 좋을 때 파트너는 정부관계 일도 봐주고, 은행의 지원도 이끌어내는 등 든든한 협력자였습니다. 그러나 지금은 적(敵)으로 변했습니다. 회사의 재무관계를 세무서에 제공, 세금을 추징당하기도 했습니다.

합자형태로 진출한 것을 땅을 치고 후회하고 있습니다. 조금 어려워도 단독으로 진출해야 했습니다.』

이 회사 P사장은 『상대 파트너가 더 이상 빼먹을 게 없다고 판단한 것 같다.』며 후회했다. 중국투자 형태가 얼마나 중요한지 보여주는 사례다.

외국기업이 중국에 진출하는 방법으로는 크게 「합작」, 「합자」, 「독자」 등 세 가지 형태가 있다. 이를 중국에서는 「3자(三資)기업」이라고 한다.

우리나라 기업이 중국에 투자할 경우 흔히 택하는 형태는 「합자」로서 P사장의 경우가 이에 해당한다.

합자 방식으로 진출할 경우 한국기업은 지분에 따라 경영을 책임지고, 위험도 지분만큼 부담한다. 한국기업은 자본 · 기술 · 설비 등을 투자하고 중국기업은 땅 · 설비 등을 현물 방식으로 투자한다. 각 투자 항목을 자금으로 환산, 지분율도 결정하게 된다.

합자 형태의 투자기업은 일반적으로 생산 및 기업경영은 한국기업이 맡고 판매 · 유통 등은 중국기업에 넘긴다. 원자재 확보를 위해 투자한 경우 중국 투자회사는 원자재 조달 업무를 맡게 된다.

한국기업이 합자 형태의 투자를 선호하는 것은 초기 시장을 뚫는 데 중국 합작사의 도움을 받기 위해서다. 중국 업체가 아무래도 시장을 잘 알고 있기 때문이다. 또 정부를 상대로 관시를 만들기 위해 파트너를 끌어들이기도 한다.

합자 형태로 진출할 경우 중국기업을 사업 파트너로 받아들여야 한다. 중국측은 이사회에도 참여하는데 여기에서 갈등이 생긴다. 중국측의 공공연한 경영 개입으로 차질을 빚는 경우가 많다. 또 중국 파트너의 능력이 당초 생각만큼 따라주지 못해 실망하기도 한다. 『사업 초기에는 사업 파트너였는데, 나중에는 중국정부의 감시자로 변했다.』라고 한탄하는 사장도 여럿 봤다. P사장도 그 중 한 사람이다.

이 문제를 근본적으로 해결할 수 있는 방안은 독자진출이다. 중국인의 경영 참여를 원천적으로 배제할 수 있기 때문이다.

독자(獨資)는 한국기업이 100% 지분을 갖고 있는 형태로 한국기업이 생산에서 판매 등 모든 것을 책임진다. 당연히 위험부담이 높지만 중국의 낮은 생산비를 활용해 제품을 생산, 이를 한국이나 제3국으로 수출하기 때문에 중국측의 도움을 받지 않아도 된다는 이점이 있다. G업체의 경우 독자로 진출했더라면 더 좋았을 것이다. 초기에 중국 비즈니스에 대한 자신감이 없어 합자를 선택했겠지만 말이다.

한국기업의 중국 내수시장 침투 노하우가 쌓이면서 요즘은 독자 형태가 늘어나고 있는 추세다. 우리가 스스로 중국시장을 뚫을 수 있게 되면서 중국기업의 도움이 필요 없어진 것이다. 또 일부 대기업은 최근 기존 합자법인의 주식을 인수, 독자기업으로 전환하려는 경향을 보이고 있다. 사업 파트너 없이도 중국 비즈니스를 잘 꾸려나갈 수 있다는 자신감이 생겼다는 얘기다.

이는 우리나라 기업만의 일은 아니다. 지난 1997년 6월 이후 중국에 진출하는 외국기업의 투자 형태 중에서 독자가 합자를 웃돌기 시작했다. 서방 기업들도 중국 비즈니스에 자신감을 갖게 되자 독자 형태를 선호하고 있는 것이다.

중국 대외무역경제합작부의 왕즈러(王志樂) 다국적기업연구센터 소장의 말이다.

『한국기업이 합자 형태로 중국에 진출하는 것은 아직도 자신이 없다는 것을 보여줍니다. 한국기업은 이제 중국 현지직원을 잘 활용, 독자적으로 사업을 펼쳐나가는 데 힘써야 할 겁니다. 중국정부는 외국 투자기업이 합자 형태를 갖추기를 바라고 있지만 반드시 합자를 권하는 것은 아닙니다.」

충분히 새겨들을 가치가 있는 얘기다.

합작(合作)은 외국기업과 중국기업이 「계약에 따라」 사업을 운영하는 형태다. 일반적으로 외국기업은 기술이나 설비, 운영 노하우 등을 제공하게 된다. 쉽게 말하면 외국기업이 이들 경영요소의 사용료를 받고 중국에 파는 식이다. 수익배당은 계약에 따라 이뤄진다. 해당 외국기업은 일반적으로 사용료를 받아 챙기면 되니까 사업에 대한 위험 부담은 없다.

이 방식은 개혁개방 초기 중국이 해외투자를 끌어들이기 위해 고안한 것이었다. 중국측은 설비나 기술경영 노하우를 들여올 수 있어 좋고, 외국 기업은 위험을 부담하지 않아도 되니까 「누이 좋고 매부 좋은 식」이었다. 그러나 중국의 투자위험도가 낮아지고, 많은 외국기업이 중국 내수시장 진출을 추진하면서 지금은 거의 사라진 형태다.

이들 세 가지 투자진출 형태 중 어떤 것이 이상적이라고는 말할 수 없다. 김재경 삼성물산 지점장은 『우리 기업이 중국에 진출했을 때 어떤 약점이 있는지를 먼저 생각해야 한다』라고 말한다. 약점을 보완할 수 있는 형태를 찾으라는 설명이다.

중국 유통에 대한 확신이 없다면 합자 방식의 투자가 바람직하다. 그러나 G업체처럼 중국 내 유통망이 필요 없거나, 이미 독자적인 유통 채널을 갖고 있다면 독자 방식이 유리하다. 그래야 안정적인 경영활동을 할 수 있기 때문이다.

거듭 강조하지만 투자 형태 선택은 중국 비즈니스의 첫 단추를 끼우는 작업이다. 첫 단추를 어떻게 끼우느냐에 따라 장기 사업의 성패가 갈린다는 점을 명심해야겠다.

사무실 개설, 중국 이해의 바로미터

중국에 막 진출한 기업의 직원이 해야 할 최초의 비즈니스 과제는 사무실 구하기다. 중국에서 새로 사업을 시작하는 기업은 우선 현지에 사무실을 차리게 마련이다. 진출 형태가 사무소가 됐든, 현지법인이 됐든 초기에는 그리 규모가 크지 않은 사무실을 얻는다.

사무실 개설은 중국 알기의 가장 좋은 기회다. 사무실을 개설하는 과정을 통해 중국인들과 접해보고, 부딪쳐볼 수 있기 때문이다. 그러기에 중국에서 활동하고 있는 상사원들은 『사무실 구하기만큼은 혼자 뛰어다니면서 직접 해보라』고 권한다.

물론 대행사에게 맡기면 편하다. 대행사가 처음부터 끝까지 다 해주니까 말이다. 그러나 그 사람은 중국을 알 수 있는 절호의 기회를 놓치는 셈이 된다.

중국어가 안 되면 손짓발짓을 해서라도 그들과 접해봐야 한다. 사무실 경비를 놓고 중국인과 흥정도 해보고, 시장에서 커튼 파는 아주머니와 대화도 나눠보고, 페인트칠하는 인부에게 업무지시도 내려보고….

경우에 따라서는 중국인에게 속을 수도 있다. 바가지를 쓸 수도 있다. 그러나 그것 자체가 중국을 알 수 있는 하나의 과정이라고 생각하면 오히려 귀중한 교훈이 될 수 있다. 일단 사무실을 차리고 일을 시작하게 되면 만나는 사람이 한정되어 중국을 폭넓게 볼 수 있는 기회가 적어지기 때문이다.

전자상거래 솔루션 업체인 이네트의 김도완 베이징 사무소장의 얘기를 들어보자.

그는 가끔 중국에 출장을 왔었고, 생활중국어 정도를 구사할 수 있는 정도의 어학실력을 갖고 있었다. 그 역시 사무실 개설이 첫 작업이었다. 그는 모든 과정을 혼자 해보기로 작정했다.

우선 장소를 물색했다. 사무실로 적당한 곳으로 점찍은 건물을 일일이 방문해서 가격, 서비스, 통신 네트워크 상황 등 입주조건을 조사했다. 베이징의 실리콘밸리라고 불리는 중관춘을 비롯해 여러 지역을 1주일 간 돌아다녔다. 그는 대형 기업체가 많이 몰려 있는 베이징 동부의 한 빌딩을 선택했고 건물주와 가격협상에 들어갔다.

건물주가 제시한 가격은 m²당 월 25달러. 김 소장은 주변 건물가격을 알아본 결과 17달러면 적당하다는 생각이 들었다. 그는 주변 여러 빌딩의 가격을 제시하며 협상을 이끌어나갔다. 협상을 통해 20달러까지 밀린 건물주는 더 이상 힘들다며 버텼다.

김 소장은 『그러면 그만두자』고 자리를 차고 나왔다. 혹 생각이 있으면 연락하라고 명함을 다시 줬다. 그 날 저녁 건물주가 전화를 걸어와 『18달러면 되겠느냐』고 제의, 협상을 끝냈다. 많이 깎았다. 그는 『참 재미있는 협상이었다』라고 당시를 회고한다.

사무실을 마련한 김 소장은 사무집기를 사기 위해 가구점을 돌았다. 대형 가구점을 몇 군데 방문, 가격과 디자인을 살폈다. 그는 중국의 가구가 서울에 비해 손색이 없다는 것을 알고 놀랐다. 쓸 만한 제품 가격은 서울과 큰 차이가 없었다. 『중국 제품은 무조건 싸고 질이 낮다』라는 의식을 바꾸게 된 계기였다.

사무실 장식품을 사기 위해 홍차오(虹橋)라고 하는 재래시장에 들렀다. 이 곳은 세계 유명상품이 모두 모인 곳. 물론 모두 가짜다. 그는 들른 김에 번쩍번쩍하는 스위스 롤렉스 시계를 30위안(약 4,500원) 주고 샀다. 그는 점원이 부르는 가격의 절반을 깎아 흥정을 시작해야 유리하다는 것을 알았다.

그는 일반 가게에 들러 커튼을 사기도 했다. 동일한 제품인데도 상점에 따라 가격차가 크다는 사실을 알고는 「정말 중국답다」라는 생각을 했다. 페인트칠은 중국 인부와 직접 했다. 그 때 페인트칠을 총괄했던 중국인과는 지금도 자주 연락을 하고 있다. 넓은 사무실을 함께 단장하면서 정이 들었나보다.

『사무실을 꾸미는 데 2주일 정도가 걸렸습니다. 그 동안 많은 중국인과 접촉할 수 있었지요. 속이 빤히 들여다보이는 거짓말을 아무 거리낌 없이 하는 중국인도 보았고, 중국사람들의 장사하는 방법도 대충 겪었습니다. 그 때 이후로는 중국 라오바이싱(老百姓·일반 백성)과 만날 기회가 거의 없었습니다.』

김 소장은 지금 베이징에서 후배 중국 비즈니스맨들에게 「중국에서 사무실 차리기」 컨설팅을 해주고 있다.

상사원의 경우에는 사무실이 이미 개설돼 있을 거다. 그렇다면 집 구하는 작업을 직접 해보면 어떨까. 건물 주인과 흥정해 가격을 깎아보면 중국 비즈니스에 자신감을 얻을 수 있을 것이다. 자동차 대리점을 찾아다니

중국 현지법인은 어떻게 설립하나요?

『젖과 꿀이 흐르는 땅, 중국으로 가자.』 많은 기업들이 중국시장을 향해 달려가고 있다. 사업목표는 하나. 「돈을 벌자」는 것이다. 어떻게 중국에서 회사를 차릴까. 회사 차리는 절차를 알고 있어야 현지에 와서도 느긋해진다.

법인은 중국에 독립된 회사를 설립하는 것이다. 물론 본국의 모회사가 투자하는 형식이다. 기업들은 중국에 오면 일단 사무소를 설립하고, 얼마 후 이를 법인으로 승격시키는 경우가 많다. 물론 일부 업체들은 직접 법인을 설립하기도 한다.

법인설립 절차부터 알아보자.

첫째, 은행에 가서 「자본금 통장」을 개설해야 한다. 이 통장은 자본금을 들여오는 용도로만 쓰인다. 해외에서 들어오는 자본금은 모두 이 곳으로 넣어야 한다. 자본금이 들어오면 이 돈으로 사무실도 얻고, 직원도 뽑는다. 처음에 자본금 전액이 들어올 필요는 없다. 6개월 안으로 들어오면 된다.

자본금을 넣기 위해서는 한국에서 해외투자를 위한 외환송금 절차가 필요하다. 사업계획을 가지고 주거래 은행에 가서 신고를 하면 쉽게 승인을 얻을 수 있다.

둘째, 사무실을 얻는다. 사무실 또는 공장부지 등이 있어야 투자승인을 얻을 수 있기 때문이다.

셋째, 대외무역경제합작부의 승인절차를 밟아야 한다. 이 단계에서는 일반적으로 대리인을 쓰게 된다. 우리나라 기업이 직접 처리하기가 어려울 뿐만 아니라 중국도 대리인을 통해 접수하는 것을 원한다. 대리인 사용 가격은 최하가 1,500위안. 이미 중국에 진출한 기업에게 대리인을 소개받는 게 가장 좋은 방법이다. 믿을 만한 대리인을 구해야 하니까 말이다.

서류는 대리인이 요구하는 대로 준비하면 된다. 법인장 이력서, 정관, 사무실 또는 부동산 임차계약서, 사업계획서 등이 필요하다. 투자규모에 따라 구(區)정부, 시정부, 성정부, 국무원(중앙정부) 등 관련 대외무역경제합작부의 허가를 받게 된다. 약 한 달 정도 기다리면 대리인이 법인설립 허가서를 가져다 준다.

넷째, 공상행정국의 사업자등록증을 받아야 한다. 법인설립 허가서 등을 가지고 공상행정국에 찾아가 신고를 하면 사업자등록증을 받을 수 있다. 간단한 절차다.

다섯째, 세무등록을 해야 한다. 국세와 지방세로 나누어 법인설립 허가서와 사업자등록증을 제출하면 된다. 일반적으로 이 과정에서 중국(흔히 조선족) 직원을 쓴다. 별 문제는 없다. 약 2주일 정도 걸린다.

여섯째, 은행에서 법인통장을 개설한다. 이 통장은 비즈니스 거래에서 발생하는 자금의 입출에 쓰인다.

이러한 과정을 거쳐 법인설립 절차는 끝이 난다. 법적으로는 약 3개월이 소요되지만 실제로는 2개월 만에 끝난다. 중국의 외국인 투자정책은 그래서 선진국이라는 얘기를 듣는다.

사무소 설립 절차는 더 간단하다. 사무소는 한국 본점의 연락사무소에 불과한 것으로 독립적으로 영업을 하지 못한다. 수익이 발생하지 않아 세무관계도 단순하다. 사무소 설립 역시 대리인에게 맡기면 된다. 대리인이 알아서 다 해준다. 대리인이 요구하는 대로 본점의 자본증명서, 사업자등록사본 등을 구비해주면 승인을 얻을 수 있다.

사무소 설립에서 염두에 두어야 할 분야가 「세금납부 방식」이다.

사무소의 세금납부 방식은 크게 두 가지로 첫째는 본점에서 송금한 금액에 세율(9.8%)을 곱해 납부하는 방법, 또 하나는 계약액(본점과 중국업체)을 기준으로 세액을 산출(2% 내외)하는 방법이다. 대부분의 기업들이 전자를 선택하고 있다.

그러나 자기 회사에 맞는 방식을 선택해야 한다. 본사에서 돈을 벌어 가는 액수(계약액)가 많다면 전자가, 계약액이 별로 크지 않다면 후자가 유리하다. 애써 번 돈을 중국 세무서에 바칠 이유는 없다.

그러므로 대외경제무역합작부에 사무소 설립을 신고할 때 「사업 범위」를 잘 적어야 한다. 그 사업 범위를 바탕으로 세무서가 납세방식을 결정하기 때문이다. 후자의 경우를 원한다면 사업 범위에 「본사의 영업지원」이라고 써넣으면 된다. 참고로 업무 범위를 「본사의 시장조사」로 국한해 적으면 합법적으로 세금을 내지 않아도 된다.

이제 다 됐다. 돈만 벌면 된다. 「파차이파차이(發財發財)!」

며 중국의 자동차 유통 과정을 살펴보는 것도 즐거운 일이다. 아니면 아이 학교 보내는 일을 직접 해봐도 좋다. 필자는 둘째 아이를 중국 유치원에 보냈는데, 유치원 원장과 협상을 해서 입학금도 깎아봤다.

이렇게 중국인과 부딪쳐 문제를 해결해야 자신감이 생긴다. 중국 비즈니스는 자신감을 갖고 시작해야 한다. 중국에서는 다리품을 파는 것만큼 번다.

우리 회사 중국 직원, 임금은 얼마나 줘야 하나

필자는 개인적으로 여비서 한 명을 두고 있다. 신문 스크랩, 정보 수집, 취재 주선, 각종 공과금 납부, 전화받기 등 그는 할 일이 참 많은 사람이다. 대학 졸업 2년차인 그에게 내 주머니에서 매달 2,100위안(1위안=150원)씩 꺼내준다. 그에게 주는 돈에는 세금도 없고, 보험료도 없다.

그런데 사실은 이게 불법이다. 신문사 베이징 특파원은 사무소 자격으로 중국에서 활동하기 때문에, 그에 합당한 법에 따라 직원을 고용해야 한다. 페스코(FESCO·외국인력서비스공사)라는 공인 외국인 인력알선회사를 통해 직원을 뽑아야 하고, 복리후생비도 줘야 한다.

비서 얘기를 꺼낸 것은 그 역시 중국 직원 고용의 한 형태이기 때문이다. 중국어로 「다공(打工)」이라고 한다. 일종의 아르바이트다. 그러나 일반 기업의 경우 다공을 뽑아 쓰는 데는 한계가 있다. 중국 직원들이 권익보호 차원에서 합법적인 고용관계를 원하기 때문이다.

중국 직원의 급여는 천차만별이다. IT 업계 일부에서는 연봉 10만 달러를 준다고 해도 코방귀를 뀌는 인재가 있는가 하면 한 달 500위안, 우리 돈 약 8만 원만 줘도 고맙게 와서 일하는 노동자들도 있다.

임금 수준은 고용 당시 임금협상에 따라 크게 차이가 난다. 같은 업종이라도 회사에 따라 다르다. 개연성이 높은 분야의 임금(월급)을 통해 어느 정도인지를 가늠해보자.

우선 단순직 공장근로자.

근속연수에 따라 차이가 있겠지만 한 달 700~800위안 정도로 생각하면 된다. 베이징 근교의 투자업체인 S사의 경우 단순근로자 초임으로 500위안을 주기도 한다. 시골로 내려갈수록 임금은 싸다.

무역 등 서비스 업체의 영업관련 사무직 근로자.

중견기업인 H사 베이징 사무소의 경우 대졸 신입사원 급여를 2,000~2,500위안 선에서 준다. 3년 경력의 대졸직원에게는 3,500위안을 주고 있다. 6~7년차 직원은 8,000위안 정도를 받는다.

제조업체 사무직 근로자.

무역관련 사무직 근로자보다 약간 낮은 수준이다. S사는 대졸 3년차 사원에게 2,100위안을 준다.

IT 분야 엔지니어.

IT 분야 벤처기업 E사의 경우 대졸 2~3년 경력 엔지니어에게 5,000~6,000 위안을 준다. 영업직 직원은 4,000위안 안팎이다. 경력이 높아지면서 IT 인재들의 몸값은 큰 폭으로 증가한다.

중국 직원들의 급여체계를 알아보자. 중국 고용인의 급여체계는 법인과 사무소가 다르다.

우선 투자법인의 경우.

법인은 스스로 직원을 고용할 수 있다. 일반적으로 급여 외에 40% 안팎의 복지후생비를 해당 부문에 지급해야 한다. 회사측이 근로자에게 지급하는 실제임금은 표면 임금에 40%를 더 생각해야 한다는 얘기다.

복지후생비를 내용별로 보면 양로보험이 임금 총액의 약 20%, 실업보험 1.5%, 산재보험 1%, 의료보험 9%, 출산보험(여성) 1%, 주택기금 10%(회사 별도 분담) 등이다. 이것은 개인에 따라 조금씩 차이가 있으며 회사가 해당 보험사나 노동당국에 납부한다.

사무소의 경우.

다소 복잡하다. 외국기업의 중국 사무소는 원칙적으로 직원을 스스로 고용할 수 없도록 되어 있다. FESCO와 같은 공인 인력알선회사를 통해 직원을 뽑아야 한다. 외국기업은 직원 봉급을 일단 인력알선회사에게 주고, 그 회사가 다시 직원에게 봉급을 주게 된다. 대신 인력알선회사는 직원관리 및 복지후생을 책임진다. 중국적인 제도다.

일반적으로 가장 널리 활용되는 인력알선회사로 FESCO가 있다. 이 경우 페스코에 직원 급여의 두 배를 지불해야 한다. 그러면 FESCO가 각종 보험(실업, 양로, 산재 등) 및 수수료 명목으로 절반을 제외하고 나머지 절반을 해당 직원에게 준다. 이 경우는 직원의 인센티브(능력급) 제고효과가 없으며, FESCO가 지나치게 「폭리」를 취하므로 잘 활용되지 않고 있다.

그래서 절충형 시스템이 요즘 널리 활용되고 있다. 급여는 회사가 직원에게 직접 주고, 복리후생비만을 FESCO에 주는 형식이다. 이 경우 외국 사무소는 FESCO에 직원 한 명당 약 800~1,000위안을 정액으로 주게 된다. FESCO는 이 돈으로 해당 직원의 보험을 들어주고, 관리비도 챙기게 된다. 외국기업은 직원들의 복지후생을 직접 챙기지 않아서 좋고, FESCO는 관리비 받으니 좋고, 짝짜꿍이 잘 맞는다. 단 이 경우 주택기금은 회사와 근로자가 별도로 각각 10%씩 납부해야 한다.

한국기업 사무소에서 일하는 왕(王) 선생의 급여 명세서다.

그의 월급은 회사와의 계약에 따라 5,000위안으로 정해졌다. 회사는 이 외에도 월급의 10%인 500위안을 주택기금으로 납부해야 한다. 또 850위안을 FESCO에 지불한다. 회사가 이 직원에게 들이는 돈은 5,000+500+850=6,350위안이다.

그러면 『FESCO를 통해 뽑지 않으면 될 것 아니냐』라는 의문이 생긴다. 그럴 경우 걸리면 벌금을 내야 한다. 실제로 요즘은 많이 줄었지만 가끔 외국기업에 나와 직원이 FESCO에 가입했는지의 여부를 단속한다. 많은 기업들이 FESCO를 통할 경우 인력관리가 더 쉽기에 긍정적으로 활용하고 있다.

Biz 포인트

계약서(合同書)

『우리나라 젊은이들은 취직할 때 이력서를 쓰고, 중국인들은 합동서(合同書·계약서)를 쓴다.』

베이징의 한 대기업 인사담당 상사원은 한국과 중국 노사관계를 비교하면서 이같이 말한다. 「노동합동제(노동계약제)」가 중국에서 일반화되고 있다는 설명이다.

고용합동서는 사측과 노동자가 고용관계를 맺으면서 근로조건을 명시한 일종의 계약서로 임금, 근무시간, 해고, 고용기간 등의 조건을 규정하고 있다. 사측은 합동서에 따라 근로자에게 노동의 대가를 제공하고 근로자는 노동력을 판다.

중국 노사관계를 얘기할 때 흔히 등장하는 단어가 「철밥통(鐵飯碗)」이었다. 정부나 기업이 근로자들의 평생고용 및 복리를 보장해준다는 의미다. 그러나 지난 20여 년 간 개혁개방 정책이 추진되면서 철밥통은 깨진 지 오래다.

철밥통이 사라지면서 생긴 공간은 지난 1995년 노동법 개정으로 도입되기 시작한 노동합동서가 채우고 있다. 베이징시의 경우 국유기업 및 외국투자기업 중

직원해고 절차를 보자.

우선 법인의 경우.

원칙적으로 직원해고는 노동계약(合同)이 끝나기 전까지는 노사합의에 따라 이뤄지게 되어 있다. 노동계약은 회사 임의로 정할 수 있으나 일반적으로 6개월 또는 1년 단위로 갱신한다. 회사가 노동자의 과실 등을 문제삼아 해고하려고 해도 본인이 합의하지 않으면 해고가 불가능하다.

노동계약 만기 1개월 전 해고 사실을 서면으로 통보하면 해고에 따른 법적인 문제는 없다. 그러나 통보시기를 놓쳐 잔여근무 기간이 1개월이 안 될 경우 다음 계약기간으로 연장해야 하는 규제사항이 있다.

노동합동제도를 채택한 업체 비율은 99%에 달하고 있다. 정부정책에서 비교적 자유로운 사영기업은 91%에 이르고 있다. 어지간한 기업들은 모두 노동합동제도를 채택하고 있다는 얘기다.

노동합동제도 도입으로 발생한 가장 큰 변화는 노동시장의 유연성이 높아졌다는 점이다. 고용주와 노동자는 합동서가 규정하고 있는 내용을 지키면 된다. 계약기간 만료 1개월 전에 해고를 통보하면 그냥 해고다. 불만이 있을 수 없다. 합동서 규정대로 해고 후 퇴직금(근무연수당 1개월치 월급)을 더 주면 그뿐이다. 아무런 법적 책임이 없다. 실제로 선전(深圳)의 한 한국 투자기업은 최근 이 같은 방식으로 잉여인력 200명(전체 직원의 약 30%)을 「단칼」에 해고했다. 집단해고에 따른 분규는 물론 없었다.

노동합동제는 노동자들의 직업관을 변화시키고 있다. 그들의 의식 속에 평생직장이라는 개념이 사라져가고 있다. 능력이 있으면 언제든지 더 좋은 보수를 제공하는 직장으로 옮길 수 있다는 생각이다.

중국의 노사관계가 우리나라보다 선진화됐다고는 말할 수 없다. 그들은 실질적인 노조가 없는 형편이다. 그러나 중국의 노동시장은 우리가 생각하는 것보다 훨씬 빠르게 유연해지고 있음이 분명하다.

정리해고의 필요가 있을 경우 해고할 수 있다. 그러나 지방정부가 지정하는 경영여건 악화 기준에 부합해야 하며, 지방정부의 해고 비준을 얻어야 한다. 이 비준을 얻기는 실질적으로 매우 어려운 현실이다. 직원을 선발할 때 신중을 기해야 한다는 얘기다.

일반적으로 투자기업이 계약만료 전 중국 노동자를 해고할 경우 합의를 종용하게 된다. 이 때 잘 타일러 법이 규정하는 퇴직금으로 근무연수당 1개월치를 준다. 물론 개인사유로 퇴직할 경우 퇴직금을 지급할 의무가 없다.

일각에서 중국 임금이 많이 올라 임금 메리트가 점점 사라지고 있다고 말한다. 틀린 말이다. 극히 일부 전문 분야를 제외하고 중국의 임금은 아직도 우리나라보다 훨씬 싸다.

제3부

소프트 상품에서 기회를 찾아라

대부분의 우리나라 하드웨어 제품은 중국에 비해 경쟁력을 잃어가고 있다. 그러나 눈에는 보이지 않지만 분명 가치가 있는 상품, 예를 들어 문화, 예술, 디자인, 상품기획, 국제시장의 마케팅 노하우 등은 중국이 쉽게 우리를 쫓아오지 못하는 분야다. 중국에서 불고 있는 한류(韓流)는 소프트 상품의 기회를 잘 보여준다…

전시회, 중국 마케팅의 출발

필자는 베이징 시내 동부에 있는 궈지요이화위엔(國際友誼花園) 아파트에 살고 있다. 이 아파트를 고른 이유 중 하나는 「서울의 COEX」로 불리는 국제전람센터(國際展覽中心) 바로 앞에 있기 때문이다. 국제전람센터는 아파트에서 자전거 타고 1분, 걸어서 3분이면 도착하는 지척에 있다.

필자는 시간이 빌 때 그 전시관에 간다. 특별한 취재가 있어서가 아니다. 그냥 가서 무엇이 전시되나, 요즘 중국의 상품 동향은 어떤가를 본다. 전시회는 경제를 읽는 가장 효과적인 장소이기 때문이다. 최근에는 국제교육기자재 전시회가 열려 중국의 교육시장을 살펴보는 기회를 갖기도 했다. 가끔 전시된 물건을 현장에서 싼값에 사기도 한다. 재택근무의 최고 매력이다.

2001년 봄 그 곳에서 국제 음식박람회가 열렸다. 전시회 마지막 날은 마침 일요일이었다. 12시가 조금 넘어 아내 손을 잡고 전시관에 갔다. 두 아들 녀석도 앞세웠다. 뭐 좀 건질 수 있을 거라는 기대감에서였다. 그랬다. 우리 가족은 프랑스·미국·베트남·일본·한국 등의 부스를 돌며 정말로 엄청나게 먹었다. 시식 코너를 도는 것만으로도 배를 두드릴 수 있었다.

한국 부스 참가자들은 더 친절했다. 서울에서는 보지도 못했던 각종 「희귀종」 음식을 먹을 수 있었다. 바로 앞 아파트에 살고 있다는 말에 박람회 참가자들은 『오늘이 마지막이니 더 필요 없다』며 음식을 한 보따리씩 싸줬다. 그 음식을 냉장고에 두고 며칠을 먹었다. 특히 농협전시관 관계자가 김 한 박스를 줘 몇 개월 동안 김만 먹고 살았다. 필자는 참 좋은 동네에 살고 있다.

이제 전시회 이야기 본론으로 들어가자. 전시회의 일반적인 효과는 잘 알 거라 믿는다. 홍보, 시장탐색, 마케팅 채널 구축…. 그런 일반적인 효과 이외의 중국다운 특색을 살펴보자.

넓고 넓은 중국, 그 곳에서 우리 물건을 팔기란 쉽지 않다. 중국 전역을 돌아다니며 파트너를 찾을 수도 없고, 어디에 시장이 있는지도 알기 어렵다. 초기에 중국으로 진출한 사업가들은 바다에서 바늘을 찾는 심정이었을 것이다. 그 때 사업가들에게 필요한 게 바로 전시회다.

전시회는 가장 효과적인 중국 비즈니스 채널이다. 중국 전역의 바이어들을 얼마든지 만날 수 있는 유일한 공간이기 때문이다.

중국은 땅덩어리가 넓어 동종업계 바이어들끼리도 서로 만날 기회가 적다. 그래서 중국 비즈니스맨들은 전시회를 쫓아다니며 서로 얼굴을 익힌다. 특히 업계관련 전시회가 열리면 사람을 알기 위해, 시장정보를 알기 위해 동종업계 종사자들이 전국에서 몰려든다.

대우중공업은 지난 3월 베이징 농잔관(農展館·농업전람관)에서 열린 공작기계 전시회에 참가해 당시 신규 대리상 30여 명을 확보했다. 전시회에 참가한 유통업자들이 『내가 물건을 팔아주겠다』고 나선 것이다. 대우

모터쇼 현대 전시장, 중국 마케팅이 시작되는 곳이다. 베이징 모터쇼에 참가한 현대·기아자동차가 중국시장 공략을 위해 시동을 걸고 있다.

중공업은 전시회가 끝난 후 그들과 다시 접촉을 갖고 신용 있다고 생각되는 업체 30개를 골랐다고 한다.

중국인은 일반적으로 의심이 많다. 물건을 직접 봐야 믿는 경향이 있다. 전시회에 참가해 제품을 보여주면 상담이 훨씬 잘 된다는 얘기다. 중국에 처음 진출하는 업체는 그런 점에서 전시회에 꼭 참여하라고 권하고 싶다.

安博士(안철수연구소의 중국 이름)는 최근 베이징전람관에서 열린 보안 솔루션 전시회에 참가했다. 이 자리에서 중국 기자들을 모아놓고 제품 설명회를 가졌다. 전시회가 열리니 기자들을 모으기가 수월했다.

安博士 베이징 지점 김승환 소장의 말을 들어보자.

『전시회를 기회로 알게 된 사람을 통해 상하이와 광저우까지 유통망을 넓힐 수 있었습니다. 바이러스 잡는 것을 직접 보여주니까 그들이 「정말 좋은 제품이구나」 하고 믿은 것이지요. 전시회 마지막 날에는 북경 TV가 와서 취재를 했습니다. 우리 회사는 그 전시회의 꽃이었지요.」

전시회에 참가해야 하는 또 다른 이유는 동종업계의 외톨이가 되지 않기 위해서다. 베이징에서 열리고 있는 통신전시회에 삼성전자가 나가지 않았다고 생각해보자. 그러면 중국 바이어들은 「삼성전자에 무슨 문제가 있나…」라고 생각할 거다. 바이어들은 정보가 원활하지 않은 상태에서 전시회 참여 규모를 회사 사세로 여기는 경향이 있다. 삼성전자나 LG전자는 그래서 주요 전시회에 가급적 큰 규모로 참여하고 있다.

전시회를 바이어 단합대회로 활용하는 것도 방안이다. 중간 바이어들은 어지간하면 업계 관련 전시회에 꼭 참가한다. 전시회 기간 중 날을 잡아 이들을 초청하면 돈 안 들이고 「내 사람」으로 만들 수 있다.

중국 굴삭기(불도저) 분야 최대 업체인 대우중공업은 매년 가을 베이징에서 열리는 중기계 전시회 참석자들을 대상으로 「대우중공업 대리상 사은회」를 연다. 큰돈 들이지 않고 인심쓰는 것이다.

중국에는 전시회가 참 많다. 특히 베이징, 상하이, 선전 등의 전시회가 이름 높다. 베이징 국제전람센터의 경우 거의 1년 365일 전시회가 열린다. 상하이 국제전시센터 역시 그렇다. IT 전시회의 경우 봄에 베이징에서 열리는 차이나컴덱스, 여름에 상하이에서 열리는 세빗-아시아, 가을에 선전에서 열리는 국제첨단기술전람회 등이 유명하다. 자동차 전시회로는 짝수 해 베이징에서, 홀수 해 상하이에서 열리는 국제모터쇼가 있다. 이 밖에 각 산업별로도 전시회가 열리고 있다.

전시회 정보를 꼼꼼히 챙겨야겠다.

중국 전시회 정보는 대한무역투자진흥공사(KOTRA)를 통해 쉽게 구할 수 있다. KOTRA가 주관하는 중국전시회에 참여하면 참가비의 40～60%를 지원해주기도 한다. KOTRA가 주관하지 않는 전시회에 참석하려면 KOTRA에서 전시회 정보를 얻어 중국 내 해당 주관업체(KOTRA가 이를 알려줌)와 직접 연결해야 한다.

인터넷에서도 정보를 얻을 수 있다. 중국전람망(http://www.chinaexhi-bition.net)이나 알리바바의 전시회정보 코너(http://china.alibaba.com/bin/cooperate/exhibition/index) 등을 추천할 만하다.

중국 전시회는 대부분 「국제급」이다. 전람회가 있다고 하면 세계 주요 업체들이 달려들기 때문이다. 매년 가을 베이징 국제전람센터에서 열리는 통신전시회의 경우 모토로라, 에릭슨, 노키아, 삼성, LG 등 내로라하는 선진 기업들이 모두 참석, 신기술을 뽐내고 있다. 이 전시회는 미국·독일 등의 전시회에 못지않다.

그들이 전시장으로 달려드는 이유는 중국시장에 있다. 포드, GM, 현대자동차 등이 베이징 모터쇼에 나가는 것은 중국시장을 겨냥한 거다. 전시품도 중국시장을 겨냥한 것으로 한정한다. 내수시장 하나로 세계적인 업체들을 끌어 모을 수 있는 나라가 지금의 중국이다.

중국전시회 가격은 비싸다. 수요가 많기도 하지만 전시회가 정부 독점으로 열리기 때문이다. KOTRA 베이징무역관 이종일 관장은 「중국의 전시회 참여 가격은 세계에서 가장 높은 수준」이라며 「그러나 이왕 참가하려면 돈이 좀더 들더라도 규모를 확대할 필요가 있다」고 말한다.

중국전시회 기술은 우리나라 COEX와 크게 다르지 않다. 그들의 컨벤션 비즈니스 노하우도 점점 선진화되고 있어 불편함이 거의 없다.

전시회, 중국 마케팅의 출발이다.

유통이야기(上)
LG에어컨 — 내 물건 내 손으로

그 동안 우리나라 기업의 중국투자는 주로 제조업에 치중됐다. 저임금을 노린 투자가 대부분이었고 내수 침투형 투자는 적었다. 중국 유통시장에 대한 축적된 정보가 없었기 때문이다. 이제는 바뀌어야 한다. 중국 내수시장이 급성장, 우리가 먹을 파이가 많아졌다. WTO 가입을 계기로 중국 유통시장도 개방되었다. 내수시장 진출전략을 세울 때라는 얘기다. 게다가 중국유통은 너무도 복잡하고, 함정이 많아 세심한 연구가 필요하다.

중국시장에서 최후의 승리자는 유통망을 장악한 업체일 것이다. 광활한 중국 대륙은 체계적인 유통망 없이는 접근 자체가 불가능하기 때문이다. 판로가 마땅치 않은 상황에서 아무리 생산을 잘 하면 뭘 하겠는가. 재고만 늘어날 뿐이다.

중국 내수시장에 침투한 대표적인 국내기업을 꼽으라면 삼성과 LG를 들 수 있다. 삼성의 경우 모니터, 애니콜 등 정보기기가, LG는 TV, 에어컨, 냉장고 등의 가전 분야가 내수시장 공략에 성공했다는 평가를 받고 있다.

LG에어컨과 삼성모니터를 사례로 살펴보자. LG에어컨과 삼성모니터는 전혀 다른 유통경로를 통해 소비자에게 전달되고 있다. 재미있는 것은 이 두 모델이 외국기업의 중국 내 유통의 전형을 보여준다는 점이다. 사례연구 자체가 의미 있다는 얘기다. 그리고 마지막으로 최적의 유통망을 선택하는 길을 고민해본다.

LG에어컨 유통에 대한 이야기를 시작해보자.

베이징, 상하이, 광저우, 하얼빈(哈爾濱) 심지어 우루무치(烏魯木齊)에 이르기까지, 건물 창을 비집고 나와 있는 사각형 에어컨에서 「LG」마크를 발견하게 된다. 필자가 살고 있는 아파트에서도 LG 마크가 많이 보인다. 창에 달린 LG에어컨은 LG의 가전제품이 중국 내수시장에 깊숙이 파고들었음을 상징적으로 보여준다. 그 자체가 LG 브랜드 홍보를 하고 있다.

LG에어컨은 어떤 경로를 통해 소비자에게 전달될까.

공장에서 생산된 에어컨은 가장 먼저 「분공사(分公司)」로 가게 된다. 분공사란 LG전자의 중국 지주회사인 LG전자 중국투자유한공사(총재 노용악 부회장) 산하 판매조직이다. 분공사는 각종 LG전자제품 유통을 담당한다. 현재 베이징, 상하이, 광저우, 선양, 우한, 청두(成都) 등 중국 주요 도시 6곳에 분공사가 설립되어 있다.

참고로 지주회사는 기업 투자규모가 3,000만 달러 이상일 경우 세울수 있다. LG 지주회사의 경우 산하에 선양TV 공장, 난징 모니터 및 에어컨 공장, 창사 브라운관 공장 등 13개 생산법인이 있다. 우리나라 기업으로는 삼성, LG, 대우 등이 지주회사를 두고 있다.

분공사를 거친 에어컨은 영소부(營銷部)로 간다. 영소부는 분공사 산하에 설치된 하부 마케팅 조직. 전국 주요 도시에 20개가 퍼져 있다.

LG에어컨 LG전자의 유통망은 소비자와의 접점에 이르기까지 세포처럼 이어져 있다. LG전자 소속 프로모터가 소비자에게 에어컨 성능을 설명하고 있다.

20개에 불과한 영소부로 전국을 관할할 수는 없다. 그래서 생긴 게 연락참(連絡站)이다. 연락참은 영소부 설치 도시는 아니지만, 그렇다고 무시하기에는 아까운 지방도시에 생긴 분공사 하부 조직이다. 연락참에 파견된 직원(대부분 한 명) 역시 정규직원이다.

영소부는 다시 제품을 백화점이나 할인매장, 전문매장 등에 뿌리게 된다. 유통의 마무리 단계에 도달한 것이다.

분공사와 영소부 직원들은 모두 LG 사원이다. 현재 620여 명의 직원들이 판매법인 정규직원으로 등록되어 있다. 우리 회사 직원이 책임지니까 안정적인 유통이 가능하다.

일부 지역의 경우 영소부(연락참) 이후 한 단계를 더 거치게 된다. 영소부가 수많은 중소 판매점을 모두 관리할 수는 없기 때문에 이런 경우 도매상들을 활용한다. 도매상에게 물건을 공급하고, 그 도매상이 다시 소매점으로 물건을 넘기게 된다. 이 때에는 대부분 현금으로 거래가 된다.

LG의 유통은 여기에서 끝나지 않는다.

매장 현장에「프로모터」라고 불리는 판촉사원을 둔다. 계약직 사원인 이들은 판매액에 따라 급여를 받는다. 이들은 LG전자제품 유통의 최말단 조직. 현재 전국에 약 3,000여 명의 프로모터가 있다. 이들을 교육시키는 데만도 적지 않은 예산이 든다고 한다.

광둥성 광저우 분공사를 예로 들자.

광저우 분공사는 광둥(廣東), 푸젠(福建), 광시(廣西), 하이난(海南) 등 4개 성(省)을 관할한다. 이 지역의 LG전자제품 판매를 총관리한다.

광저우 분공사는 산하에 6개 영소부를 두고 있다. 광저우 2개, 선전 1개, 푸젠성 2개, 광시성 1개 등이다. 분공사와 영소부의 LG전자 직원은 80명(이 중 한국인은 3~4명). 이 곳 영소부가 제품을 공급하는 거래선(백화점, 전문매장, 도매상)은 150개에 달하고 있다. 국영 백화점과 외국계 할인매장은 신용이 높아 외상거래를 하고 있지만, 그 외에는 모두 현금으로 거래한다.

영소부에서 물건을 가져간 도매상들은 자신들이 거느리고 있는 소매상들에게 물건을 넘긴다. 이들이 관리하는 소매상은 약 400여 곳이다. 이밖에 본부 인력이 미치기 어려운 지역에 19개의 연락참을 두고 있다. 또각 매장에 프로모터 350명을 고용하고 있다.

광저우 분공사의 송교영 공사장은『이 정도면 우리가 관할하는 4개 성의 주요 도시를 관리할 수 있다』며『어떠한 시장변화에도 능동적으로 대처할 수 있는 시스템을 구축했다』고 말한다.

LG의 분공사 시스템의 특징을 알아보자.

첫째, 「우리 물건은 우리 손으로 유통한다」라는 철학이 담겨 있는 유통 시스템이다. 이 시스템은 중국유통의 가장 이상적인 모델로 중국 대리상들에게 맡길 때 나타나기 쉬운 각종 문제를 피할 수 있다. 대리상 방식일 경우에는 가끔 악덕 대리상에게 돈을 떼이는 일이 발생한다. 그러나 분공사 시스템은 우리 직원의 손으로 처리되니까 그럴 염려가 없다. LG의 시장 침투력은 바로 여기에서 나온다.

둘째, 회사 차원의 통합 마케팅을 추진할 수 있는 시스템이다. 분공사가 시장흐름을 판단, 공장과 유통 간의 유기적인 협력체제를 구축할 수 있는 것이다. 한국에서의 유통 시스템과 크게 다르지 않다는 것도 큰 장점이다.

소니, 필립스, GE, 삼성 등 많은 해외 가전업체들이 중국에 진출했지만 분공사 시스템을 운영하고 있는 회사는 LG 한 곳뿐이다(중국 로컬 업체들은 대부분 이런 식의 유통망을 운영하고 있다). 다른 외국 회사들 역시 LG의 분공사 제도를 따라 하려는 움직임을 보이고 있다. 그러나 LG가 구축한 유통망에 이르기에는 엄청난 시간과 경비가 소요될 것으로 보인다.

셋째, 비용이 많이 든다는 단점이 있다. 영업인력이 많으니 인력 유지 비용이 클 수밖에 없다. 특히 최근에는 가전업계에 가격경쟁이 벌어지고 있어 마진 폭이 줄어들고 있다. 가뜩이나 어려운 시장환경에서 분공사까지 운영해야 하니 부담이 된다.

넷째, 대기업에 적합한 시스템이다. 아직 중소 투자기업에게는 분공사 설립이 허가되지 않는다. 중소기업의 경우 대리상에 의존하는 유통망을 갖게 된다. 그러나 중소기업 역시 「우리 제품은 우리가 뿌리겠다」라는 영업 마인드를 가질 필요가 있다. 유통망을 장악하지 않고는 중국 비즈니스의 성공을 기대할 수 없기 때문이다. 이러한 점이 바로 LG 유통 시스템을 연구하는 이유다.

LG는 당초 삼성에게서 이 기법을 배웠다. 삼성의 제도를 벤치마킹하면서 꾸준히 분공사 조직을 만든 것이다. 그러나 삼성은 IMF를 맞으면서 이 제도를 쓰레기통에 던져버렸다. 너무 많은 돈이 든다는 이유에서였다. 삼성은 대신 각개전투 전략을 선택했다. 각 제조업체가 대리상을 활용, 고유의 유통망을 만드는 식이다. 다음 장에서 삼성이 선택한 유통 모델을 분석해보자.

유통이야기(中)
삼성모니터 ─ 외상거래는 없다

　베이징의 중관춘은 우리나라에도 많이 소개된 곳이다. 흔히 「베이징의 실리콘밸리」라고 불린다. 컴퓨터 등 정보기기 매장이 많고, 주요 대학과 벤처기업이 이 곳에 둥지를 틀고 있다. 아래층은 상가, 위층은 벤처기업 사무소로 꾸며진 하이룽(海龍) 빌딩은 중관춘을 대표히는 건물이다.

　이 건물 주위에는 자전거 짐꾼이 많다. 컴퓨터 및 각종 컴퓨터 부품을 실어 나르는 사람들이다. 이들이 나르는 물건 중 눈에 가장 자주 띄는 것은 모니터다. 모니터 중에서도 삼성싱크마스터와 LG플래트론 브랜드가 단연 많다.

　삼성은 2000년에 중국에서 약 110만 대의 모니터를 팔았다. 시장점유율(자가 브랜드 기준) 30.5%로 1위다. LG는 시장점유율 12.3%로 필립스에 이어 3위. 삼성과 LG가 중국 모니터 시장의 거의 절반가량을 잡고 있는 셈이다. 우리나라 모니터가 중국에서 펄펄 날고 있는 것이다.

　삼성모니터는 톈진공장에서 만들어진다. 하루 평균 3,000여 대가 이 공장에서 쏟아져 나온다. 일단 공장을 나온 모니터는 전국에 퍼진 매장을 향해 유통망을 타게 된다. 그 유통 과정을 담당하고 있는 한국 직원은 단 한 명. 베이징 삼성본부에서 일하고 있는 이재엽 차장이 그다. 그는 혁혁한 모니터 판매 실적을 인정받아 두 번이나 특진을 하는 영광을 누렸다.

어떻게 차장급 직원 한 명이 하루 3,000대씩 쏟아지는 모니터 유통을 챙길 수 있을까. 대리점 방식에 그 해답이 있다.

삼성모니터의 유통구조는 크게 3개 층으로 구성되어 있다.

우선 전국 주요 도시 12개 지역에 총대리상을 두었다. 수도 베이징을 비롯해 선양(沈陽 · 요녕), 칭다오(靑島 · 산동), 시안(西安 · 산서), 정저우(鄭州 · 하남), 상하이(上海), 충칭(重慶), 청두(成都 · 사천), 난징(南京 · 강소), 우한(武漢 · 호북), 푸저우(福州 · 복건), 광저우(廣州 · 광동) 등이다. 이 정도면 중국 주요 도시는 모두 포괄하고 있는 셈이다.

총대리상 밑에 지역별로 300여 개의 지역대리상이 포진하고 있다. 지역대리상 아래에는 3,000여 개의 경소상(經銷商)이 깔려 있다. 경소상은 우리의 소매상에 해당한다. 결국 공장에서 나온 모니터는 총대리상으로 간 뒤 지역대리상, 경소상 등을 거쳐 소비자에게 전달된다. 유통망은 피라미드식으로 가장 위에 있는 베이징의 영업본부가 3,000여 개 경소상을 관리하는 형식이다.

이 시스템이 원활하게 돌아가기 위해 가장 중요한 것은 각 유통 주체들의 충성도(loyalty)다. 메이커에 대한 유통업자들의 충성도가 낮다면 이 피라미드는 하루아침에 무너질 수 있기 때문이다. 그러므로 어떻게 충성도를 높일지가 중요한 과제다.

그러면 삼성이 강력한 유통망을 구축할 수 있었던 힘은 과연 무엇이었을까. 하나하나 분석해보자.

첫째, 외상거래는 절대 없다.

대리상 유통 시스템 붕괴의 가장 큰 원인은 외상거래다. 외상으로 물건을 가져가서는 줄행랑치는 대리상이 지금도 적지 않다. 물건은 나갔는데 대금이 회수되지 않아 결국 공장 문을 닫은 기업이 부지기수다.

삼성모니터는 모든 거래를 현금으로 처리, 이 문제를 원천적으로 막았다. 은행에 돈을 입금했다는 총대리상의 증빙서류(송금 확인·주로 팩스가 이용됨)가 도착해야 물건을 보낸다. 100% 그런 식으로 공급된다. 그러기에 총대리상은 대부분 지역에서 돈깨나 있는 유통업자들이다. 물건을 가져간 그들은 사활을 걸고 팔 수밖에 없다.

둘째, 대리상들에게 「삼성과 거래하면 돈 벌 수 있다」라는 신념을 주고 있다.

중국 유통업자들은 돈에 따라 움직이는 사람들이다. 돈을 많이 벌 수 있다면 「간에도 붙고 쓸개에도 붙을 사람들」이다. 그들은 다른 업체와 거래를 하면 외상으로도 물건을 가져올 수 있음에도 왜 굳이 삼성과 거래를 할까. 「삼성제품을 취급하면 돈을 벌 수 있다」는 확신이 있기 때문이다. 중국인들은 돈 벌 수 있다고 생각하면 「풀 베팅」하기로 유명하다.

삼성모니터의 전체 유통비용은 시장가의 10~15%. 이 돈은 유통업자 몫이다. 10%의 마진율이라면 일반적으로 총대리상 4%, 지방대리상 3%, 경소상 3% 등의 비율로 나눠진다. 그러기에 『삼성제품을 취급하면 적어도 3~5%의 마진을 먹을 수 있다』라는 얘기가 유통업자들 사이에 돌고 있다. 오랜 거래관계를 통해 「이번 제품은 마진이 적지만, 다음 제품에서 이를 보충할 수 있다」라는 믿음도 생기게 된다.

또 지역 광고비를 본사와 대리상이 반반씩 부담, 「공생하는 조직」이라는 인식을 줬다. 그 믿음을 주는 데에는 2년이 걸렸다. 지금은 삼성과 대리점 계약을 맺으려고 눈독을 들이는 유통업자가 많다고 한다.

삼성모니터 『외상은 사절입니다.』삼성모니터는 100% 현금거래로 유통망 장악력을 높여가고 있다.

셋째, 시장 수급변화에 능동적으로 대처하고자 하는 자세다.

삼성은 매주 외부 시장조사기관으로부터 모니터 가격 동향을 보고받는
다. 시장의 수요변화에 따라 그때 그때 가격을 조절한다. 이게 바로 피라
미드식 유통구조의 장점이다. 정점의 한 명이 3,000개 유통점 가격을 시
시각각 변화시킬 수 있으니까 말이다.

시장환경 변화에 능동적으로 대처하니까 유통업자들에게 마진을 보장
할 수 있다. 가격은 내려가고 있는데 그것도 모르고 제품을 고가에 밀어
낸다면 유통업자들이 손해를 떠안게 된다. 손해를 본 유통업자는 『다음
부터 너랑은 죽어도 거래 안 해』하고 돌아설 것이다.

넷째, 모든 유통조직의 영업상황을 꿰뚫고 있다.

삼성은 총대리점 및 지방대리점에게 구매판매재고관리시스템(PSI)을
깔아줬다. 인터넷에서 가동되는 이 시스템에 들어가면 해당 유통조직의

판매 재고 상황을 한눈에 볼 수 있다. 본부의 관리자는 어느 지역에 제품을 더 공급해야 하는지를 금방 안다. 또 판매가 부진한 지역을 골라 대처 방안을 마련할 수도 있다. 메이커와 유통업자 간의 유기적 협조체제를 구축한 것이다. 물론 해당 대리상들이 인터넷에 자기 상점의 유통현황을 솔직하게 올려놓아야 한다.

『처음에는 자료 올리는 것을 매우 꺼려했습니다. 자기들의 기밀이라는 거죠. 그러나 자료를 올리는 것이 전체적인 시장수급 조절에 도움을 줘 결국은 나에게도 이익이라는 인식이 확산되면서 지금은 잘 운영되고 있습니다.』이 차장의 말이다.

다섯째, 대리상 선발에 신중했다.

Biz 포인트

중국에도 어음이 있나요?

어음은 우리나라 상거래에서 아주 중요한 결제수단이다. 이 어음이 중국에도 있을까. 결론부터 말하면 「있다」. 중국에서는 이를 「청뚜이후이퍄오(承兌匯票)」라고 한다.

청뚜이후이퍄오에는 두 종류가 있다. 은행이 지급을 보증하는 「인항청뚜이(銀行承兌)」, 은행 지급보증 없이 회사가 발행하는 「상예청뚜이(商業承兌)」가 그것이다. 후자는 신용이 높은 회사만 발행할 수 있다. 일반적으로는 잘 활용되지 않는다.

우리나라의 어음과 비슷한 것이 바로 「인항청뚜이」다. 발행자는 은행에서 신용을 바탕으로 발행하고, 소지자는 일정 기간이 지난 후 은행에서 현금화할 수 있다. 지급기간은 1개월, 3개월, 6개월 등이 있으나 일반적으로는 3개월짜리가 많이 쓰이고 있다.

삼성모니터 유통 시스템은 톈진공장에서 제품이 생산되기 전인 지난 1996년 구축되기 시작했다. 성장잠재력, 자금동원 능력, 하부유통 장악력, 학벌(관리능력), 업계 경험 등을 종합적으로 고려해 대리상들과 접촉하고 선발했다. 일단 선정된 대리상과 유기적인 협조체제를 구축하는 데만도 꼬박 3년이 걸렸단다. 유통조직은 결코 하루아침에 이뤄지는 게 아니라는 얘기다. 차분하게, 신용도를 조사해가며, 마치 유비가 맹장을 불러모으듯 해야 한다.

중요한 것 한 가지.

삼성이 공장을 가동하기 전에 유통망을 챙겼다는 것은 큰 뜻을 가지고 있다. 만일 유통망 없이 무턱대고 생산을 시작했다면 생산과 유통이 모두

할인도 가능하다. 소지자가 기일 내에 은행에 가 후이퍄오를 제시하면 일정 비율(할인율)을 제외한 현금을 내준다. 광둥성 등 남부 상업발달 지역에서는 후이퍄오를 할인하는 시장(사채시장)이 형성되어 있다고 한다.

중국에서 내수판매를 하는 업체들은 인항청뚜이를 많이 활용하고 있다. LG전자의 경우 지역별 분공사(유통지점) 거래액의 거의 대부분이 인항청뚜이를 통해 이루어진다고 한다. 인항청뚜이를 사용하면서 자금사고는 한번도 일어나지 않았다.

우리나라의 수표와 유사한 「즈퍄오(支票)」도 있는데, 상거래 지급수단으로 일반적으로 사용된다. 이는 은행에서 수표책을 사다가 끊어주는 것이다. 소지자는 은행에 가 현금화한다.

「엔치즈퍄오(延期支票)」라는 것도 있다. 회사가 지급일을 정해놓고 발행한다. 은행의 지급보증은 없다. 신용 있는 회사가 담보로 제시하게 된다. 일반 상거래에서는 잘 활용되지 않는다.

중국에서 가장 안전한 거래는 역시 현금이다. 그러나 은행을 매개로 발행되는 어음거래는 안전하다고 상사원들은 말한다.

최악의 상황으로 빠져들 수도 있다. 중국에서 유통망이 없는 상태에서의 생산은 파국으로 이어진다. 이는 곧 재고를 낳게 되고, 재고처리를 위해 부실 유통업자와 손을 잡아야 하는 상황에 몰리기 때문이다. 그렇게 해서 보따리를 싼 업체가 한둘이 아니다.

이 밖에 여러 요인이 더 있다. 근본적으로는 삼성의 모니터 기술이 세계 최고 수준이라는 점, 제품별 풀 라인업이 갖춰져 모델이 다양하다는 점 등이 그것이다. 이러한 장점이 강력한 유통망을 구축할 수 있는 힘을 제공했다.

대리상 체제는 잘만 운영되면 강력한 유통 파워를 발휘할 수 있다. 그러나 예기치 않은 사건이 발생할 경우 쉽게 무너질 수 있는 조직이기도 하다. 그러기에 메이커와 유통업자 간에 일체감을 유지할 수 있는 안전장치를 마련해놓아야 한다.

LG에어컨이 분공사 시스템을 택하고, 삼성모니터가 대리상 체제를 택한 데에는 회사 나름대로의 이유가 있었을 것이다. 서마다 가장 효율적이라고 생각하는 시스템을 선택한 것이다. 여기에서 「어느 것이 좋다」라고 말할 수는 없다. 자신의 제품에 맞는 유통 시스템을 찾는 것이 가장 중요하다.

유통이야기(下)
내 몸에 맞는 유통 모델을 찾아라

산둥(山東)성 엔타이에 진출한 굴삭기(불도저) 생산업체 대우중공업에는 전설처럼 내려오는 이야기가 하나 있다. 지금은 톈진지점을 맡고 있는 박종채 지점장이 그 주인공이다.

지난 1996년 봄, 박 지점장에게 산시성 시장을 개척하라는 임무가 떨어졌다. 그는 즉각 산시성 성도인 타이위안(太原)으로 달려갔다. 그에게는 별다른 정보도 없었고, 아는 사람도 없었다. 「맨땅에 헤딩한다」는 식으로 달려들었다.

영업이 잘 될 리 없었다. 전화번호부에서 알아 찾아간 건설장비 업체는 공작기계를 취급하는 허름한 업체일 뿐 번번이 영업에 실패했다. 그러던 어느 날, 피곤한 몸으로 점심식사를 하던 그는 창 밖으로 지나가는 트럭을 봤다.

그는 숟가락을 내팽개치고 뛰쳐나와 택시를 잡았다. 트럭을 쫓아갔다. 트럭이 분명 건설공사장으로 가고 있을 거라는 판단에서였다. 그는 예상대로 서너 대의 굴삭기가 일하고 있는 공사현장을 찾아낼 수 있었다.

박 지점장은 이렇게 회고한다.

『현장감독에게 굴삭기 카탈로그를 보여주며 판촉활동을 벌였습니다. 그 정성에 감복했는지 현장감독은 나에게 굴삭기 살 만한 업체들을 소개시켜주었지요. 중국 굴삭기 영업은 그렇게 시작됐습니다.』

그로부터 5년. 대우중공업은 지금 어떤 방식의 유통 채널을 갖고 있을지 궁금했다. 그 때와는 너무도 달라져 있었다. 지금은 은행을 끌어들여 유통공략에 활용할 정도로 발전했다.

엔타이공장은 중국 12개 주요 도시에 있는 각 직영 지점의 주문을 받아 제품을 공급한다. 각 지점은 최종 소비자에게 물품을 넘기고 은행으로부터 물품대금을 받는다. 소비자는 은행에 할부로 값을 치른다. 은행은 그 과정에서 마진을 챙기게 된다. 이 때 직영 지점은 은행에 담보를 제공, 신용거래를 성사시킨다.

박 지점장이 맨발로 뛰던 1996년 당시 굴삭기 판매량은 연간 총 120대에 불과했다. 그러던 것이 2000년에는 1,400대를 팔았다. 시장점유율 22%로 중국 국내외 업체를 통틀어 1위를 차지했다. 대우중공업 중국법인에 수두룩한 「맨발의 청춘」들이 이룬 결실이다.

각 회사마다, 업종 제품에 따라 최적의 유통 채널을 구축해야 한다. 중국시장을 파고드는 데에는 왕도가 따로 없다. 은행을 낀 대우의 유통방식은 대당 1억 원이 넘는 고가제품이기에 가능한 시스템이다. 대우중공업 북경사무소의 이용희 차장은 『본격적인 중국진출에 앞서 발로 뛰며 시장을 찾아다닐 필요가 있다』고 말한다. 그래야 시장의 속성을 체득할 수 있기 때문이다.

통계만을 놓고 책상에서 짜는 시장전략은 의미가 없다. 또 사업 초기부터 중국 파트너에 전적으로 의존하면 위험하다. 직접 나서야 한다. 「뛰는 만큼 번다」는 사실을 잊지 말아야 한다.

중국에서 제품을 판매할 경우 가장 흔히 활용되는 유통방식이 대리상 시스템이다. 삼성모니터가 그 경우다. 주요 도시에 총판을 두고, 그 총판이 다시 최종 유통업자에게 물건을 넘기는 형식이다. 이 총판의 역할이 중요하다. 총판의 능력에 따라 유통의 성패가 좌우된다. 총판을 잘못 구하면 물건을 떼일 수도 있고, 물품대금을 회수하지 못하는 경우도 발생한다. 그래서 외상거래를 무조건 피하라는 얘기가 나오는 것이다.

중국 총판을 이용한 유통은 크게 두 가지로 나눌 수 있다. 하나는 현금을 받고 물건을 공급하는 현금거래 방식이다. 공급자는 위험을 피할 수 있어 이 방법을 선호하지만 총판은 거액을 주어야 물건을 가져올 수 있기에 부담을 갖는다. 제품의 질이 아주 좋다든지, 가격경쟁력이 높아야 이 방식을 이용할 수 있다. 삼성모니터가 그렇다.

이 문제점을 해결하기 위해 나온 것이 신용한도 거래다. 각 총판별로 신용한도를 정해주고 그 범위 내에서 물건을 외상으로 공급하게 된다. 대금은 월별로 회수한다. 공급한 물건을 팔지 못하면 추가공급을 끊는다. 공급자와 총판이 모두 위험을 분담하는 형식으로 많이 활용된다. 필립스, 렌샹(聯想) 등이 이 방식을 활용한다.

총판은 어떻게 잡아야 할까.

방법은 시장에 나가 동종제품의 유통 흐름을 역(逆)추적하는 것이다. 그러다 보면 틀림없이 총판을 만나게 된다. 그 총판에 가서 『우리 물건 한 번 해볼래?』라고 묻는 게 유통시장 공략의 순서다.

믿을 만한 총판을 어떻게 구하느냐가 관건이다.

우선 자금력이 강한 총판을 골라야 한다. 그래야 현금거래가 쉽다. 또 하부 유통망을 잘 갖춘 총판에 맡겨야 시장침투가 용이하다. 그러면서도 취급하는 물품이 적은 총판이 좋다. 내 회사 제품에 대한 충성도가 높아지기 때문이다. 이 밖에 나이·학벌·성격 등 개인적인 사항을 고려해야겠다.

삼성모니터 이재엽 차장이 제시하는 총판 구하기 방법이다.

『무조건 동종업계 1, 2위 총판을 찾는 것보다 성장 과정 중에 있는 3~5위 업체를 고르는 게 효과적입니다. 그래야 우리 회사의 물품을 비중 있게 처리하고, 더욱 공격적으로 판매에 나설 것이기 때문입니다. 1, 2위 업체들은 콧대가 높고 새로운 제품에 대해 매우 까다롭습니다.』

삼성애니콜은 중국 핸드폰 시장의 5% 안팎을 점유하고 있는 제품이다. 고가 브랜드 전략으로 중국시장에서 선풍을 일으키고 있다. 애니콜의 성공에는 홍콩 통신 분야 유통회사인 테크글로리가 있다. 존이라는 이름의 청년이 사장이다.

삼성전자의 중국 통신사업을 담당하는 배승한 부장은 이렇게 말한다.

『애니콜이 중국에 본격적으로 뛰어든 것은 지난 1998년입니다. 막막했지요. 모토로라, 노키아, 에릭슨 등 선진업체가 이미 단말기 시장을 장악한 후였기 때문입니다. 그 때 홍콩의 존을 만났습니다. 그는 당시 모토로라의 일개 대리상이었고, 이름이 높지도 않았습니다.

애니콜은 그에게 과감히 총판권을 준 겁니다. 젊고 패기 있고 중국시장 노하우가 풍부하다는 점을 높이 샀습니다. 그는 애니콜의 만리장성 넘기 비결을 알고 있었습니다. 고가 브랜드 전략이었지요. 성공했습니다.

그의 강력한 마케팅 전략으로 삼성은 빠르게 시장을 잠식할 수 있었습니다. 존 그 친구는 삼성애니콜을 취급하면서 일약 핸드폰 유통업계 스타로 떠오른 거지요. 삼성과 존이 함께 성장한 겁니다. 「윈-윈」전략이지요.』

유통시장 개척에서 명심해야 할 또 다른 사항이 「거점시장전략」이다. 가장 가능성 있는 지역을 먼저 공략, 시장기반을 닦아놓고 이를 거점으로 판매망을 점진적으로 확대해야 한다.

오리온 초코파이는 중국에서 단일상품으로는 가장 많이 팔리는 우리나라 제품이다. 연간 약 100만 박스가 팔리고 있다. 한 박스에 96개의 초코파이가 들었으므로 1억여 개가 팔린다는 계산이 나온다. 그렇다고 오리온이 중국 전역에서 팔려나가는 것은 아니다. 아직은 베이징을 중심으로 한 북부지역에 주로 공급된다.

오리온의 첫 타깃은 우리와 문화가 비슷한 북부지역이었다. 지난 1997년 설립된 베이징 근교 랑팡(廊坊)공장을 통해 북부시장 공략에 나섰다. 상하이를 중심으로 한 화동(華東)·화중(華中)지역 공략은 1998년 여름에야 시작됐다. 광둥성 등 남부지역은 아직도 미개척지다. 오리온은 2002년 상하이에 제2공장을 설립, 남부지역을 시장권역으로 끌어들일 계획이다.

오리온 베이징 지사 김기형 차장의 설명이다.

『중국은 31개 성(省)이 모인 연합국가라는 관점에서 시장을 볼 필요가 있습니다. 한 개 성(省)만 뚫어도 그것은 대성공입니다. 처음부터 다 먹겠다고 달려든다면 하나도 얻지 못했을 겁니다.』

중국시장을 뚫는 데는 다양한 방법이 있다. 그러나 자기 제품에 가장 어울리는 방식은 하나다. 그 방법을 찾아야 한다.

소프트 상품에 기회 있다

중소 무역업체를 운영하고 있는 B사장은 최근 들어 중국행 비행기를 타는 횟수가 점점 늘고 있다. 그는 중국에 공장을 갖고 있는 것도 아니고, 자본을 투자하지도 않았다. B사장이 갖고 있는 유일한 중국 비즈니스 자산은 국제유통 채널. 그는 세계 52개국에 주요 바이어를 두고 있다. 그 국제유통 채널을 통해 전투복·방독면·군화 등 주로 군수제품을 수출하고 있다.

그에게 중국에 자주 오는 이유를 묻자, 이렇게 대답한다.

『해외에서 받은 오더를 중국으로 가져옵니다. 중국에서 생산, 바이어에게 직접 수출하지요. 제3국 수출방식입니다. 중국은 군수품 제조기술이 크게 향상됐습니다. 설계도 그대로 생산합니다. 납기 맞추는 것은 물론이고요. 생산비도 한국보다 훨씬 싸지요.』

그가 중국 비즈니스에 손을 댄 것은 6년 전. 아무래도 한국에서는 가격을 맞출 수 없었다. 생산비가 싼 곳을 찾았고, 중국의 몇몇 업체와 손을 잡았다. 해외 판매망이 없는 중국 제조업체들에게 「국제 비즈니스 채널」이라는 상품을 판 것이다.

B사장의 사례는 보이지 않는 상품, 즉 소프트 상품에 중국 비즈니스 기회가 있다는 것을 보여준다.

우리는 중국수출을 말하면 눈에 보이는 제품만을 거론하는 경향이 있다. 화학제품 수출량이 얼마나 늘었고, 중국에서 생산한 완구를 미국으로 수출해 돈을 얼마나 벌었다는 식이다. 모두 하드웨어 제품이다. 그러나 대부분의 경우에서 하드웨어 제품은 중국업체에 경쟁력을 잃어가고 있다. 중국의 기술이 급속히 고도화되고 있기 때문이다.

그러나 예술 · 디자인 · 기획 · 연구개발 · 관리 · 국제시장 · 노하우 등 눈에는 보이지 않지만 분명 가치가 있는 상품 분야에서는 우리가 경쟁력을 갖고 있다. 이들 소프트 상품은 오히려 하드웨어보다 더 부가가치가 높다.

중국에서 불고 있는 한류(韓流 · 한국문화 바람)는 소프트 상품의 중국진출 가능성을 보여준다.

베이징 중심상가인 왕푸징(王府井)은 시민들과 외국 관광객들로 밤늦게까지 분주한 곳이다. 최근 이 곳에서 리틀엔젤스 공연이 벌어졌다. 한 · 중 우호행사의 하나였다. 중국인 관객이 행사장을 가득 메운 가운데 화려한 의상을 입은 작은 천사들이 아름다운 우리 춤과 선율을 보여줬다. 중국인들 사이에서는 환호성이 끊이지 않았다. 천사들은 마지막으로 중국노래 세 곡을 완벽한 중국어로 불렀다. 중국인들은 공연이 끝났는데도 발을 떼지 못했다.

한류 현상을 말해주는 사례는 많다. 베이징의 한국문화원에서는 매주 토요일 한국노래 강좌가 열리고 있다. 등록을 신청한 후 몇 개월을 기다려야 겨우 강좌를 들을 수 있을 정도로 수강생이 몰린다. 젊은이들 사이에서는 헐렁한 바지가 유행하고 있는데 이를 「HOT바지」라고 한다. 지금 베이징 텔레비전에 나오는 젊은 가수들은 모두 HOT 아류라고 봐도 틀리지 않다. 영화 〈비천무(飛天舞)〉는 중국인이 만든 무술영화보다 더 재미있다는 평가를 받았다. 덕택에 영화배우 김희선씨는 중국 가전업체에 「모델 비즈니스」를 수출했다.

이들에게 왜 한류가 통할까.

중국 젊은이들에게 가장 좋아하는 외국을 꼽으라면 단연 한국이다. 그들은 태생적으로 일본을 싫어하고, 남의 나라 영공에 들어와 정찰활동을 하고서도 「정상적인 군사행위」라고 버티는 미국도 경멸한다. 그들에게 한국은 「교통질서를 잘 지키고, 금 모으기를 할 정도로 단결이 잘 되고, 중국이 단 한번도 이길 수 없는 축구강국…」이라는 이미지가 새겨져 있다. 그 이미지가 바탕이 됐기에 한류 바람이 분 것이다.

이슈 추적

중국에 부는 「쿠(酷)」바람

노랗게 물들인 머리카락, 허벅지가 조금 찢어진 청바지, 옷 밖으로 나온 목걸이…. 베이징 거리에서 이 같은 차림의 젊은이들을 쉽게 발견할 수 있다. 그렇다고 그들에게 불량기가 있어 보이지는 않는다. 다가가 말을 건네면 순수하고 명랑하다. 당당함도 엿보인다. 이런 젊은이를 일컫는 중국어가 있다. 「쿠(酷)」가 바로 그것. 「세련됐다」, 「멋지다」 등의 뜻을 갖고 있는 이 말은 지금 중국 젊은이들 사이에 최고 유행어가 됐다. 그들은 멋있는 친구를 보면 『전쿠(眞酷·정말 멋져)!』라고 한다. 세련된 차, 빠른 템포의 노래 등에도 『전쿠!』라는 감탄사가 붙는다.

중국어 「酷」는 원래 「잔혹하다」 또는 「정도가 심하다」라는 뜻을 가진 단어였다. 그러나 「세련됐다(속어)」라는 뜻을 가진 영어 「cool」을 「쿠(酷)」로 음역하면서 본래 의미가 밀리게 됐다.

「쿠」는 외모만이 아닌 신세대 젊은이들의 정신문화를 대표하는 말이기도 하

대중음악에서 시작된 한류를 상품화하는 노력도 요구된다. 중국에서도 이미 한류가 음악에서 영화, 드라마 등 다른 문화상품으로 넘어가려는 기류가 감지되고 있다.

베이징의 이벤트 기획회사인 우전소프트의 김윤호 사장. 2000년 2월 HOT 베이징 공연을 기획해 성공시킨 한류 돌풍의 주역이다. 그가 최근에 새로운 일을 시작했다. 중국 전역에「한류 팬시점」체인망을 열기로 한 것.

『전국에 흩어진 수십만 명의 한류 팬들이 시장입니다. 한국의 가수와 한국문화 등을 담은 액세서리, 선물 등을 판매할 계획입니다. 전국에 체인점을 열어 이 체인망을 한류돌풍의 전진기지로 삼을 겁니다. 한류는 우리 문화의 힘을 보여주는 것입니다. 음악은 그 문화의 일부분에 불과한

다. 도전과 용기, 능력, 독립, 창조, 개성, 기존문화에 대한 반발 등의 뜻을 포함하고 있다. 기존질서를 거부하고, 자신만의 독창적인 삶을 살아가려는 중국 젊은이들의 모습이 바로「쿠」인 것이다.

「쿠」는 중국 대중문화를 읽는 키워드이기도 하다. 청소년들이 대중문화상품의 주요 소비층이기 때문이다. 중국 젊은이들은 경제적인 여유가 생기면서 사회주의체제에서 억눌려왔던 에너지를 발산하려 한다. 패션·음악·영화 등의 대중문화 상품은 세련되고 멋진「쿠」성향을 보여야 팔린다.「쿠」를 이해하지 못하고는 문화상품을 팔 수 없다.

「쿠」는 우리나라와도 무관하지 않다. 중국언론들은 2001년에 중국에서 불기 시작한 한류가「쿠」현상을 급속도로 확산시켰다고 분석하고 있다. 인기 록그룹 HOT, 가수 안재욱, 영화배우 김희선, 축구스타 고종수 등은 중국 젊은이들에게 최고「쿠」의 대상이다.

「쿠」가 우리나라에게 중국 대중문화시장 진출의 기회를 제공한다는 얘기다. 중국시장을 넘보는 문화인들은 중국「쿠」바람을 연구할 필요가 있다.

겁니다. 음악은 중국 문화사업 진출의 발판을 제공했을 뿐이지요.」

중국의 돈 많은 어느 실업가가 주문비디오(VOD) 사업을 시작했다. 정부로부터 허가를 받고 2001년 말쯤 본격 시작하는데 영화 콘텐츠 확보가 문제였다. 그는 적당한 사람을 찾던 중 소개로 알게 된 한국 문화사업가를 부사장으로 스카우트했다. 세계적인 「문화시장 네트워크」가 그의 상품이었던 것이다. 한국인 부사장은 일본을 제외한 세계 각국의 영화 배급회사와 교섭, 영화를 중국에 공급하게 된다.

베이징 징두(京都) 골프장에 골프 대학을 설립하겠다는 메달리스트(주)의 골프 사업도 소프트 상품의 중국진출이다. 이 회사가 골프 대학을 세우는 궁극적인 목적은 이를 중국 골프 시장진출의 「파워센터」로 키우겠다는 것이다. 이 파워센터를 통해 골프용품 판매, 골프 인구들을 통한 상품 마케팅, 골프 인재양성 등 종합적인 골프 비즈니스를 펼칠 계획이다. 중국에서 박세리와 같은 선수를 발굴, 이를 세계시장에 내민다면 그 역시 소프트 상품이라고 할 수 있다.

소프트 상품 수출 전망은 밝다. 게임 업체들은 서서히 중국시장으로 타깃을 옮기고 있다. 한-중 간에는 공동 영화제작이 활성화되고 있다. 또 베이징에서 확산되고 있는 한국음식점 역시 한국 음식문화의 수출이다. SK가 베이징 TV를 통해 실시하고 있는 〈장학퀴즈〉도 우리나라 문화의 중국시장 진출이다.

중국은 위에서 아래로 일방적으로 흐르는 수직형 사회다. 개인과 개인이 함께 어우러져 살아가는 공동체를 만들어가는 데 약하다. 그들은 교육받은 대로 행동하라고 배우지, 창의력을 발휘해 무엇인가를 새롭게 창출하라고는 배우지 않았다. 중국이 오랫동안 소프트 상품 분야에서 우리를 따라오지 못하는 이유다.

시장연구(上)
혁명의 물결을 타라

중국에는 「휴일경제(假日經濟)」라는 게 있다. 굳이 해석하자면 「휴일에 만들어지는 경제」라는 뜻이다. 직설적으로 뜻을 풀자면 「놀게 해줄테니 마음껏 써라」라는 정부의 정책이기도 하다. 노동자들에게 긴 휴식시간을 줘 그 동안 여행도 가고 쇼핑센터에 가 물건도 사고, 그래서 위축된 내수 시장을 부추겨달라는 주문이다.

중국은 지난 10월 1일부터 7일까지 1주일을 꼬박 놀았다. 대부분의 관공서와 학교, 회사가 문을 닫았다. 국경절(공산당 건국기념일) 휴가였다. 실질적으로 많은 사람들이 출근하지 않았던 앞뒤 토 · 일요일까지 합치면 그들은 무려 아흐레 동안 쉰 셈이다.

국경절뿐만 아니다. 설(음력 1월 1일), 노동절(5월 1일)도 1주일 이상 쉰다. 장기휴일이면 각 상가들은 대목이다. 백화점 · 할인점 · 재래시장 등 쇼핑센터는 만원이다. 중국 전역의 관광지는 유람객들로 발 디딜 틈 없다. 실제로 휴일에는 평소보다 20~30%의 소비진작 효과가 나타나는 것으로 조사되고 있다. 「휴일경제」가 제기능을 발휘하고 있는 거다.

필자도 중국정부의 휴일경제 정책에 적극 「호응」한다. 연휴기간에 베이징 국제전람센터 근처 까르푸 매장을 찾았다.

가을을 재촉하는 가을비가 내리고 있음에도 할인매장 내부에는 발 디딜 틈이 없었다. 카트에 어린아이를 태우고 물건을 고르는 미시족 주부, 계산대 앞에 줄지어 값을 치르려는 쇼핑객, 물건 쌓기에 여념이 없는 직원 등 모두가 분주하게 움직였다. 우리나라의 할인매장과 크게 다르지 않은 풍경이었다. 남편의 손을 잡고 쇼핑에 나선 주부 진리(金莉·42)씨는 『깨끗하고 값이 싸 매주 이 곳을 찾는다』고 말했다. 그의 쇼핑 카트에는 1주일치 「식량」이 가득 담겨 있었다.

바로 그 시간 까르푸에서 자동차로 10여 분 떨어진 엔샤 백화점. 평소보다 사람이 많다고는 하지만 썰렁했다. 까르푸에 비하면 절간 같은 분위기다. 점원 왕메이(王梅·23)씨는 『베이징에 편의점이 늘어나면서 손님이 눈에 띄게 줄어들고 있다』고 푸념이다. 할인매장과 대형 체인점 등이 새로운 유통 주체로 자리잡으면서 전통 백화점은 쫓겨날 위기란다.

휴일에 찾은 베이징의 두 쇼핑센터를 보면서 지금 중국에서 일고 있는 소비유통혁명을 느꼈다. 시장은 우리나라의 중국 투자기업 제품이 소비자에게 넘겨지는 공간. 그러기에 그 공간에서 지금 어떤 일이 벌어지고 있는지를 연구해야 한다.

혁명의 방아쇠를 당긴 것은 외국계 유통업체였다. 지난 1990년대 중반부터 중국에 진출하기 시작한 이들은 선진 구매기법을 통해 원가를 낮췄다. 세계적인 체인망을 통해 다양한 상품을 모았다. 현재 중국에 진출한 외국 소비유통업체는 약 250여 개. 지난 1995년 까르푸를 시작으로 월마트, 마크로, 세븐일레븐, 이마트 등이 속속 중국에 진출, 시장을 잠식하고 있다.

까르푸 「오늘은 무얼 살까…」 딸과 함께 까르푸를 찾은 주부의 마음은 즐겁기만 하다. 편의점 등장으로 그들의 쇼핑 문화도 바뀌고 있다.

중국의 WTO 가입으로 이들의 중국공략은 더욱 기세를 올리고 있다. 중국 소비유통시장에 일찌감치 발을 들여놓은 까르푸는 매장을 현재 28개에서 2005년까지 100개로 늘릴 계획이다. 5년여의 시장탐색기를 가졌던 월마트 역시 20개 매장을 2003년까지 100개로 확대하기로 했다. 마크로도 월마트와 동일한 속도로 사업망을 중국 주요 도시로 넓혀가고 있다.

외국계 할인매장의 등장은 중국 유통업체에 충격이었다. 이 여파로 1990년대 중반 이후 할인매장 성격의 중국 유통체인점이 생겨나기 시작했다. 이들은 지난 6~7년 사이 급성장, 2000년 10대 유통업체 중 체인점이 5개를 차지했다(공상관리국 발표). 특히 전국 주요 도시에 500여 매장을 두고 있는 체인업체 렌화(聯華)는 백화점의 자존심 상하이띠이(上海第一)를 따돌리고 판매액 1위 자리를 차지했다. 렌화, 상하이화롄(上海華聯),

농공상(農工商) 등 체인업체 대부분이 2000년에 50% 이상의 매출증가율을 기록하기도 했다.

기존 백화점은 울상이다. 상하이띠이가 2000년에 마이너스 2.9%를 기록한 것을 비롯해 베이징의 왕푸징 백화점, 난징의 신지에코우(新街口) 백화점 등 유명백화점이 제자리걸음을 해야 했다. 백화점은 고급화 또는 상호연대 등을 통해 위기돌파를 모색하고 있지만, 할인매장 공세를 막아내기는 역부족으로 보인다.

중국 유통전문가들은 『중국 유통업계가 선진화되는 과정에서 백화점이 쓴맛을 보고 있다』고 말한다.

소비유통뿐만 아니다. 도매물류 분야에도 혁명의 기운이 감돌고 있다.

까르푸가 대륙으로 간 까닭

필자 집에서 걸어 3분 거리에 대형 할인매장 까르푸가 있다. 언제나 쇼핑객으로 북적대는 곳이다. 까르푸 때문에 주변 교통이 막혀 애를 먹기도 한다. 베이징에만 네 개의 매장을 갖고 있는 까르푸는 중국 내 외국계 할인매장의 대명사로 굳어졌다.

2000년, 까르푸는 중국시장을 겨냥한 획기적인 결정을 내렸다. 홍콩에 있던 네 개의 분점을 모두 폐쇄하는 대신 모든 역량을 중국에 집중시키기로 한 것이다. 이와 함께 중국 내 할인매장 수를 기존 28개에서 오는 2005년까지 100개로 늘리겠다는 그랜드 플랜을 발표했다.

까르푸는 왜 대륙으로 달려오는 것일까. 런민(人民) 대학의 리진쉬엔(李金軒) 교수가 그 물음에 답했다.

상하이의 고급 쇼핑가 난징루(南京路). 「상하이의 명동」으로 불리는 이 거리 입구에 고색창연한 빌딩이 눈길을 끈다. 중국 백화점의 상징인 상하이띠이 백화점이다. 이 백화점에 걸린 현수막이 눈에 띤다. 현수막에는 「축(祝) 중국 최고의 유통 기법과 세계 최고의 물류 시스템 결합」이라는 글이 담겨 있다. 이 백화점의 모그룹인 상하이이바이(上海一百) 집단과 일본 종합상사인 마루베니가 최근 설립한 도매물류 합작사 상하이바이홍(上海百紅) 탄생을 축하하는 현수막이다.

상하이바이홍은 제조업체, 소매상, 수입상, 세무서, 운수회사, 은행, 철도청 등을 연결하는 선진 종합물류정보시스템을 구축할 예정이다. 단순 도매시장 운영에서 벗어나 상품의 흐름(물류)을 처음부터 끝까지 취급한

『지난 2000년 중국의 상품 소비판매액은 약 3조 5,000억 위안으로 전년동기대비 9.7%가 성장했습니다. 중국 소비시장 규모는 일본에 이어 아시아 제2위의 규모입니다. 세계에서 매년 10% 안팎으로 성장하고 있는 소비시장은 중국밖에 없습니다. 중국정부가 경제성장의 원동력을 기존 수출에서 내수 분야로 돌리려고 하고 있기 때문입니다. 중국 소비의 3분의 2가 시(市)급 도시에서 이뤄집니다. 까르푸는 이 점을 간파한 겁니다. 주요 도시 100여 곳에 매장을 뿌려놓으면 소비유통 시장을 「먹을 수 있다」고 판단한 것이지요. 까르푸의 판단은 정확했습니다. 앞으로 중국 소비시장에 진출하려는 업체들은 많은 위험부담을 안고 와야 할 겁니다. 까르푸가 넘보기 어려운 철옹성을 쌓고 있기 때문입니다.』

까르푸에 이어 월마트, 마크로, 메트로 등 다른 할인매장도 중국 시장공략에 총공세를 펴고 있다. 우리나라 유통업체로는 이마트가 상하이에 매장 한 곳을 두고 악전고투하고 있는 실정이다.

유통점은 중국에 진출한 우리나라 기업에게 제품 판로를 제공한다는 부대효과가 있다. 우리가 머뭇거리는 사이 중국 소비시장은 점점 더 멀어지고 있다.

다는 구상이다. 이 회사는 상하이 철도역 근처에 2만㎡ 규모의 물류센터를 건설, 이를 중국 화동(華東)지구의 물류센터로 만들 계획이다.

상하이 이마트 매장을 책임지고 있는 김선민 본부장은 중국의 종합물류 회사의 등장에 대해 이렇게 설명했다.

『중국에서도 물류와 도매를 취급하는 종합물류 회사가 등장했다는 데 의미가 있습니다. 지금 중국 도매유통은 메이커·중간상·소비자 등의 유기적인 결합이 없어 후진성을 벗어나지 못하고 있습니다. 대부분 메이커가 자체적으로 배송하는 수준이지요. 상하이바이홍은 수많은 중간유통 회사들을 시장에서 몰아내는 등 도매유통의 새 바람을 일으킬 겁니다.』

외국기업이 중국 도매시장에 진출하기는 마루베니가 처음이다. 마루베니는 국무원(정부)의 승인을 얻어 합작법인을 설립하게 됐다. 상하이 언론들은 상하이바이홍의 등장을 놓고 『소비유통 분야에서 시작된 유통혁명의 불길이 도매유통으로 옮겨 붙었다』고 평가하고 있다.

중국은 WTO 가입 후 2~3년의 경과기간을 거쳐 유통시장을 개방하게 된다. 이 기간에 선진물류 유통 시스템을 구축하겠다는 게 중국의 구상이다. 이를 위해 지역별로 마루베니와 같은 외국업체를 끌어들일 계획이다.

국내 유통업체들은 이 시장혁명의 물결을 어떻게 타야 할지 연구해볼 필요가 있다.

시장연구(下)
중국 소비자, 그들은 누구인가

레이먼(47). 같은 동네에 살고 있는 테니스 친구다. 무역업체 사장인 그는 자신을 영어 이름으로 불러주기를 바란다. 그가 살고 있는 베이징 중심가 아파트 임대료는 한 달에 2,000달러. 차는 혼다의 어코드를 몰고 다닌다. 취미는 테니스와 골프. 아내와 함께 매주 골프 라운딩을 즐긴다. 거의 매년 해외여행을 떠나고 그의 부인은 고급백화점에 자주 간다. 아들은 학비가 학기당 3만 위안(1위안=150원) 하는 사립학교에 다니고 있다.

왕원잉(王文英 · 35). 필자가 자주 접촉하는 잡지사 기자다. 그의 월급은 한 달 3,500위안가량. 최근 상하이다중(上海大衆) 자동차를 샀다. 1년 전에는 한푼 두푼 모은 돈으로 부부가 핸드폰을 마련했다. 6개월 전 공상은행에서 자금을 빌려 베이징 근교 작은 아파트를 장만했다. 집 가격은 16만 위안. 80%를 은행으로부터 대출받았고, 앞으로 20년 간 소득의 30%인 900위안을 매달 꼬박꼬박 갚아나가야 한다. 세 가족이 주말마다 외식을 한다.

런칭(任淸 · 53). 후난(湖南)성 창사(長沙)에서 기차로 열두 시간 정도를 달려 도착한 지쇼우(㕛首)에서 만난 농민이다. 1년 농사로 의식주를 해결하고, 남는 돈으로 저축도 조금 한다. 아들 대학교 보낼 돈을 마련하느라 허리띠를 졸라매고 있다. 가끔 그는 호박·밀 등을 시장에 내다 팔아 가족 생활비를 마련한다. 그의 생활은 지쇼우에서 평균 정도다.

이들 세 명의 생활방식은 너무도 다르다. 그들에게 공통점이 있다면 「중국인」이라는 것뿐이다. 이 같은 부류의 사람들이 어울려 사는 중국시장은 극과 극을 달린다고 할 만큼 차이가 심하다. 신사복 한 벌에 100만 원을 호가하는 고급백화점이 있는가 하면 그 옆에는 3만 원짜리 신사복을 파는 재래시장도 있다. 점심 한 끼에 20만 원이 넘는 고급식당 옆에는 200원으로 때울 수 있는 초라한 식당도 쉽게 발견된다. 도대체 무엇이 진짜 중국의 모습인지 헷갈린다.

「시장 연구」는 중국 내수시장 공략을 준비하고 있는 국내 업체에게 절대절명의 과제다. 다양한 시장 중 어떤 층을 공략할지 결정해야 하기 때문이다. 최근 〈광밍(光明)일보〉가 「중국의 3대 소비계층」이라는 제목으로 낸 기사를 통해 중국인들의 소비계층을 추적해봤다.

첫째, 고소득층을 중심으로 한 「선도형」 소비집단이다. 레이먼과 같은 부류의 사람이다.

이들의 연간 평균 가처분 소득은 1만 8,440위안에 달한다. 한 달에 우리 돈 약 24만 원을 쓸 수 있는 사람들이다. 도시인구의 약 10%, 총인구의 약 3.5%에 해당하는 4,460만 명이 이 부류에 속한다. 이들의 총구매력은 8,400억 위안으로 중국 전체 구매력 5조 위안의 약 17%를 차지하고 있다. 엥겔 계수(전체 소비에서 차지하는 식료품 지출 비율)는 15%로 선진국 수준과 다르지 않다.

선도형 소비집단 구성원을 직업별로 보면 각종 기업 책임자가 31%로 가장 많다. 이어 전문기술인력 25.2%, 연예인·운동선수 등 자유직업자 17.8%, 사영기업·외국기업 등 일반 종사자 9.5%, 서비스업 종사자 8.5% 등의 순이다.

이들은 끊임없이 새로운 소비시장을 창출하는 추세를 보이고 있다. 대중적인 소비품보다는 보다 정교하고 개성화된 상품을 찾는다. 이들의 패턴을 연구하면 미래 중국의 소비시장이 어느 쪽으로 흐를지를 알 수 있다.

둘째, 중등 소득자로 이뤄진 「발전형」 소비집단이다. 왕원잉 기자가 그중 한 명이다.

1인당 연간 평균 가처분 소득은 약 6,500위안에 달한다. 한 달에 우리 돈 약 8만 4,000원을 쓸 수 있는 사람들이다. 농촌인구의 10%, 도시인구의 80%에 해당하는 1억 3,000만 명이 이 부류에 속한다. 총구매력은 2조 8,900억 위안, 전체 구매력의 60%에 육박한다. 최대 소비군이다. 엥겔 계수는 35% 안팎이다.

절대다수 도시지역 주민과 농촌의 소수 부자들이 이에 해당한다. 대부분 샐러리맨들로서 중산층이라고 보기에는 구매력이 약하다. 주요 직업별로는 공무원, 국유

신동안　베이징의 대표적인 쇼핑가인 왕푸징(王府井)에 자리잡은 신동안 백화점. 저가제품에서 고가제품에 이르기까지 다양한 제품이 전시돼 있다. 중국 소비의 스펙트럼은 그만큼 넓다.

기업 종사자, 거티후(個體戶·소규모 자영 상인) 등이다.

발전형 소비집단은 기본 소비제품을 이미 구비, 소비 패턴이 고급화·다양화되고 있다. 주택·자동차·핸드폰 등이 대표적인 구매 상품이다. 소비가 가장 활발하고, 구매력이 가장 빠르게 높아지고 있다. 중국시장 확대의 공신 집단이다.

셋째, 저수입 위주의 「육성형」 소비집단이다. 지쇼우의 농민인 런칭에게서 그들의 소비행태를 엿볼 수 있다.

1인당 연간 가처분 소득은 2,000위안 안팎. 한 달에 우리 돈 2만 6,000원 정도를 쓸 수 있다. 도시지역 거주자의 10%, 농촌인구의 80%에 해당하는 약 2억 명이 이 부류에 속한다. 총구매력은 1조 3,800억 위안으로 전체 구매력의 27%에 달한다. 엥겔 계수는 약 50%. 도시지역의 저소득 가구 및 농촌지역의 중등 소비자가 이 부류에 속한다. 도시지역의 실업자, 퇴직자, 농촌에서 도시로 이주한 근로자 등으로 구성된다.

육성형 소비집단은 주로 국가의 지원을 받아 소비에 나서고 있다. 주로 저가제품을 매입하고 있으며, 물건을 사려 해도 돈이 없어 못 사는 경우가 많다.

중국에는 이 밖에도 1인당 연평균 수입이 700위안(약 11만 원)에 불과한 극빈층이 8,000만 명에 달하고 있다. 이는 전체 농촌인구의 약 10%에 해당한다. 이들은 전체 수입의 60% 이상을 식료품 구입에 쓰는 등 소비 여력이 매우 취약하다. 이들에게 시장은 커다란 의미가 없다.

중국 내수시장을 겨냥하는 우리나라 업체들이 공략할 계층은 명확해진다. 「발전형」 소비계층의 소비욕구를 충족시켜주면서 「선도형」 소비가 어떤 방향으로 가고 있는지를 면밀히 연구하는 것이다. 특히 발전적 소비계층이 만들어낸 신규시장에 눈독을 들일 필요가 있다.

작명(作名)의 미학을 활용하라

필자 이름은 「한우덕(韓友惠)」이다. 영어로는 「Woody Han」으로 했다. 영어 이름은 미국인 친구가 지어줬다. 이번에는 영어 이름을 중국어로 바꿔보기로 했다. 여러 단어 중에서 발음이 같고, 뜻이 그럴 듯한 말을 찾아내는 작업이다.

재미있는 고민을 거쳐 「無敵漢」이라는 말을 만들어냈다. 중국어 발음은 우디한, 영어와 똑같다. 뜻은 「적이 없이 모두와 잘 지내는 사나이」라는 의미다. 필자는 인터넷에 개인 칼럼을 올릴 때 필명으로 「無敵漢」을 사용하고 있다.

영어 이름을 이렇게 중국어로 옮기는 일은 재미있다.

중국에 진출해 회사 이름을 짓거나 상품명을 지을 때는 아주 신중해야 한다. 회사 이름 또는 제품명을 가장 적합한 중국어로 옮기는 일은 사업 성패를 좌우할 만큼 중요한 요소이기 때문이다.

중국어 작명을 말할 때 빼놓을 수 없는 사례가 코카콜라다. 코카콜라의 중국어 상품명이 「可口可樂」라는 것은 잘 알려진 얘기다. 중국어로 발음하면 「커 코우 커 러」. 미국 원음에 가깝다. 뜻은 「입맛에 맞아(可口) 가히 즐겁다(可樂).」 이름 그 자체가 마시고 싶다는 충동을 불러일으킨다. 이렇듯 「可口可樂」는 브랜드 자체가 마케팅 파워를 갖고 있다. 코카콜라가 빠른 속도로 중국 대륙에 파고든 것도 기발한 작명이 한몫 했을 거다.

우리나라 기업 중에서도 이름을 잘 지어 중국진출에 힘을 얻은 사례가 있다. 상하이에 진출한 이마트가 그렇다. 이 회사는 중국 이름을 「易買得」으로 지었다. 중국어로는 「이 마이 더」로 발음되고, 「쉽게 사서 득을 얻는다」란 뜻을 갖고 있다. 발음과 뜻이 잘 어울린다. 이름 자체가 대형 할인매장을 연상케 한다.

상하이 이마트 김선민 본부장은 이렇게 말한다.

『최적의 이름을 얻기 위해 많은 중국인들을 대상으로 앙케트를 실시했습니다. 이 브랜드를 듣는 순간 「이거다」라는 생각이 들었지요. 「이마이더」라는 이름은 입에서 입으로 전해지면서 그 자체가 홍보효과를 내고 있습니다.』

외국기업이 중국에서 상호나 제품 이름을 짓는 데는 크게 네 가지 방법이 있다.

첫째, 원음에 가까운 중국어를 찾는 것이다. 뜻보다는 원음이 강조되는 사례다. 머투어뤄라(摩託羅拉 · 모토로라), 커다(柯達 · 코닥), 시먼스(西門子 · 지멘스), 따이얼(戴爾 · 델), 컨더지(肯德基 · 켄터키치킨), 수어니(索尼 · 소니) 등이 그 예다.

둘째는 의역하는 사례다. 외국어가 뜻하는 중국어를 찾아 이름을 짓는 거다. 예컨대 마이크로소프트는 「작고 부드럽다」는 뜻의 웨이루안(微軟), 제너럴 일렉트릭은 「일반 전기」의 의미를 담은 통용디엔치(通用電器), 제너럴 모터스는 「일반 자동차」라는 뜻의 통용치처(通用汽車) 등으로 이름을 지었다.

우리나라의 오리온 초코파이는 상품 브랜드를 「하오리요우·파이(好麗友·派)」로 명명, 음보다는 뜻을 강조했다. 이름 덕택에 「친한 친구들이 정을 나누며 먹는 파이」라는 이미지가 굳어졌다는 게 오리온 관계자의 설명이다.

셋째는 음과 뜻을 모두 고려한 가장 이상적인 작명이다. 코카콜라와 이마트가 그렇다. 이 밖에 집에 즐거움과 부를 가져다 준다는 뜻의 쟈러푸(家樂富·까르푸), 건강하고 편안하다는 뜻을 가진 캉닝(康寧·코닝), 빠르게 달린다는 뜻의 번츠(奔馳·벤츠), 즐거움이 커진다는 인상을 주는 러가오(樂高·레고), 사랑과 이익을 가져다 주는 통신의 뜻인 아이리신(愛利信·에릭슨) 등에서 그 예를 찾을 수 있다. 한솔의 중국 이름인 한송(韓松·한국 소나무)도 괜찮은 작명으로 통한다.

넷째는 자국어를 그대로 들여오는 방식이다. 한국이나 일본기업 대부분이 선택하고 있다. 삼성은 「산싱(三星)」, 현대는 「시엔타이(現代)」, LG는 그대로 「LG」를 사용한다. 미국의 IBM 역시 그대로 IBM을 쓰고 있다. 일본의 후지쓰는 푸스퉁(富士通), 히타치는 르리(日立), 마쓰시타는 송시아(松下) 등 일본어 한자를 그대로 가져다 붙였다.

중국어 작명이 이처럼 재미있는 것은 중국어가 표의문자이기 때문에 나타나는 현상이다.

중국어는 글자 하나하나에 모두 고유의 뜻이 담겨 있다. 글자를 조합하면 새로운 뜻의 단어를 만들 수 있기도 하다. 그래서 중국어 작명은 무궁무진하게 생각할 수 있다.

그런가 하면 중국어는 외국어를 원음 그대로 표시하지 못하는 한계를 갖고 있다. 그래서 전 미국 대통령 「Clinton」을 커린툰(克林頓)이라고 부른다. 이스라엘은 「이써리에(以色列)」라고 한다. 거리의 중국인들에게 『이스라엘에 가봤느냐』라고 물어보면 알아들을 리 없다. 이에 비하면 한글은 음 표현력이 매우 뛰어난 문자다. 세종대왕은 이렇게 만대 후손들에게 생명력 있는 문자를 만들어주셨다.

중국어 작명은 음과 뜻을 교묘히 맞춰야 하기에 어렵긴 해도, 좋은 이름을 찾아내면 그 자체가 마케팅에 큰 도움이 된다. 특히 한국기업의 경우 회사 이름은 한국어를 그대로 사용하더라도 중국에서 생산하는 제품은 중국에 맞게 만들 필요가 있다.

우리 제품에 어떤 중국 이름을 지어줄지 재미있는 고민을 해보자. 옥동자에게 이름을 지어주듯 말이다.

식당사업(上)
「환잉광린」

「중국에서 식당 하기」를 테마로 잡았다. 독자들은 『왜 하필 식당이냐』라고 물을지 모른다.

식당은 우리나라의 대 중국 투자에서 제조업, 부동산에 이어 세번째로 많은 투자자금이 몰린 분야다. 지난 2001년 4월까지 모두 2억 달러 정도가 투자됐다. 결코 무시할 수 없는 시장이다. 게다가 요즘 중국에서의 식당사업이 점점 대형화, 기업화되어가는 추세다. 이번 테마는 식당을 통해 중국 비즈니스, 특히 서비스업 전반을 이해해보자는 취지도 담겨 있다.

베이징의 한국식당을 함께 들어가보자.

아리랑, 한국관, 서울, 경복궁, 신라, 서라벌, 고려성…. 해외에서 흔히 보게 되는 한국식당 이름이다. 중국도 예외는 아니다. 지금 베이징에는 이와 같은 이름을 가진 한식당이 성업 중이다.

베이징에서 한식은 꽤 인기가 높다. 일식·서양식보다 식당 수가 훨씬 많다. 베이징 쿤룬(崑崙) 호텔 1층에 식당가가 있다. 한식·일식·태국식·양식 등이 나란히 있다.

필자가 이 곳을 찾을 때마다 다른 식당은 파리를 날리는데 유독 한식집은 손님으로 북적댄다. 한국음식이 베이징 사람들에게 잘 맞는다는 얘기다. 중국의 한식당 원조(元祖)라 할 수 있는 서라벌 식당의 경우 IMF 때 달러를 많이 벌어왔다고 대통령으로부터 표창을 받기도 했다.

식당사업의 준비 과정을 살펴보자.

우선 파트너를 선정해야 한다.

규모가 작은 「구멍가게 식당」이라면 크게 문제가 되지 않을 수 있다. 중국인(주로 조선족)의 명의를 빌려 식당을 내면 된다. 이 경우 조선족 파트너에게 명의에 대한 사용료를 주면 끝이다. 파트너의 중국 국적을 사는 것이다. 명의를 빌려주는 일을 전문으로 하는 조선족도 있다고 들었다. 중국에 나와 있는 한식당의 90% 정도가 이런 방식으로 개업을 한다.

그런데 이런 식의 파트너 구하기는 위험하다. 명의를 빌려온 중국인 개인 자격으로 개업을 하면 문제가 발생했을 때 법의 보호를 받기 어렵다. 이런 것을 노린 일부 조선족의 횡포로 사업을 접어야 하는 경우도 자주 발생한다. 심한 경우 주인이 바뀌는 경우도 있다.

정식으로 파트너를 구하고 합작법인을 세우는 게 좋다. 요식업은 외국인 단독투자 금지 분야다. 최소투자 한도는 15만 달러다. 그 돈 이상으로 중국측과 합자 형태로 법인을 세운다.

대형식당이라면 반드시 법인등록을 해야 한다. 파트너와의 지분관계, 경영참여 정도 등을 법률에 따라 완벽하게 다듬어놓아야 한다. 직원들의 근로조건, 세금 등 모든 것을 합법적으로 처리하는 게 좋다. 서비스업은 중국 관계당국의 밀착감시 대상임을 잊지 말아야 한다. 비용이 조금 들어도 정도를 걷는 게 바람직하다.

든든한 합작 파트너를 잡으면 어려움이 반으로 줄어든다.

식당운영에 필요한 위생·환경·보안·공상관리 등 각종 행정 사안은 파트너가 해결해줘야 한다. 베이징에서는 간판 하나 거는 데도 18개 기관의 도장을 받아야 한다. 적절한 대책이 없으면 소방·위생·경찰 등 관련 공무원들이 수시로 들이닥친다. 이런 것을 막기 위해서는 지방정부와의 관시가 튼튼한 기업이나 개인을 파트너로 찾아야 한다. 물론 창업 절차도 모두 파트너 몫으로 넘겨야 한다.

대신 파트너가 경영에 참여하는 것은 막아야 한다. 독단적으로 식당을 운영할 수 있을 만큼의 지분을 확보하고, 경영참여 배제에 대한 합의를 이끌어내야 한다. 한국식당은 한국인이 운영해야 한국의 맛이 난다.

총알(돈)을 충분히 마련해야 한다.

식당은 오늘 개업해 내일 돈 버는 사업이 아니다. 중국에서 한국식당은 점점 고급화되는 경향을 보이고 있다. 그래야 돈 있는 손님이 모이고, 매출이 오른다. 베이징 K식당의 경우 고정비와 장식비 등 개업에만 20만 달러 정도가 들었다. 여기에서 끝나는 게 아니다. 최소한 6개월 정도는 손님이 많지 않을 테고, 광고비 등 돈 쓸 일이 많이 생긴다.

베이징 한정식 식당인 「비원」의 송훈천 사장은 대기업 상사원 출신이다. 베이징 중심가에 있는 그의 식당은 개업 1년 반이 지난 지금 매출증가에 가속도가 붙고 있다. 그의 이야기를 들어보자.

『최소한 6개월 정도는 밥 한 그릇 팔지 않고도 버틸 수 있는 자금을 마련해놓고 시작해야 합니다. 상황이 조금 낳아져 3개월 후면 손님이 들이닥칠 것 같은데, 유동성 부족으로 문을 닫아야 한다면 낭패입니다. 음식을 팔아서 경비를 마련하겠다는 것은 위험한 발상입니다.』

식당 꾸미기는 만만치 않은 작업 중 하나다.

우선 식당 건물을 잘 선택해야 한다. 호텔이든 오피스텔이든, 아니면 단독건물이든 해당 건물이 주방 만들기에 적합한지를 꼼꼼히 따져봐야 한다. 임대 계약을 맺은 후 건물 특성상 가스를 켜지 못한다든지, 연기 배출구를 내기가 곤란하다든지 등의 문제가 발생한다면 임대 계약비만 날릴 수 있다. 비원 송훈천 사장은 건물 선택에만 6개월이 걸렸다고 한다.

건물계약은 최대한 장기간으로 잡는 게 좋다. 보통 2~3년 정도 후에 본격적으로 돈을 벌기 시작할 텐데 그 때 건물주와 불화가 생기면 곤란하기 때문이다. 건물이 장기간 안정적인지도 살펴야 한다. 최근 돈을 많이 들여 만든 베이징의 한 한국식당은 도로가 뚫리는 바람에 그야말로 쫄딱 망했다. 당국이 금을 쭉 긋고 「철거」라고 결정하면 그냥 철거할 수밖에 없는 곳이 중국이다.

직원 교육도 중요하다.

파트너를 선정하고, 식당 건물을 잡고, 장식을 끝내면 이제 직원을 뽑아야 한다. 일반적으로 조선족 여성들을 많이 뽑게 되는데 그들을 잘 가르쳐야 한다. 최근에는 한국식당이 많아져 전반적으로 직원들의 서비스 마인드가 제법 올라갔다. 식당업 특성상 엄격한 서비스 교육이 필요하다. 허리 굽히는 데 익숙하지 않은 그들의 허리를 꺾어야 한다. 주방에서 일하는 직원들은 주방장이 장악할 수 있도록 사장이 도와줘야 한다.

자, 준비는 끝났다. 이제 음식을 팔기만 하면 된다. 문을 밀치고 들어올 첫 손님을 향해 『환잉광린(歡迎光臨·어서 오세요)!』이라고 외칠 일만 남았다.

식당사업(下)
「환잉짜이라이」

　신화사 리더안(李德安) 기자는 필자와 자주 접촉을 갖는 친구다. 신화사 도쿄 특파원을 지내기도 한 그는 같은 기자라 그런지 나와 잘 통한다. 그는 한국음식을 아주 좋아한다. 가끔 전화를 걸어 『내가 칭커(請客·손님 접대)할 테니 맛있는 한국 음식점에 데려가 달라』고 말하기도 한다. 필자는 그를 항상 새로운 한국식당으로 안내한다.

　그가 가장 좋아하는 한국음식은 갈비다. 갈비의 독특한 향이 좋단다. 상추에 먼저 고기를 얹고, 마늘에 쌈장을 듬뿍 묻혀 함께 싸먹는다. 꼭 한국사람 같다. 그는 주식으로 항상 국수전골을 시킨다.

　중국 친구들을 한국식당으로 초청해 식사를 같이하는 것은 즐거운 일이다. 그들에게 한국과 한국음식을 자랑할 절호의 기회다. 베이징 친구들은 열이면 열 모두 한국음식을 좋아한다. 처음에는 『초청자에 대한 예의겠지…』 했는데 그게 아니었다. 그들은 정말로 한국음식을 맛있게 먹는다. 필자 초청으로 한국음식을 먹었던 중국 친구를 훗날 그 식당에서 다시 만나는 경우도 있다. 『하도 맛있어서 다시 왔다』는 것이다. 그만큼 그들은 한국음식을 즐긴다.

왜 베이징 사람들은 한국음식을 좋아하는 걸까.

중국음식 조리법에는 크게 네 가지가 있다. 炒(기름에 볶는 것), 炸(기름에 튀기는 것), 煮(물에 삶는 것), 蒸(찌는 것) 등이 그것이다. 이 같은 음식을 먹어온 그들은 손님이 직접 고기를 구워먹는 우리 갈비문화가 새로운 경험이다. 처음 맛을 보고는 『아니, 이런 음식이 세상에 있었단 말인가』라며 탄성을 지른다. 갈비는 한국음식의 중국진출 1등 공신이다.

베이징에는 한국식당이 많다. 그렇다고 모두 성공하는 것은 아니다. 몇몇 주요 업소를 제외하고는 현상유지에 그치는 경우가 많다. 사업에 실패하고 문을 닫는 업체도 많다.

그들의 성패를 가른 요인은 무엇일까.

우선 식당을 찾는 손님의 패턴을 정확하게 알아야 한다. 일반적으로 한국음식점을 찾는 고객 유형은 시간이 지나면서 바뀌게 된다. 처음에는 한국인이 와서 먹고, 그 한국인이 중국인을 데리고 오고, 그 중국인이 다른 중국 친구와 함께 찾아오는 형태다. 「한국인→한국인+중국인→중국인+중국인」의 순서인 셈이다. 중국인이 알아서 찾아오는 단계에 이르렀다면 그 식당은 성공했다고 할 수 있다.

그 단계에 따라 메뉴도 달라야 한다. 한국인이 많이 오는 단계에서는 한국의 맛을 강조한 음식을, 중국인이 많이 오는 단계에서는 중국화된 음식을 손님에게 내놓아야 한다.

베이징의 한식당 서라벌은 대표적인 성공사례로 꼽히고 있다.

이 식당 손님의 80~90%는 중국인이다. 한국 상사원들은 귀한 중국 파트너라면 서라벌에서 대접한다. 중국인들도 서라벌에서 대접을 받으면 흡족해한다. 이렇게 중국인이 많이 오니까 서라벌은 중국인에 맞춘 맛을 개발하고 있다. 많은 한국인은 「서라벌의 음식이 달라졌다」고 느끼고 있다. 당연한 일이다. 마케팅 타깃이 중국인으로 바뀌었으니까 말이다.

설악산이라는 또 다른 음식점은 아예 한국인이 가면 낭패를 본다. 맛이영 아니다. 손님 대부분이 중국인인 이 식당은 불고기 소스를 중국인의 입맛에 맞게 바꿨다. 이 식당에 가서 저녁을 먹으려면 번호표를 들고 기다려야 할 때도 있다.

그런가 하면 아직 사업 초기라고 할 수 있는 한식당 「비원」은 주요 고객인 한국인의 입맛을 맞추기 위해 토속적인 맛을 강조하고 있다. 최근 베이징에 문을 연 「고려성」이라는 음식점은 주방장이 쉐라톤워커힐 출신이다. 초기에는 한국인의 입맛을 잡아야 한다는 점을 고려했을 것이다.

한국식당의 맛은 고기에서 나온다.

연하고 맛있는 고기를 어떻게 조달하느냐가 중요하다. 한국 음식점을 찾는 중국인은 대부분 불고기·등심·갈비 등을 기본으로 시키고, 낙지볶음·아구찜 등의 요리를 추가한다. 주식으로는 국수전골이나 된장찌개·냉면 등을 시킨다. 그래서 고기 맛은 곧 식당의 경쟁력이다.

서라벌 식당의 맛의 비결은 바로 이 고기에 있다. 이 식당은 베이징 근교의 축산농가와 계약을 맺고 좋은 고기만을 엄선해서 들여온다. 이 축산농가가 키우는 소(독일에서 들여온 육우종자) 중에서도 정말 부드러운 부위(어딘지는 모르겠다)를 정기적으로 비싼 가격에 사온다. 설악산·비원·아리수 등 다른 유명 식당들도 축산농가와 계약을 맺고 독일 육우 고기를 사오고 있다.

가격은 어떨까. 한국 음식점 가격은 중국음식과 비교할 때 비싼 편이다. 중국 손님을 모시기에 적합한(고급으로 분류되는) 음식점의 등심 1인분(150g) 가격은 90~100위안, 된장찌개는 40~50위안 정도다. 서울과 크게 차이 나지 않지만, 중국인 소비수준으로 보면 엄청나게 비싼 값이다. 그러기에 중국 내 한식집은 소득이 높은 사람들이 주로 모이는 곳으로 자리를 잡아야 한다.

식당 종업원들의 급여와 재료비(중국의 음식 재료 가격은 싸다) 등을 고려할 때 서울보다는 훨씬 수익이 높을 것으로 짐작된다. 식당 주인들은 항상 『뭐, 그렇지도 않습니다』라고 얘기하지만 말이다.

식당, 얼마나 전망 있는 사업일까.

중국에서의 식당사업 전망은 지역에 따라 크게 차이가 난다. 베이징의 경우 『베이징에 새로 한식집을 차리는 것은 무모한 일이다』라는 분석이 지배적이다. 너무 많기 때문이다. 차라리 아직 한국식당이 퍼지지 않은 남부지방이나 북서부지방을 노려보는 게 좋을 듯하다는 게 식당업 관계자들의 지적이다.

최근 서라벌은 산시성 시안(西安)에 한식당을 차리기도 했다. 남부지방의 경우 과연 한국음식이 그 지역 입맛에 맞을지, 어떤 메뉴를 선택해야 할지를 특별히 더 연구해야 할 것이다. 베이징의 입맛은 우리와 비슷하지만 남부지방은 기름기가 많은 음식을 선호하는 등 다소 차이가 있기 때문이다.

일부 관계자는 전문점을 노려보라고 말한다. 피자가 대표적인 예다. 베이징에 진출한 「미스터피자」의 경우 1년 반 만에 자리를 잡은 것으로 평가되고 있다. 미스터피자는 베이징에 제2호점을 낸 데 이어 제3, 4호점을 준비하고 있다.

베이징 공항에서 한식당을 경영하고 있는 김천호 사장은 새로운 한국음식문화 수출을 기획하고 있다. 서울의 제과·제빵 기술을 들여오는 것. 그는 치밀한 시장조사를 거쳐 베이커리 사업이 유망하다는 것을 감지해냈다.

중국 내 한국인 음식점은 다양하다. 한국인이 운영하는 일식집, 중국식당도 있다. 북한인이 경영하는 식당도 있고, 심지어 일본인이 경영하는 한국식당도 있다. 중국식당에서는 찾아보기 어려운 「한국식 자장면」을 특화한 식당도 성업 중이다.

그들의 서비스 목적은 하나다. 한번 다녀간 손님이 다시 찾도록 하는 것. 식당 주인은 식사 후 출구를 나서는 손님에게 『환잉짜이라이(歡迎再來·또 오세요)!』라고 외친다.

제4부

독불장군에게는 미래가 없다

삼성 오픈타이드의 중국사업 중에 솔루션 브리징(Solution Bridging)이라는 게 있다. 국내 벤처기업의 유망 기술을 발굴, 중국 진출을 지원하는 사업이다. 대기업의 마케팅 능력과 벤처기업의 독특한 기술을 결합한 아름다운 합작이다. 벤처기업은 투자위험을 줄이면서 중국에 진출할 수 있다. 벤처기업과 대기업이, 벤처기업과 벤처기업이 손을 잡고 중국으로 가야 한다. 독불장군에게는 미래가 없다…:

탄탄한 휴먼 인프라를 구축하라

베이징 구어마오(國貿) 빌딩의 SK차이나는 SK의 대 중국 진출전략을 총괄하는 중국 사령실이다. 이 사무실의 책임자는 한국인이 아닌 중국인 이다. SK가 2001년 7월 SK차이나 CEO로 임명한 씨에청(謝澄) 사장이 주 인공. 『중국인이 한국기업의 CEO로 임명됐다』고 해서 우리나라 언론에 크게 실려 화제가 되기도 했던 인물이다.

씨에 사장은 중국 IT 업계에서 명망이 높다. 그는 중국 최고 명문 공과 대학인 칭화 대학을 졸업했고, 미국 퍼듀 대학 유학 경력을 갖고 있다. 유 학생활을 마친 뒤에는 인텔 중국본부에서 부사장으로 근무해왔다. SK는 그를 헤드헌팅 회사로부터 소개받았고, 수억 원의 연봉을 제시해 스카우 트하는 데 성공했다고 한다.

SK는 엄청나게 돈을 주고 모셔온 그를 충분히 활용하고 있다. 그에게 SK의 중국전략 설계를 맡긴 것이다. 그에게는 CEO에 걸맞은 권한과 책 임이 주어졌다. 베이징의 한국 직원들을 모두 그의 지휘 아래 두었다. SK 의 중국 비즈니스 베테랑인 김상국 상무가 그 옆에서 호흡을 맞추고 있다. 씨에 사장은 지금 SK가 중국에서 어떤 사업을 벌여나가야 할지 고민하고 있다.

우리나라 기업은 중국사업 책임자로 당연히 한국인을 앉혀야 한다고 생각해왔다. 『중국인을 어떻게 믿고 사장에 앉혀』, 『중국에도 사장 맡을 인재가 있냐』, 『그들이 시장경제를 아냐』는 등의 시각이 지배적이었던 것이다. 그러기에 SK가 씨에 사장을 임명한 것은 한국기업들 사이에서 신선한 충격으로 받아들여졌다.

우리나라에 진출한 외국기업을 생각해보자. IBM, 휴렛패커드, MS 등의 한국지사를 책임지고 있는 사람은 누구인가. 한국인이다. 그들은 한국에서 잘 나간다는 인사들을 최고 책임자로 스카우트한다. 중국에서도 마찬가지다. IBM, MS 등 대부분의 선진기업은 중국사업을 현지인에게 맡긴다. 「중국시장을 가장 잘 아는 사람들은 중국인」이라는 시각에서다.

그런데 왜 우리는 중국 지점장을 꼭 한국인이 맡아야 한다고 생각하는 걸까.

중국사업에서 중요한 게 여럿 있다. 그러나 가장 중요한 것은 결국 「사람」이다. 우수한 인재 선발 및 활용에 사업의 성패가 달렸다는 얘기다. 유능한 인재를 뽑는 것은 그만큼 중요하다.

중국에서는 지금 「인재전쟁」이 벌어지고 있다. 많은 선진 외국기업은 높은 임금을 제시하며 중국 인재를 스카우트하고 있다. 인재를 외국기업에 빼앗길 것으로 우려하고 있는 중국기업들도 인재전쟁에 뛰어들고 있다. 우리도 이제는 인재확보 전쟁터에 발을 들여놓을 때가 됐다.

그렇다면 인재를 어떻게 뽑을까.

허드렛일을 시킬 사람이라면 아는 사람의 소개를 통해 알음알음으로 뽑을 수도 있다. 그러나 중책을 맡길 고급인재라면 「열린 공간」에서 선발

한경디스코 중국에 사람은 많다. 그러나 꼭 필요한 사람은 찾기 힘들다. 지난 가을 한국기업 10여 개 업체는 직접 베이징에 달려와 중국전문인력 채용에 나서기도 했다.

하는 게 좋다. 정보기술·금융·유통 등 전문가가 필요한 분야에서는 더욱 그렇다.

베이징의 경우 대학생들이 졸업을 앞둔 상반기에 고용전람회가 자주 열린다. 이 곳에 참여하면 우수한 인재를 고를 수 있다. 명문대학이 아니더라도 고급인재를 적당한 가격에 확보할 수 있는 기회가 많다. 주요 대학들이 졸업생들을 대상으로 주최하는 취업설명회에 참여하는 것도 한 가지 방법이다.

헤드헌팅 회사는 정보기술·금융 등의 경력직 사원을 뽑을 때 많이 활용된다. 이 경우 자기가 원하는 인재를 정확하게 구할 수 있다는 장점이 있으나 비용이 적지 않다. 헤드헌팅 업체들은 최소 6만 위안 이상, 연봉의 3% 정도의 소개료를 요구한다.

삼성이나 LG, 포철 등 주요 대기업들은 인재 유치를 위해 많은 돈을 투자한다. 중국 대학생들을 선발, 한국으로 유학을 보내는 것이다. 각 기업들은 조선족보다는 한족 대학생을 선호한다. 삼성의 경우 해당 한국유학 학생이 원한다면 본사 근무도 허용하고 있다. 포철은 포항공대에서 교육을 시키고 있다. 모두 인재를 「키워 활용하자」는 전략이다. SK는 중국에서 「장학퀴즈」를 열어 고급인력을 흡수하고 있다.

생산직 근로자들은 신문광고를 활용한다. 해당 지역신문에 광고를 내면 벌떼처럼 달려든다. 선전에 진출한 일부 기업은 시정부에 생산직 근로자 선발을 의뢰하고 있다. 시정부는 고용기회를 늘려주겠다는 기업을 좋아할 수밖에 없다.

이슈 추적

칭화대학의 노벨 반

인재양성은 국가적 프로젝트다. 중국은 어떻게 사람을 키울까. 베이징의 정보기술단지인 중관춘에 자리잡은 칭화(淸華) 대학에서 그 일면을 보자.

칭화 대학 물리학과의 상런청(尙仁成) 교수. 그에게는 꿈이 하나 있다. 자기가 못한 노벨상의 꿈을 후학들이 이뤄주길 바라는 소망이다. 상 교수는 지금 그의 꿈을 이뤄줄 수 있는 특이한 학과를 맡고 있다. 「노벨 반(班)」이 그것. 학과의 원래 명칭은 「기초과학반」이지만 외부에는 노벨 반으로 더 잘 알려졌다.

상 교수는 「노벨 반」의 작명 이유를 묻는 질문에 이렇게 답했다.

『학생들은 수학·물리 등 노벨상과 관련 있는 분야를 집중적으로 공부하고 있습니다. 장래 노벨상을 탈 만큼 높은 전문지식을 갖추라는 뜻이지요.』 이 학과가 생긴 것은 3년 전이다. 노벨 물리학상 수상자인 미국 국적의 중국인 양전닝(楊振寧) 박사가 『노벨상 수상자 중 중국 국적을 갖고 있는 사람이 없다』는 것을 아쉬워해 모교인 칭화 대학에 건의, 이뤄지게 됐다. 시작부터가 노벨상을 겨냥한 학

그런가 하면 톈진의 한 투자기업은 톈진 시내 주요 고등학교 5~6개와 「산학결연」을 맺고, 우수 졸업생을 입도선매해 뽑기도 한다. 졸업을 앞둔 그들을 연수생 자격으로 써본 후 뛰어난 사람을 최종 선발한다. 이 기업은 톈진의 젊은이들 사이에 최고 취업 희망 회사로 꼽히고 있다.

중국어 인재를 뽑는 데에도 전략이 필요하다. 우리나라에도 그 동안 양성된 중국어 인재가 많아 현장 비즈니스에 투입할 수 있는 재원이 풍부해졌다. 그러나 때로는 고급통역이 필요하다. 고급통역을 할 수 있는 중국어 인재를 선발해 회사 업무를 가르쳐 현장에 투입하는 게 바람직하다.

화상전화에 필요한 비(非)메모리 반도체를 생산하는 어느 회사의 이야

과였던 셈이다.

이 학과는 학생선발부터 다르다. 칭화대의 다른 학과로 입학한 학생 중 물리ㆍ수학 점수가 뛰어난 학생을 가려 새로 반을 구성했다. 일종의 「노벨상 태스크포스」인 셈이다. 생물학과에 입학한 학생이 노벨 반에서 공부하고 물리학 학사학위를 받는 식이다. 현재 학생은 3개 학년, 100여 명이 넘는다.

선발된 학생은 노벨상을 목표로 교육받고 있다. 중국의 최고 과학자들로부터 거의 개인교습을 받는 식으로 교육이 진행된다. 1~2학년은 기초과학 분야를 포괄적으로 공부한 뒤 3학년부터는 물리 또는 수학 등 한 과목을 선택, 집중적으로 공부한다.

환갑을 넘긴 노(老)교수는 카랑카랑한 목소리로 이렇게 말했다.

『중국 학생들은 논리와 수리에 밝아 잘만 지도하면 세계적인 과학자를 배출할 수 있을 겁니다. 학생들의 연구 지평을 넓히기 위해 해외 자연과학 분야 석학들과 접할 기회를 자주 줍니다. 아직 졸업생이 없지만, 졸업 학생이 원한다면 학교 주선으로 해외로 유학을 보낼 계획입니다.』

물론 노벨 반을 둔다고 노벨상을 타는 것은 아닐 것이다. 10년, 20년을 내다보고 우수학생들을 뽑아 기르는 중국인의 인재양성이 부러울 뿐이다.

기다.

이 회사는 최근 베이징에서 기술설명회를 가졌다. 엔지니어가 한국말로 하면 통역이 뜻을 중국인에게 전달하는 식이었다. 반도체 기술부문의 통역이니 오죽 어려웠겠는가. 우리말 자체도 이해하기 힘들었을 거다. 그런데 통역을 맡은 친구는 너무나 완벽하게 뜻을 전달했다. 그가 얘기할 때마다 중국인들은 고개를 끄덕였다.

회사 사장에게 통역원을 어떻게 구했는지 물었다. 통역대학원을 나왔을 거라고 생각했다. 그러나 그의 답변은 달랐다.

『통역원이 아니라 정식 직원입니다. 강원대학에 유학온 조선족을 알게 돼 3학년 때부터 장학금을 주며 키웠지요. 졸업 후 정식 직원으로 채용, 2년째 본사 영업팀에서 근무하고 있습니다. 곧 중국 지사장으로 발령낼 겁니다. 그 친구도 아주 만족하고 있습니다.』

이 회사가 중국어와 한국어를 완벽하게 구사하고, 전문기술을 겸비한 중국 인재를 두게 된 비결이다.

LG 중국법인의 노용악 부회장을 그림자처럼 수행하는 비서가 있다. 그는 중국에서 고등학교를 마치고 서울에 있는 대학에서 경영학을 공부한 조선족이다. 그를 비서로 채용한 노 부회장의 안목이 대단하다 싶었다.

국내에 유학 중인 조선족 학생은 많다. 이들은 대부분 「한국화된 조선족」이다. 그들을 찾아 나설 필요가 있다.

인재확보는 기업의 휴먼 인프라를 구축하는 작업이다. 중국 비즈니스에서도 조직적인 인재확보 전략이 요구된다.

중국에서 벤처하기(上)
전우의 시체를 넘고 넘어…

　지난 1999년 겨울 어느 날. 한 젊은이가 당시 베이징 산리툰(三里屯)에 있던 필자 사무실을 찾아왔다. 『한국 벤처기업이 중국기업과 손잡고 인터넷 홈페이지 제작 서비스를 시작한다』는 보도자료를 전하기 위해서였다. 그는 『벤처기업이 중국에 투자한다는 게 보도가 될 수 있느냐』고 조심스럽게 물어왔다. 필자가 『와이 낫(Why not)』이라고 대답했던 기억이 난다. 중국에서 처음 접한 벤처기업의 중국 투자였다. 그 회사는 지금도 베이징 창핑(昌平)이라는 곳에서 활동하고 있다.

　이 때의 투자를 시작으로 2000년 들어서면서부터 중국으로 나오는 벤처기업이 줄을 이었다. 당시 뉴욕에서 일었던 「나스닥 바람」이 코스닥을 거쳐, 「베이징의 실리콘밸리」라는 중관춘(中關村)으로 불어왔다. 마침 중국에도 나스닥의 직접적인 영향을 받아 벤처 비즈니스가 꽃피던 때였다. 필자가 〈한국경제신문〉에 「중국대륙에 인터넷 비즈니스 활화산」이라는 제목으로 장기 시리즈를 쓴 것도 한국 벤처기업의 중국에 대한 관심을 높였다. 당시 베이징으로 오는 비행기는 잡기가 어려웠을 정도였다. 2000

년 상반기 한국 벤처기업의 화두는 『벤처인이여, 중국으로 가라』였다.

그러나 하반기 들어 코스닥 거품이 빠지면서 벤처인들의 중국행도 급격히 줄었다. 테헤란밸리를 휩쓸아쳤던 중국열풍이 식어버린 것이다. 상반기 큰 뜻을 품고 베이징에 왔던 많은 벤처기업들이 하반기 들어서는 썰물처럼 빠져나갔다. 벤처인들은 역시 의사결정뿐 아니라 행동도 빨랐다.

2000년 하반기 상황은 경쟁력이 떨어지는 벤처기업을 솎아내는 계기였다. 2001년 들어 중국에는 경쟁력 있는 벤처기업만 남게 됐고, 국내에 튼튼한 기반을 둔 일부 업체들이 새로 진출했다.

『한국 벤처기업은 중국에서 성공했느냐?』는 질문을 많이 받는다. 지나치게 성급한 물음이다. 우리나라 벤처기업의 중국진출 역사가 고작 2년 정도에 불과하기 때문이다. 중국 비즈니스에서 2년이라는 기간으로 성공과 실패를 구별하려는 것 자체가 말이 안 된다.

그러나 확실하게 말할 수 있는 게 한 가지 있다. 『실패한 기업은 많다』는 점이다. 입질만 하다가 중국에서 떠난 벤처인도 있고, 시작은 했으나 뿌리를 내리지 못해 아직까지 부평초처럼 떠도는 기업도 있다. 성급한 투자로 사업을 시작했다가 실패의 고배를 마신 벤처인도 여럿 있었다.

이들은 왜 실패했을까. 그 실패 이유에 대한 분석이 향후 「중국에서 벤처하기」의 답변이 될 수 있다.

가장 큰 이유는 그들이 「IT 맹신주의」에 빠졌다는 점이다. 『우리 기술은 한국에서 최고다. 하물며 IT 후진국인 중국에서는 말할 것도 없다. 이 기술이면 중국시장 장악은 누워 떡먹기다.』 그들은 이러한 생각을 갖고 중국에 접근했다.

「기술보다는 시장」이라는 말은 IT 비즈니스에서 금지옥엽이다. 시장이 받아들이지 않는 기술은 아무리 뛰어나도 소용이 없다. 시장요구를 만족하는 기술이라야 「최고기술」인 것이다. 기술이라면 IBM, MS 등이 훨씬 뛰어나다. 이들 업체는 단지 중국의 시장상황이 따라주지 않기에 가능성 있는 분야에만 진출한다. 실패한 벤처인들 대부분은 기술에 앞서 생각해야 할 시장을 보지 못하고 중국에 온 것이다.

한 벤처기업이 2000년 상반기 중국에서 인터넷 광고사업을 시작했다. 한국에서 성공한 기술과 서비스를 갖고 들어왔지만 시장은 이를 받아들일 준비가 되어 있지 않았다. 열악한 인터넷 속도가 받쳐주지 못했기 때문이다. 이 업체의 타깃 시장이었던 젊은이들조차 인터넷 광고에 관심을 보이지 않았다. 그들에게 인터넷 광고가 무엇인지부터 가르쳐야 하는 상황에서 성공할 수 있었겠는가. 결국 회사는 몇 개월 버티지 못하고 서울로 철수했다. 아까운 달러만 고스란히 중국에 바쳤을 뿐이다.

외국진출을 노리려면 우리 회사 기술이 그 시장에 통할 것인지를 먼저 연구하고 분석해야 한다. 이 벤처기업은 중국시장 진입을 위한 구체적인 방안을 마련한 뒤 진출해야 했다.

둘째, 중국진출에 대한 확고한 비전이 없었다.

중국에서 실패한 벤처기업 중에는 투자 이유가 불순한 경우가 많았다. 경쟁이 치열한 서울에서는 아무리 봐도 새로 시작할 사업이 마땅치 않자 중국으로 「도피」한 벤처들이 그 예다. 일부 기업들은 코스닥 주가 띄우기 방편으로 중국진출을 감행했다. 「중국의 ○○업체와 협력하기로 했다」는 신문보도가 그들의 중국진출 목적이었던 것이다.

당시 벤처기업에 엄청난 투자자금이 몰려 있었다. 그 자금을 쓸 곳이 없어 중국으로 온 업체들도 있었다. 그들의 실패는 바로 투자자들의 손실로 이어졌다. 독자들은 지금 달러가 새나가는 소리를 듣고 있는 것이다.

중국사업은 회사의 명운을 걸고 달려들어야 할 사안이다. 그래도 성공

하기 어렵다. 그럼에도 적당히 한 건 해보겠다는 「한건주의」식 생각이 실
패를 자초했다.

셋째, 속도감의 차이였다.

벤처기업인들은 의사결정이 빠르다. 일단 결정되면 물불 가리지 않고
달려든다. 그게 벤처 정신이기도 하다. 그러나 중국은 그런 속도로 달려
들 지역이 아니었다. 중국 비즈니스는 최소한 2~3년 앞을 바라보고 느
긋하게 추진해야 한다. 느긋한 중국과 「빨리빨리」의 한국기업이 부딪치
면 당연히 한국기업이 깨지게 되어 있다. 파트너와의 갈등만 일으키다 사
업을 포기하는 이유는 속도감 차이 때문이다.

KTB 베이징 지사 배한석 소장은 이렇게 말한다.

『느긋해야 합니다. 지금 베이징에 남아 있는 업체들 대부분은 그런 속

IT 시장 『원하는 소프트웨어 다 있습니다.』 베이징 중관춘의 한 전자상가에 컴퓨터 소프트웨어 제품이 산더미처
럼 쌓여 있다.

도감을 갖고 사업을 하는 업체들입니다. 당장은 손해를 보더라도 미래시장을 위해 고생하겠다는 느긋함이 요구됩니다.」

넷째, 인사관리에 대한 무지다.

벤처기업 역시 중국인을 고용해 사업을 추진해야 한다. 그들은 중국에 오면 무조건 칭화(淸華) 대학 나온 사람을 찾는다. 돈만 많이 주면 고급인력을 쓸 수 있다는 오만이다. 그러나 칭화 대학을 나온 인재는 잡기도 어려울 뿐만 아니라, 고급인력을 채용한 후에도 그 인재를 어떻게 활용할지 잘 몰랐다.

중국 고급인력들은 기술에 대한 자부심이 강하다. 더군다나 이름도 들어보지 못한 한국의 한 중소기업에 대해 속으로는 우습게 보고 있을지도 모른다. 이런 그들을 「IT 연수생」 정도로 취급하니 관리가 잘 될 리 없다. 중국사정에도 밝지 않은 한국파견 직원이 자기의 입장만 강조하려 한다면 그들은 고개를 숙이지 않을 것이다.

이네트 베이징 사무소 김도완 소장은 이렇게 충고한다.

「채용을 했으면 그의 의견을 존중해주고, 권한과 책임을 줘야 합니다. 그들이 마음껏 일을 할 수 있는 터전을 만들어줘야지요. 중국 파견자들은 중국 및 중국인에 대한 이해가 필요합니다. 최소한 그들과 어울릴 수 있을 정도의 중국어 구사력과 전문지식을 갖추고 있어야 합니다.」

다섯째, 진출 분야가 잘못됐다.

중국에서 소프트웨어 분야는 파고들기 어렵다. 인터넷 서비스는 더더욱 그렇다. 소프트웨어는 그들의 문화를 반영해야 하기 때문이다. 중국업체들도 소프트웨어 분야에서 성공한 업체가 드물다. 하물며 한국기업이 그 시장에서 성공할 리 있겠는가. 지금 중국에서 그래도 성공했다고 하는 IT 업체는 모두 하드웨어 분야다. 모니터, 통신장비, 네트워크 등이 그것

차스닥이 우리에게 「대박」을?

우리나라 벤처기업들이 중국으로 오면서 자주 꺼내는 얘기가 있다. 『중국기업과 합작법인을 세워 2~3년 후 차스닥에 등록시킬 계획』이라는 게 그것이다. 차스닥은 우리나라 벤처기업에게 「중국의 노다지 밭」으로 다가왔다. 언제 설립될지도 모를 차스닥은 우리 벤처기업인에게 끊임없이 「신기루」와 같은 환상을 심어줬다. 심지어 차스닥을 팔고 다니며 투자자금을 모집하는 업체도 있었다. 서울에 사설 「차스닥 펀드」가 생겼다는 얘기도 들었다.

차스닥은 정말로 우리나라 벤처기업에게 다시 한번 「대박」의 꿈을 실현시켜줄 것인가.

중국이 차스닥을 설립하겠다고 나선 지는 꽤 오래 되었다. 지난 1999년 말쯤으로 생각한다. 뉴욕 나스닥에 이어 한국의 코스닥이 뜨고, 중국에서도 정보기술 관련 벤처기업이 등장하면서 학계 일각에서 차스닥을 개설하자는 얘기가 나왔다. 2000년 들어 「상반기에 설립된다」고 중국 언론이 다투어 보도하더니, 그 해가 다 가도록 차스닥은 개설되지 않았다. 2001년 상반기에는 틀림없이 설립된다고 하더니, 아직도 감감 무소식이다.

『개설이 된다고 하더라도 2002년 상반기는 돼야 가능하다』는 게 지금의 정설이다. 그러나 지금 그 누가 『2002년 상반기에는 뜬다』라고 자신 있게 말할 수 있겠는가.

중국은 차스닥이 늦어지는 이유에 대해 「법률작업을 검토 중」이라는 말로 답하고 있다. 그러나 실제 이유는 차스닥 개설을 서두를 필요가 없다는 판단 때문이다.

중국은 상하이와 선전에 주식시장을 운영하고 있다. 이 주식시장을 통해 기업자금을 조달하고, 시장에서 국가소유 주식을 팔아 사회복지기금 등으로 충당하려 한다.

증시는 내수부양의 주요 수단이기도 하다. 차스닥 등장은 이 시장의 위축을 불러올 수 있다는 게 중국정부의 판단이다. 증시, 내수부양, 복지정책 등이 한 번에

타격을 받을 수 있다는 우려다.

차스닥은 과연 우리에게 「대박」의 꿈을 실현시켜줄까. 현대증권 상하이 지점 조강호 소장의 얘기를 들어보자.

『외국투자 기업(외국인 지분 25% 이상)의 차스닥 등록이 허용돼야 돈을 만질 수 있을 겁니다. 중국 금융당국 관계자들은 「차스닥이 설립되면 외자기업의 등록도 인정할 것」이라고 말합니다. 그러나 말처럼 쉽지 않을 겁니다.

현행 중국 증권법에 따르면 외국기업도 기존 상하이와 선전 증시에 상장할 수 있습니다. 하지만 법은 법이고, 실제로 두 증시에 상장된 외자기업은 하나도 없습니다. 2001년 초 영국 소비재 업체인 유니레버 중국법인이 외국 투자기업으로서는 처음으로 중국 증시에 상장될 거라는 얘기가 있었습니다만 그 역시 말뿐이었습니다. 「차스닥」이라는 증시 특성상 외자기업의 등록을 용인할 수도 있습니다. 하지만 그렇다 하더라도 (외부에 보여주기 위해) 불과 몇 개를 골라 등록시키는 데 그칠 것입니다. 홍콩이나 대만 기업에게 줄 가능성이 높습니다. 너무 기대하지 않는 게 좋을 거라는 얘기입니다.

외자기업이 중국 증시에서 돈을 긁어가는 것을 중국이 용인할까요. 답은 아주 명료합니다. 돈 들어오는 문은 활짝 열어놔도 나가는 문은 꽁꽁 닫아놓는 게 중국입니다.』

중국업체에 대한 소액지분 투자로 차스닥에서 돈을 벌겠다는 생각을 할 수는 있다. 그러나 잘 나가는 중국 IT 업체들은 주가가 이미 수십 배, 수백 배 부풀어진 상태다.

또 소액지분 투자를 해도(합법적 외국 투자기업이 아닌 상태에서) 권익을 보호받을 수 있을지도 의문이다.

다만, 차스닥이 설립될 경우 중국의 정보기술 산업에 활기가 돌아 우리 IT 업체의 중국진출 기회가 더 늘어나는 간접효과는 기대할 수 있을 것이다.

주위에서 「차스닥」을 내세우며 중국에 함께 가자고 접근해오면 다시 한번 생각해보는 게 좋다.

「차스닥 대박」의 꿈은 접어야 한다는 얘기다.

이다. 최근 기지국 등 CDMA 방식의 통신설비도 유망하게 떠오르고 있다.

소프트웨어 분야에서 활동하고 있는 벤처기업으로는 전자상거래 솔루션 업체인 이네트, 바이러스 잡는 안철수연구소, 종합 소프트웨어 업체인 한컴, 메일솔루션 업체인 3R 정도다. 그러나 이들은 아직도 고전을 면치 못하고 있다. 내일을 바라보고 차분하게 시장을 공략, 착실히 뿌리를 내리고 있다는 데서 의미를 찾고 있는 중이다. 소프트웨어 분야는 더 많은 노력이 필요하다는 얘기다.

이 밖에도 여러 실패 요인이 있다. 근거 없는 정보로 벤처기업을 유혹하는 「사이비 컨설팅 업체」의 농간, 법 규정을 파악하지 못해 사업을 접어야 했던 경우, 무모한 초기 투자로 발이 묶인 사례….

많은 벤처인들이 막대한 수업료를 물고 실패의 쓴 잔을 마셔야 했다. 이제는 앞선 전우의 시체를 넘고 넘어 앞으로, 또 앞으로 전진해야 할 과제가 후배 벤처인들의 어깨에 지워졌다.

중국은 우리나라 벤처인들이 결코 도외시할 수 없는 시장이기 때문이다.

중국에서 벤처하기(下)
「독불장군」에게는 미래가 없다

지난 2000년 12월, 베이징 중관춘의 요의빈관(友誼 호텔)에서 의미 있는 행사가 열렸다. 중국에 진출한 한국의 젊은 벤처인들이 참석한 「제1회 한국 IT인(人)의 밤」이 그것. 중국 IT 업계에 진출한 벤처기업 및 대기업의 IT 관련 상사원 120여 명이 홀을 가득 메웠다. 젊은이들은 삼삼오오 테이블에 모여 얘기꽃을 피웠다. 그들은 명함을 교환하고, 자기 사업 자랑을 늘어놓느라 시간 가는 줄 몰랐다.

이 행사의 취지는 중국에 진출한 벤처인끼리 단결, 정보를 공유하는 것이었다. 한국기업끼리 제살 깎아먹기식으로 경쟁하던 기존 「굴뚝기업」들의 폐단을 막아보자는 차원이었다. 이 날 행사 이후 베이징 벤처인들은 서로 폭넓게 교류하고, 정보를 공유하고 있다. 중국에 진출한 벤처인끼리 뭉쳐 만리장성의 높은 벽을 뛰어넘어 보자는 공감대가 형성된 것이다.

중국시장에서 두각을 보이고 있는 우리나라 IT 제품은 적지 않다. 모니터는 중국시장의 절반 이상을 차지하고 있으며, 핸드폰 역시 가공할 만한 시장 파괴력을 갖고 있다. 중국은 CDMA 방식의 통신기술을 우리에게 의

존할 수밖에 없는 상황이다. 이는 곧 우리나라 벤처기업들도 효과적인 시장전략을 마련한다면 중국에서 성공할 가능성이 높다는 것을 보여준다.

벤처기업 앞에 놓인 장애를 극복하는 방안은 무엇일까.

우선 「독불장군」이 되어서는 안 된다.

벤처기업과 벤처기업이, 벤처기업과 대기업이 손을 잡고 중국시장 공략을 위한 공동전선을 구축하는 게 바람직하다. 우리 벤처기업은 영업조직이 약하고, 지명도가 높지 않기에 「나 홀로 시장공략」에 어려움이 많다. 「독불장군」에게는 미래가 없다는 얘기다. 특히 영업력과 관리 방면에서 중국 비즈니스 경험이 풍부한 대기업과의 공동전선을 구축하는 게 바람직하다.

삼성이 100% 투자한 오픈타이드는 이에 대한 실마리를 제시한다.

이 회사 영업 중에서 솔루션 브리징(Solution Bridging)이라는 사업이 있다. 중국에서 경쟁력이 있을 것으로 보이는 국내 벤처기업의 솔루션을 찾아내 그 업체와 중국시장으로 진출하는 형식이다. 말하자면 공동영업인 셈이다. 이 회사는 중국 내 영업력을 이용, 솔루션을 현지화하고 시장을 찾아 마케팅해준다. 이 때 솔루션 브랜드는 벤처기업의 원래 상품명을 그대로 쓴다. 그리고 이로 인해 발생하는 이익은 오픈타이드와 벤처기업이 공유한다.

『해당 벤처기업은 초기 투자비용을 줄이면서 중국에 진출할 수 있게 됩니다. 이후 독자적으로 중국에 진출했을 경우 마케팅에 유리합니다. 이미 자기 회사 브랜드가 시장에서 유통되고 있기 때문이지요.』

오픈타이드 베이징 법인의 남용식 부사장의 말이다.

오픈타이드는 이미 벤처기업 두 곳의 솔루션을 브리징했고, 5개 업체 솔루션을 처리 중이다. 브리징을 마친 2개 회사는 지금 단독으로 중국시

장에 진출했다. 누이 좋고 매부 좋은
협력이다.

벤처기업 간 협력 사례도 있다.

지난 2001년 1월, 국내에서 「잘 나
간다」는 인터넷 보안관련 솔루션 업
체들이 공동으로 베이징에 들어왔다.
하우리, 드림시큐리티, 한국통신인터
넷기술, 윈디시큐리티쿠퍼스, 리눅스
시큐리티 등 5개 업체가 그들이다.

이들 5개 기업은 중국에 진출하기
전 서울에서 「중국진출을 위한 컨소
시엄」을 구성했다. 그 컨소시엄이 중
국의 란싱(監星) 네트워크 테크놀로지
라는 업체와 협력계약을 체결했다.
란싱이 중국 내 영업을 맡고, 솔루션

중관춘 상징탑　　우리나라 벤처들이 「대박의
꿈」을 안고 찾았던 「베이징의 실리콘밸리」 중관춘.
중관춘 상징탑은 오늘도 유려한 몸짓으로 젊은이
들을 유혹하고 있다.

은 5개 업체가 공급한다는 조건이다. 이들 업체는 공동전선 구축으로 위
험을 분산했다. 또 보안관련 토털 솔루션을 보유, 강력한 경쟁력을 가질
수 있었다.

벤처기업에게 필요한 또 다른 사안은 시장연구다.

중국의 IT 시장이 어떻게 움직이고 있는지 정보를 꼼꼼히 챙겨야 한다.
국무원(정부) 산하기관인 중국전자정보발전연구원(CCID)이나 IDC차이나
시노트러스트 등의 시장정보를 돈을 들여서라도 사야 한다. 초보적인 시
장흐름은 꿰고 있어야 한다는 얘기다.

지금 중국 IT 시장에서는 어떤 기류가 흐르고 있는지 살펴보자.

우선 가장 눈에 띄는 게 소비의 대중화다. 불과 몇 년 전만 하더라도 컴퓨터 · 핸드폰 등은 부유층의 상징이었다. 그러나 가격인하 및 소득수준 향상으로 IT 제품이 중산층으로 확산되고 있다. 2000년 여름에 등장한 인터넷 PC가 소비 저변확대의 기폭제였다. 또 TCL, 콩카(康佳) 등 가전업체들이 컴퓨터 시장에 뛰어든 것도 컴퓨터 대중화를 앞당겼다. 도시지역 월평균 수입 1,000위안 정도의 가구 중 1년 이내에 컴퓨터를 구매할 의향이 있는 가구는 약 48.5%에 달했다. 핸드폰 사용자 중 월평균 2,000위안 이하 소득자는 77%에 달했다.

시장이 중소도시 쪽으로 급속히 확대되고 있다.

이슈 추적

톈안먼 사태의 아이러니

중국에는 「없는 게 없을 정도」로 인터넷 기술이 풍부하다. 중국어 사이트를 뒤져보면 전자상거래, 원격교육, 사이버 주식거래 등이 선진국 못지않게 많다. 중국 인터넷의 급성장 배경은 무엇일까. 취재 과정에서 『지난 1989년 6월 발생한 톈안먼(天安門) 사태가 중국 인터넷 발전의 촉매제였다』는 결론을 얻었다.

베이징 톈안먼 광장을 피로 물들게 했던 「6·4 톈안먼 사태」는 세계를 경악시켰다. 당시 레이건 행정부는 항의의 뜻으로 미국에서 공부하고 있던 5만여 명의 중국 유학생들에게 영주권을 주었다. 영주권을 받아든 중국 유학생들이 몰린 곳은 실리콘밸리. 수리에 밝은 중국인의 천부적 재질과 실리콘밸리 부상이라는 당시 상황이 맞물린 결과였던 것이다.

현재 실리콘밸리에서 일하고 있는 중국인들은 수만 명에 이르는 것으로 추산된다. 그들은 화교단체를 통해 정보를 교환하고 후진을 키운다. 1만 5,000개 첨단기업 중 14%는 중국인들이 최고경영자(CEO) 자리를 차지하고 있다. 「톈안먼

DVD의 경우 청두(成都), 우한, 시안(西安) 등 지방 거점도시의 가정 보급률은 13.6~21.5%에 달했다. 베이징, 상하이, 광저우(廣州) 등 대도시 보급률과 큰 차이가 없다. 이는 정보화가 지방 거점도시로 빠르게 확산되고 있음을 보여준다. 산업별로는 중소기업, 교육, 증권 등의 분야가 주목받고 있다. 중소기업의 경우 재무관리 분야에서 컴퓨터 수요가 늘고 있다. 교육 분야는 정부의 정보화정책 지원으로, 증권은 인터넷을 통한 사이버 주식거래가 수요 창출의 원동력이었다.

IT 시장에서도 브랜드 인지도가 최고 마케팅 수단으로 등장하고 있다. 단순히 기능만을 보고 제품을 찾는 시대는 지나가고 있다. 브랜드 이미

사태 세대」가 뿌린 씨앗이 지금 실리콘밸리에서 꽃을 피우고 있는 것이다.

이제 톈안먼 사태로 고국을 등졌던 그들이 돌아오고 있다. 빈손으로 떠났던 그들이었지만 귀국길에는 첨단기술과 돈가방을 들고 온다. 그들은 중국에 벤처업체를 설립하고, 또는 벤처투자 펀드를 만들어 중국 내 유망 벤처기업인을 발굴하고 있다. 이들의 귀국에는 물론 엄청난 잠재력을 가진 중국 인터넷 시장을 공략하겠다는 뜻도 있다.

실리콘밸리의 인터넷 서비스 제공업체인 GRIC의 천훙 사장도 그 중 한 명. 지난 1991년 뉴욕 주립대학에서 박사학위를 받은 그는 중국 국영 통신업체인 중국전신(中國電信)과 손잡고 인터넷 사업에 열중하고 있으며 베이징, 상하이, 톈진, 시안 등 시정부 기술고문으로 있다.

중국이 이 같은 움직임을 놓칠 리 없다. 베이징 시정부는 중관춘에 「화교인재유치센터」를 개설, 해외 유학생들의 중국진출을 돕고 있다. 실리콘밸리에서 활약하고 있는 중국인들을 국내로 끌어들이고, 중국 벤처기업과 실리콘밸리 화교를 연결하는 기술 · 자본 · 인력 네트워크를 구성하겠다는 게 목표다.

우리는 지금 중국경제를 3년여 동안 후퇴시킨 톈안먼 사태가 21세기 중국 발전의 견인차로 등장하는 「역사의 아이러니」를 보고 있다.

지, 부가 서비스, 디자인 등이 어우러져야 잘 팔린다. 특히 PC, 핸드폰, DVD 등의 제품은 브랜드 이미지가 가장 큰 구매요인으로 조사됐다. 이는 신규업체가 정보기기 시장에 진입하기 어렵다는 것을 의미한다. 상품 재선택 비율(다시 제품을 살 경우 현재 브랜드를 다시 사용하는 비율)을 제품별로 보면 가정용 데스크탑 PC 74.2%, 노트북 PC 39.1%, 핸드폰 43.7% 등으로 나타났다.

가격경쟁이 심화되고 있다.

컴퓨터, 모니터, 통신기기, 소프트웨어 등 거의 모든 IT 분야에서 가격경쟁이 점점 치열해지고 있다. 소프트웨어도 마찬가지다. 컴퓨터 관련시장의 경우 이 같은 가격전쟁 영향으로 지난 2000년 판매량은 30% 이상 증가했으나 판매액은 10% 증가에 머물렀다.

중국 IT 시장에는 고질적인 문제점도 많다.

고가제품과 저가제품으로 양분돼 있어 시장 확대에 한계가 있다. 많은 정보기기들은 중산층 소비자들이 구입하기에는 아직도 부담되는 가격이다. 또 광고수단이 전통매체에 한정돼 있어 소비자가 정보를 구하기가 쉽지 않다. 일부 메이커나 유통업자들은 소비자를 끌어들이기 위해 가격 또는 품질경쟁보다는 상품권 추첨, 경품증정 등에 의존하고 있다.

중국 IT 시장이 어느 정도 확대되고 있는지는 중요하지 않다. 중요한 것은 내가 비집고 들어갈 틈새가 어디 있는지를 파악하는 것이다. 거기에 중국 IT 비즈니스의 성패가 달려 있다.

우리나라 벤처인들은 틈새시장 찾는 데 이골이 난 사람들이다. 못 할 게 없다. 자신감을 갖자.

접대에 흔들리지 마라

많은 기업인들이 오늘도 중국으로, 또 중국으로 간다. 그들이 가장 먼저 하는 일은 사람을 찾는 일이다. 아는 사람을 만나 또 다른 사람을 소개받고, 그를 만나 또다시 사람을 찾는 일이 반복된다. 만나는 사람도 각양각색이다. 기업인, 정부관리, 교수, 유통업자…. 이러한 과정을 통해 기업인은 파트너를 구하게 되고, 비즈니스를 시작한다.

중국 비즈니스를 막 시작하려는 기업인들은 중국인들의 「융숭한 대접」에 놀라게 된다. 격식 있는 호텔, 산해진미의 중국 음식, 고급 승용차, 고위급 인사와의 만남 주선 등 특사대접을 받는 경우가 많다. 또 그들은 재미있는 말로 맞장구를 쳐준다. 두번째 만날 때부터는 라오펑요우(老朋友·오래 된 친구)라고 호들갑을 떨어댄다.

이 정도의 대접을 받게 되면 우리나라 비즈니스맨들은 「저들이 우리 사업에 열정적으로 나오는구나」라는 감을 갖기 쉽다. 「대접을 받은 이상 무엇인가를 해줘야 한다」는 막연한 심리적 부담감을 갖기도 한다. 그들과 술을 마시면서 『우리와 같이 일을 하면 ○○을 해주겠다』라고 호기를 부리는 것도 이 때쯤이다.

비즈니스맨뿐만 아니다. 관리나 정치인들 역시 중국에서 호화로운 대접을 받는다. 지금은 많이 사라졌지만 일부 관리들은 경찰 사이드카의 호위를 받기도 한다. 특히 지방도시에 가면 그런 의전(儀典)을 많이 받는다. 그럴 때 사람들이 『아직까지는 대한민국을 높게 쳐주는구만』 하면서 자부심도 가질 만하다. 그러나 이 단계에서 내린 판단은 그릇되기가 쉽다. 그들의 융숭한 대접에 현혹됐을 가능성이 높기 때문이다. 비즈니스 결정에서 대접은 고려의 대상이 돼서는 안 된다는 얘기다.

사례를 들어보자.

서울 P업체는 플라스틱용품을 생산하는 중견기업이다. 이 회사 사장은 산시성 타이위안(太原)에 합작사 건립을 추진하면서 초기 파트너의 융숭한 대접에 감동했다. 산시성 성장과 타이위안 시장이 호텔로 찾아와 인사를 했을 정도니까 말이다. 이후 합작계약은 일사천리로 진행됐다. P업체 사장은 든든한 배경을 갖게 됐다고 나름대로 생각했다.

그러나 합작계약 과정에서 일이 너무 빠르게 진행되다 보니 간과한 게 많았던 모양이다. 자본금을 넣자마자 문제가 생겼다. 공장건립에 나섰는데 당초 아무 얘기가 없던 중국측 파트너 쪽에서 각종 요구조건을 새로 들고 나왔다. 중국측은 합작계약서를 내밀며 요구조건을 이행하라고 밀어붙였다. P업체 사장은 『돈을 넣자마자 중국측 합작 파트너의 얼굴이 달라졌다』고 말했다.

다른 얘기다.

필자가 아는 한 중국기업인은 한국기업에 좋지 않은 감정을 갖고 있었다. 이유를 물었더니 『중국에서는 금방 투자할 것처럼 떠들고는 서울로 돌아가서는 아무런 액션이 없다』는 것이었다. 얘기를 들어보니 원인은 바로 접대 때문이었다.

상대방(한국인)은 대접에 정신을 잃어 『서울로 돌아가 구체적인 사업계획서를 보내겠다』고 약속했다. 그러나 서울로 돌아간 그는 이것저것 따져보고는 「안 되는 사업」이라고 결론을 내리고 포기한 것이다. 대접에 현혹돼 공수표를 남발한 것이다. 이 같은 사례는 지금은 많이 줄었지만 아직도 번번이 일어나고 있다. 한국기업인에 대한 이미지를 흐려놓는 「미꾸라지」 같은 사람들이다.

우리는 중국인들의 대접문화를 알아야 한다. 그들은 의전이라면 전문가다. 세계에서 의전이 가장 강한 나라를 꼽으라면 중국은 영국 다음이라고 한다. 중국은 수천 년 동안 조공을 바치러 온 사신들을 격에 맞게 모신 전통이 있는 나라다. 내 집에 찾아온 손님은 잘 모셔야 한다는 게 그들의 문화다. 환대에 감사를 표해야겠지만 그것에 대해 감동할 필요는 없다는 뜻이다. 환대는 돈을 겨냥한 것이다. 지나칠 정도의 환대를 받았다고 판단되면, 이는 개인에 대한 접대가 아닌 돈에 대한 환대라고 여기면 된다.

한국인이 중국인의 관시를 파고들기는 쉽지 않다. 중국인과 몇 번 만나 술 마시고, 가라오케에 갔다고 해서 「관시를 텄다」라고 생각한다면 오산이다. 「돈을 향한 의전」을 관시로 오해하면 탈이 날 수 있다는 얘기다.

중국인과의 비즈니스 초기에 환대와 함께 속기 쉬운 게 또 있다. 바로 중국인의 「하오하오(好好)」 상술이다.

중국인은 흔히 겉과 속이 아주 다르다고 한다. 꿍꿍이속을 알기 어렵다는 얘기다. 그런 속성이 그대로 비즈니스에 나타난 것이 바로 「하오하오」 상술이다.

중국 비즈니스맨들은 상담회·교역회 등에 참가한 상품을 보며 정말 좋다라는 뜻의 말인 「하오하오」를 연발한다. 「최고, 최고」라며 엄지손가

중국 집값은 얼마나 하나요?

중국에 발령받은 직장인, 중국으로 거점을 옮기는 사업가들은 「어디서 살아야할지」 걱정한다. 중국에서 집 구하는 방법을 알아보자.

베이징에서 외국인은 거주지역 제한을 받는다. 외국인이 살도록 허용된 아파트 또는 주택에서만 살아야 한다. 중국은 외국인 거주제한을 「안전상의 이유」라고 한다. 그런데 외국인 거주용 주택은 내국인용에 비해 엄청나게 비싸다. 매달 1,500~3,000달러를 방세로 내면서 「뭔가 속고 있는 것 같다」라는 생각을 하게 된다.

그러나 법은 법이고, 현실은 다르다. 많은 한국인들은 외국인 거주가 허가되지 않은 싼 아파트에서 살고 있다. 경찰 단속이 가끔 있어 이런 아파트에 사는 사람들을 긴장시키기도 한다. 걸리면 벌금을 물게 되고, 심한 경우 이사를 강요당하기도 한다.

남부지역으로 내려갈수록 외국인 거주지역 제한이 느슨하다. 상하이에는 제한이 있지만 단속이 그리 심하지 않다.

광저우로 가면 규제가 더 약해 거의 느낄 수 없다. 경제특구 선전의 경우에는 중국인과 외국인이 한 아파트에서 같이 산다.

외국인은 주택을 임대하기도 하고, 매입할 수도 있다. 임대는 일반적으로 월세로 값을 지불한다. 매입이란 해당 부동산을 70년 동안 사용할 수 있는 사용권을 사는 것이다.

매입자에게는 외국인 명의로 등기가 나와 소유권을 인정받는다. 중국에 체류하지 않는 한국인도 여권만 있으면 매입이 가능하다.

가격은 천차만별이다. 베이징을 기준으로 가격을 알아보자. 전반적으로 부동산 가격은 베이징과 상하이가 비슷하고, 광저우는 많이 떨어지는 수준이다.

주택 임대료(월세)를 알아보자.

기업 지사장급 인사들이 많이 살고 있는 비교적 고급스런 징위앤(景園)아파트의 경우 164~328m²(1m²=1/3.3평) 크기가 1,800~4,000달러 정도 한다. 일반 주재원들이 많이 살고 있는 야윈춘(亞運村)의 휘이위엔(匯園)아파트는 108~156m² 크기에 5,000~7,000위안선. 조금 오래 된 아파트인 청스(城市) 광장은 106~160m²가 5,000~1만 위안으로 비교적 싸다.

중국인 전용 아파트이지만 가격이 싼 왕징(望京)의 신성아파트에도 한국인이 많이 산다. 주로 개인사업자들이 많이 사는데, 가끔 중국경찰의 단속을 받는다. 아파트 시세는 98~167m²가 4,300~5,500위안 정도. 잘 고르면 방 두 개짜리를 3,000위안에 임대할 수도 있다.

중국 임대주택은 일반적으로 TV, 냉장고, 소파 등의 용품을 구비하고 있다. 서울에서 이사올 때 이런 점을 감안해 이삿짐을 싸야 한다. 외국인이 거주할 수 있는 아파트의 경우 서울 아파트에 비해 손색이 없다.

장기적으로 중국에 체류하면서 사업을 하겠다면 집을 사는 것도 방법이다. 일부 기업들은 직원들 사택용으로 주택을 매입하기도 한다. 이 경우 물론 외국인 거주가 허용된 아파트(주택)만 살 수 있다.

아파트 가격은 m²당 조건에 따라 1,000~2,000달러에 형성된다. 네 식구가 살기에 무난한 35평짜리(115m²) 아파트라면 우리 돈 2억 원 정도는 생각해야 한다.

매입한 주택으로 임대사업을 할 수도 있다. 그럴 경우 정식으로 임대업 등록을 해야 한다. 물론 세금도 내야 한다. 현재 임대업 소득세는 12%. 그러나 현실적으로 등록을 하지 않고 임대업을 하는 사람도 많다. 엄격히 말하면 불법이라 권장할 바는 못 된다.

베이징의 부동산 컨설팅 업체인 한길투자자문의 서길수 사장은 『중국에서의 아파트 임대업은 단순 수치로만 비교하면 한국보다 더 이익이 많이 난다』면서도 『그러나 비용으로 이것저것을 빼고 나면 남는 게 별로 없다』라고 말한다.

오피스 빌딩은 일반적으로 임대해 사용한다. 중국 부동산 개발업자들은 사무실을 방별로 팔지 않기 때문에 매매는 이뤄지지 않고 있다. 가격은 지역에 따라, 같은 지역이라도 입지 조건에 따라, 건물주에 따라 천차만별이다. 베이징 시내에서 한국인들이 사용할 수 있는 오피스 빌딩의 경우 m²당 하루 5~15위안(775~2,325원) 정도 생각하면 된다.

락도 추켜세운다. 과연 그럴까.

광저우에서 있었던 일이다. 국내 한 시스템 통합(SI)업체는 광저우 시정부의 철도자동통제 시스템 입찰에 참여했다. 중국 관리들을 대상으로 프리젠테이션을 했는데 반응이 대단했다. 최고라는 찬사까지 쏟아졌다. 관계자는 『다 된 것과 다름없다』고 회사에 보고까지 했다. 그러나 결과는 탈락이었다. 대신 다른 회사가 그 공사를 차지했다.

그 회사는 얼마 후 베이징에서 웹 컨설팅 관련 프로젝트 입찰에 참여했다. 물론 입찰 제안서를 통해 사업개요를 미리 알려줬다. 역시 프리젠테이션을 했다. 그런데 반응이 시원치 않았다. 참석한 중국인들이 자꾸 흠을 잡는 것이었다. 그러고는 『가격이 너무 비싸다』고 불평했다. 관계자는 『또 틀렸구나』라고 단념했다. 그러나 결과는 입찰 성공이었다. 행사가 끝난 후 발주처에서 다시 한번 협상해보자고 연락이 온 것이다.

중국인은 자기가 살 물건이 아니면 『좋아좋아』라고 말해준다. 어차피 자기와는 상관 없으니 말이다. 그들은 천성적으로 상대에게 좋은 말만 하는 민족인지도 모른다. 그래서 일부 상사원들은 『중국인이 「좋다」라고 말하는 것은 「×같다」라고 말하는 것과 같다』라고까지 얘기한다.

중국인들은 그러나 자기가 사겠다고 생각하는 물건이라면 관심 없는 척한다. 깎아야 하니까 그렇다. 트집을 잡아서라도 가격을 깎고, 같은 가격이라도 더 많은 것을 따내기 위해 흠을 잡는 것이다. 이런 현상은 상품을 사고 팔 때, 입찰에 나설 때, 서비스 경쟁을 벌일 때 자주 나타난다.

필자가 아는 중국기업인들은 돈에 관한 한 매우 냉정하다. 그러므로 이런 사람들과 상대해야 하는 우리 기업인들에게는 냉철한 판단이 요구된다. 환대에 현혹될 필요도, 그들의 칭찬에 부화뇌동할 이유도 없다.

부자들의 주머니를 노려라(上)
리치 마케팅

베이징 주변에는 골프장이 제법 많다. 필자가 아는 곳만 해도 열 군데 가 넘는다. 2008년 베이징 올림픽 이전에 추가로 열여섯 개 정도를 더 만든단다. 그 때쯤이면 베이징은 골프 천국이 될 듯싶다. 베이징뿐만 아니다. 광둥(廣東)성, 상하이, 다롄(大連), 칭다오(靑島), 쿤밍(昆明) 등에도 유명한 골프장이 많이 있고, 다른 지방에도 속속 건설되고 있다.

골프장이 많이 생긴다는 것은 곧 골퍼가 늘고 있다는 얘기다. 그만큼 골프를 칠 부(富)를 쌓은 중국인들이 많아지고 있다는 증거이기도 하다. 중국 부자들이 여가, 취미생활에 눈을 돌리기 시작했다는 얘기도 된다. 불과 몇 년 전까지만 해도 베이징의 골프장에는 일본, 한국, 홍콩, 서방인 등 외국인이 절대적으로 많았다. 그러나 지금은 다르다. 중국인이 훨씬 많아졌다.

골프장 얘기를 꺼낸 것은 부자들을 상대로 한 비즈니스를 살펴보기 위함이다. 이를 「하이엔드 마케팅」, 「리치 마케팅」 또는 「탑 마케팅」이라고도 한다. 고품질 제품으로 고가시장에서 승부를 걸어보자는 게 핵심이다.

베이징 골프장에서 지금 가장 인기 있는 골프웨어는 「울시(Wolsey)」다. 영국 브랜드인 울시의 중국 판권을 갖고 있는 우리나라 하이파이브가 만든 옷이다. 울시는 주로 베이징의 최고급 호텔이나 고급백화점 매장에서만 판매된다. 가격은 다른 제품과 비교가 안 될 정도로 비싸다. 그런데도 없어서 못 팔 정도로 잘 나간다.

이 회사의 중국사업 책임자인 배영윤 베이징 지점장은 『해병대 군기가 녹슬었다』고 한탄하는 자칭 귀신 잡는 해병대 출신이다. 그의 얘기를 들어보자.

『처음 허허벌판 중국에 와 상품을 어떻게 팔까 고민했습니다. 중국 여러 곳을 다니며 시장조사를 해보고 의류시장의 특성을 연구했지요. 그래서 얻은 결론이 「돈 있고 힘 있는 사람들이 입는 옷」이라는 이미지를 굳혀야 한다는 것이었습니다. 어차피 골프웨어는 돈 있는 놈들이 입을 테니까 말입니다. 고관대작에게 선물로 뿌렸습니다. 일류 호텔 매장이나 백화점에서 고가 가격표를 달아놓고 팔았습니다. 이미지 관리였지요. 의류업체라면 누구나 하는 잡지광고도 하지 않았습니다. 일반인을 상대로 한 장사가 아니라는 판단에서지요. 대신 한 번 옷을 사간 기존 고객에게 꾸준히 신제품 카탈로그를 보내주는 방식으로 마케팅을 하고 있습니다. 부자들을 점 조직으로 엮었다고나 할까요.』

그의 전략은 성공했다. 「울시는 고위층 사람들이 입는 고급 브랜드」라는 인지도가 굳어졌고, 『울시 정도는 입어야 골프장에서 폼낼 수 있다』라는 말이 나오고 있다. 중국 부자들의 허영심을 교묘히 이용한 것이다.

또 다른 사례다.

최근 베이징에 「이가자미용실」이 생겼다. 서울에서도 고급 미용실인 이가자의 베이징 미용실은 중국 일반 미장원에 비해 가격이 2~3배 정도 비싸다.

베이징의 골목골목 흔한 게 미용실이다. 길거리에 우리 돈 500원만 주면 쓱싹 머리를 잘라주는 「거리의 이발사」도 흔히 볼 수 있다. 그런 베이징에 와서 아무리 서비스가 좋다기로서니 값을 두 배나 주고 미용실에 갈 사람이 있을까. 그런데 아주 잘 된다. 처음에는 대사관 직원 부인, 상사원 부인 등 우리나라 부인들께서 오시더니 요즘에는 중국인들이 더 많단다. 아름다움을 추구하려는 여성들의 욕망은 어느 나라나 마찬가지인가보다.

중국에서 성공한 우리나라 제품 브랜드를 다시 한번 꼽아보자. 삼성 애니콜, 농심 신라면, 오리온 초코파이, LG에어컨, 서라벌(음식점)…. 이들에게는 공통점이 있다. 바로 고가전략을 썼다는 거다.

삼성 애니콜은 다른 핸드폰보다 두 배 정도 비싼데도 물건이 딸릴 정도로 잘 팔린다. 젊은이들이 제일 갖고 싶어하는 핸드폰이다. 농심 라면 역시 중국 라면보다 1.5배나 비싸다. 서라벌 음식점 가격은 이미 국내 식당 가격보다 높아졌다고 할 만큼 비싼데도 자리가 없을 정도로 성황이다. 『중국의 귀한 손님을 접대하려면 서라벌로 가라』라는 말이 나올 정도다. 제일모직의 갤럭시 신사복은 한 벌에 2,000위안에 팔리고 있다. 어지간한 노동자의 한 달 월급에 해당한다. 그런데도 팔린다.

왜 리치 마케팅인가.

적당한 수준의 품질을 갖춘 중저가 상품시장에서는 우리가 먹을 떡이 없기 때문이다. 이 시장은 너무나 많은 중국기업들이 피 터지게 싸우고 있는 곳이다. 이들 간에 벌어지는 치열한 가격경쟁으로 우리 기업이 발붙일 틈도 없다. 게다가 고소득층을 조금만 벗어나도 중국인들의 구매력은 형편없이 떨어진다.

중국에는 잘 되는 가격대가 있다. 아주 비싸거나(최고급 품질) 아주 싸구려(적당한 품질)라야 성공한다. 그만큼 중간소득 계층의 폭이 얇고, 빈부격차가 심하다는 얘기다. 베이징 식당을 가만히 보면 금방 안다. 손님이 많이 드는 식당은 한 끼에 150위안짜리 고급 식당, 아니면 10위안짜리 싸구려 식당이다. 우리나라 기업이 중국에서 10위안짜리 점심을 팔아서 언제 돈 벌고, 언제 성공하겠는가.

한때 남대문 의류가 중국에 와서 히트친 적이 있다. 그런데 지금은 흔적도 없이 사라졌다. 남대문 브랜드는 한국상품 이미지만 버려놓고 말았다. 적당한 품질로 적당한 가격대 시장을 공략하려는 생각 자체가 이제는 성립되지 않는다. 싸구려는 중국에도 얼마든지 있는데, 중국인이 굳이 남대문 옷을 입을 이유가 없는 것이다. 게다가 중국인은 얼핏 보기에 한국인과 체형이 비슷하지만 디자이너 기준으로 보면 엄청나게 차이가 난다.

Biz 포인트

과실(果實)송금 문제 없나요?

우리나라 기업들이 중국 비즈니스를 시작하면서 가장 관심을 갖는 게 있다. 『중국에서 번 돈을 국내로 가져올 수 있느냐』는 게 그것이다. 한때 중국의 과실송금에 문제가 많다는 얘기가 있었기에 회자되는 질문이다. 과연 그럴까.

결론부터 말하면 전혀 문제될 게 없다. 지금도 많은 한국기업들이 중국에서 돈을 벌어 한국으로 송금하고 있다. 물론 세금·공과금 등을 다 내야 가능하다. 베이징의 한식당인 서라벌은 IMF 때 달러를 많이 벌어들였다는 공로로 대통령상을 받기도 했다. 그 과정을 보자.

우선 이익이 발생하면 세무당국에 기업소득세(법인세)를 내야 한다. 세후 소득이 발생하면 가장 먼저 전년도 손실을 보전해야 한다. 또 각종 벌금과 위약금을 모두 내야 하고, 회사 준비금(세후 수익의 10% 이상), 종업원 장려금(이사회 결리치 마케팅은 우리가 추구해야 하는 21세기 중국전략과도 맞아떨어진다. 중국시장에서 「한국제품은 비싸지만 좋다」는 이미지가 정착된다면 우리나라의 중국 비즈니스 전략은 성공한 것과 다름없다. 모든 제품군에서 중국보다 한 발 앞선 품질과 서비스를 제공하고, 그것을 무기로 고가 전략을 추구해야 한다. 그러기에 더더욱 기술개발이 중요한 거다. 그런 노력이 없다면 우리 상품이 중국에 설 땅은 없다. 싸구려는 중국에도 얼마든지 있다는 것을 명심해야 한다.

중국 공산당은 『자산가 계층도 이제 당원으로 끌어들이겠다』고 선언했다. 그렇게 되면 중국 부자들은 사회 전면으로 나서 더 왕성하게 활동할 것이다. 바로 그들을 노린 마케팅을 연구할 필요가 있다.

정) 등을 남겨놓아야 한다. 이런 돈을 제외하고 남은 돈은 한국으로 송금할 수 있다. 물론 이사회의 과실배당 결정이 있어야 한다.

은행에서 송금신청을 할 때 필요한 서류로는 △이사회 배당 결의서, △기금적립 및 배상금 지급 증명, △회계사무소의 회계심사 보고서, △세무국 면세증명서(면세 혜택의 경우), △영업허가증 등이다. 은행에 비치된 신청서를 작성하면 된다.

은행은 이를 확인한 후 신청자의 계좌에서 자금을 이체시킨다. 계좌가 런민삐(人民幣) 계좌라면 달러로 환전해서 보내준다. 일반적으로 미국 또는 홍콩의 은행을 경유해 한국 은행으로 가게 된다. 열흘 정도면 중국에서 번 돈이 서울 계좌로 입금된다.

베이징의 중소 투자업체인 삼성플라스틱(삼성계열사 아님)의 이영섭 차장은 『벌써 3년째 큰돈은 아니지만 서울로 보내고 있다』며 『과실송금은 문제될 게 없다』고 한다. 톈진의 삼성SDI도 2000년에 많은 돈(회사측에서는 금액 공개를 꺼린다)을 보냈다.

돈을 벌지 못해 못 보내는 것이지, 돈 보낼 방법이 막혀 못 보내는 것은 아니다.

부자들의 주머니를 노려라(下)
포천 클럽

이사를 위해 아내와 함께 아파트를 보러 다닐 때의 일이다. 베이징 거주 외국기자들은 외국인 거주가 허용된 아파트에서만 살아야 한다. 그렇지 않으면 거류증 연장에 어려움이 따른다. 중국은 이를 「안전을 위한 불가피한 조치」라고 설명한다. 외국 특파원들을 감시의 눈 아래 두자는 속뜻이 있을지 모른다. 외국인 전용 아파트는 시설이 좋긴 하지만 가격이 엄청나게 비싸다. 4인 가족이 살 만한 집이다 싶으면 한 달 임대료가 1,500~2,500달러까지 한다.

그 날 부동산 중개업자의 소개로 시내 한 아파트를 골랐다. 그 아파트 주인은 중국인 여성 리(李 · 53) 아무개였고, 그와 대화를 나눌 기회를 가졌다.

그는 외국인이 살 수 있는 고급 아파트를 세 채나 소유하고 있다고 했다. 그가 알려준 매입 가격을 한국 돈으로 환산하니 각각 2억 원이 넘었다. 놀라운 것은 임대수입만 한 달에 약 7,000달러나 된다는 것이다.

그는, 카를 마르크스가 타도 대상으로 지목한 전형적인 자본가 계급

「반동분자」였다. 그런 그가 사회주의 나라 중국에서 필자에게 돈 번 이야기를 해주고 있다.

『오빠가 지난 1980년대 초 회사 일로 싱가포르에 주재했습니다. 오빠는 매달 달러를 보내왔고, 개혁개방 초기였던 당시 달러는 커다란 위력을 발휘했지요. 달러를 모아 무역업에 손을 댔습니다. 그 사업에 광산개발 관련 국유기업을 끌어들였지요. 싸게 원자재를 사서 적당히 가공, 수출했습니다. 돈이 눈덩이처럼 불어나더군요. 그 돈 일부로 아파트를 사뒀던 겁니다. 지금 다른 사업은 하지 않고 있습니다. 이렇게 아파트를 빌려주고, 아파트에 하자 있으면 고쳐주는 게 일입니다.』

그의 손가락에는 금딱지가 더덕더덕 붙어 있었다.

리 아무개의 얘기는 중국에 「자산가 계급」이 형성되고 있음을 단적으로 보여준다. 지난 20여 년 동안 추진된 개혁개방 정책의 부산물이다. 중국은 이들을 「富人俱樂部(부자집단)」이라고 일컫는다. 미국식으로 옮기자면 「포천 클럽(Fortune Club)」 정도가 되겠다.

거대한 부(富)를 움켜쥔 이들은 중국 소비시장에서 무시 못할 존재로 등장했다. 또 주식 · 채권 · 부동산 등의 분야에서 투자자로 활약하고 있다. 이쯤 되자 중국 학계에서도 포천 클럽에 대한 연구작업이 한창이다.

중국 부유층의 실태를 보자.

중국에서 부유층 분석의 가장 객관적인 통계는 은행 예금이다. 현재 20%의 고소득층이 전체 은행예금의 80%를 차지하고 있다. 또 상위 5%가 절반 이상의 예금을 소유한다. 전문가들은 이들 5%를 특수 부유층, 20%를 광의의 부유층으로 분류하고 있다.

중국 〈광명일보(光明日報)〉는 전체 인구의 3.5%에 해당하는 약 4,500만 명을 포천 클럽으로 분류했다. 이들의 연평균 가구소득은 5만 6,520위안.

1인당 연평균 가처분소득은 1만 8,440위안에 달한다. 도시인구의 약 10%가 여기에 해당하고 있다. 이들의 총구매력은 8,400억 위안으로 중국 전체 구매력 5조 위안의 17%에 해당한다.

중국 국가통계국은 가구소득으로 부유층을 분석한다. 통계국이 2000년 7월 베이징, 상하이 등 전국 주요 10개 성(省)의 10만 가구를 대상으로 조사한 「고소득층 실태」에 따르면 상위 10%는 연간 3만 위안 이상의 가구소득을 올리고 있다. 그 중 1% 부유층의 연평균 가구소득은 200만 위안을 넘고 있는 것으로 조사됐다.

그들은 누구인가.

그들의 직업은 크게 10여 개로 나뉜다. 첫 그룹은 사영기업 소유자로 이 가운데 자산규모 100억 위안을 초과하는 거부가 적지 않다. 금융기관

귀족 학교

베이징 교외에 수런(樹人)이라는 사립 중·고등학교가 있다. 금요일 오후 이 학교 정문은 자동차로 항상 북새통을 이룬다. 자녀들을 데리러 온 차량들이다. 그런데 차종이 심상치 않다. 벤츠, 도요타, GM 등 중국에서 부유층만 탄다는 고급차량 일색이다. 학생들이 대단한 부잣집 자녀라는 것을 금방 알 수 있다.

이 학교 고등 과정의 학비는 학기당 약 3만 위안. 일반 샐러리맨이 1년을 꼬박 저금해도 모으기 어려운 액수다. 일반 고등학교의 학비가 800위안에 불과하다는 것을 감안하면 어마어마한 금액이다. 그럼에도 이 학교에 들어오려는 학생들이 줄을 섰다.

수런학교는 중국에서 빠르게 확산되고 있는 민반(民辦·사립)학교의 전형이다. 일각에서는 특수 귀족층 자녀들만이 다닐 수 있는 학교라고 해서 이를 「귀족

종사자 및 부동산개발 사업 분야에서도 연 소득 100만 위안을 넘는 고소득층이 즐비하다. 외국기업 및 국제기관 등에서 일하는 고급관리자, 정보기술 업계에서 일하는 기술인력 등도 부유층 대열에 속한다.

변호사·의사·경제학자 등 전문직, 연예계 및 스포츠, 예술 등의 방면에서 성공한 스타들도 적지 않게 돈을 벌고 있다. 검은 돈을 챙기는 일부 부패 공무원 및 국유기업 관리자들 역시 무시할 수 없는 고소득자들이다.

부(富)의 형성 과정을 보자.

제1단계는 1980년대 초부터 1980년대 말에 해당한다. 개혁개방 초기 단계로 「원시자본」으로 설립된 거티후(個體戶·소규모 자영업체)가 부의 원천이었다.

제2단계는 1980년대 말에서 1990년대 초까지의 과정이다. 당시 정부의

학교(貴族學校)」라고도 부른다. 중국 전역에 약 1,200여 개가 운영되고 있다. 부자들이 많은 광둥성에 특히 많다. 학생들은 주로 성공한 기업가 및 당 고위간부 자녀들이다.

귀족학교가 처음 등장한 것은 지난 1992년. 급속한 경제성장으로 부자들이 탄생하던 시기였다. 중국 부자들은 착실하게 벌기보다는 혼란기를 틈타 떼돈을 번 「졸부」가 대부분이었다. 그들은 자녀 일이라면 돈을 아끼지 않는다.

일부 당 고급간부들은 자녀를 남들과는 다르게 키워야 한다고 생각한다. 중국을 경영하고 있다는 특권의식 때문이다. 부정부패를 통해 돈을 손에 쥔 고급관리 자녀들도 귀족학교를 찾는다.

여기에 지나칠 정도로 강한 중국인의 자식사랑이 「귀족학교 사업」을 활황으로 이끌고 있다. 중국 아이들은 「한 자녀 갖기 정책」으로 가정에서 소황제(小皇帝) 대우를 받으며 자라고 있다. 이런 환경에서 자란 어린이들은 나밖에 모르는 이기주의 성향을 보인다고 사회학자들은 우려하고 있다. 『중국 부자들은 필요하다고 생각하는 곳이라면 돈을 아끼지 않는다.』

화장품 코너 베이징 엔샤(燕莎) 백화점 1층의 화장품 코너. 세계 명품 브랜드들이 총출동, 여심을 유혹하고 있다. 중국 소비자들은 제품만 좋다면 지갑을 열 준비가 되어 있다.

원자재 유통 자유화 정책에 따라 강철·목재·토지 등을 취급한 사영기업이 떼돈을 벌었다. 아파트 주인 리씨도 이 정책을 배경으로 돈을 모은 것으로 보인다.

제3단계는 1990년대 중반 이후가 해당된다. 이 과정에서는 증시 등장과 함께 주식으로 돈을 번 투자자 및 증시 관계자가 속출했다. 중국 전역에 증권 붐이 일 때다.

제4단계는 1990년대 말부터 시작된 정보기술 혁명기다. 많은 투자자금이 IT 방면으로 몰려들면서 컴퓨터·통신·인터넷 등의 분야에서 젊은 신예 거부가 등장했다. 특히 인터넷 붐을 타고 대규모 자본을 끌어들이는 젊은 갑부가 크게 늘었다.

중국 부유층들의 소비성향은 점점 고급화 경향을 보이고 있다. 내 집을 마련한 소비자들은 자동차, 각종 고급 외국 브랜드 용품, 해외여행·골프와 같은 레저 활동 등에 관심을 보이고 있다. 고소득층을 겨냥한 고급제품 시장이 계속 확산되고 있다.

부유층들은 소비보다는 투자에 더 많은 관심을 보이고 있다. 빈부격차가 더 심화될 수밖에 없는 것이다. 전체 가구소득에서 임금 외 소득(투자수익)이 차지하는 비율은 현재 55.5%로 20년 전에 비해 42.8%나 높아졌다. 투자 분야별로는 주식이 18.6%로 가장 높았고 부동산·채권 등도 각각 12.3%, 11.1%에 달했다.

중국은 부자와 빈자의 구분이 확연하다. 중간계층이 엷다. 포천 클럽은 우리나라 상품을 받아들일 수 있는 집단이다. 이것이 바로 우리가 그들을 연구해야 할 이유다.

무궁한 다양성에 눈을 떠라

후난성 성도인 창사에 취재차 다녀왔다. 후난성의 주요 도시 몇 군데를 돌 기회를 가졌다. 창사 한 호텔 식당에서 가진 창사 기업인들과의 만찬. 종업원이 연이어 따라주는 배갈에 모두 취기가 올랐다.

필자가 『후난 사람들의 특성이 무엇이냐』고 질문을 던졌다. 창사의 사영기업인 산이(三一)중공업 량원건(梁穩根) 사장이 나서서 거침없이 후난 사람 자랑을 늘어놓는다.

『배워 관리가 되고, 고생을 이겨내 군인이 된다(學習當官, 吃苦當兵)는 게 후난 사람들의 자랑이자 특성입니다. 후난 사람들은 교육열이 매우 높습니다. 성 대부분이 농촌인 터라 그런 특성이 생겼을 겁니다. 창사의 후난 대학은 1000여 년 역사를 가진, 중국 최고(最古)의 대학이지요. 성리학을 열었던 주희 선생이 바로 그 대학에서 수학을 했고, 학생들을 가르쳤습니다.

이 같은 향학열은 많은 관리를 낳았습니다. 가깝게는 현재 중국경제를 이끌어가고 있는 주룽지(朱鎔基) 총리가 창사 출신이고, 공산혁명을 이끈

마오쩌둥, 류사오치(劉少奇), 펑더화이(彭德懷) 등이 모두 이 곳에서 태어났습니다. 이들 세 명의 혁명열사의 고향은 서로 붙어 있습니다. 청나라 말기의 증귀판(曾國藩) 역시 후난 출신입니다.

후난 사람들은 또 어려운 것을 잘 참습니다. 이 지역 음식에는 고추가 유독 많지요. 후난 음식(湘菜)은 매운 게 특징입니다. 매운 것을 잘 먹는다는 것은 곧 어려운 일을 잘 견뎌내는 힘이기도 합니다. 후난 지역에서 혁명열사, 군인들이 많이 나오는 이유입니다.」

중국은 성 자체가 하나의 고유한 나라라고 할 만큼 각 성이 고유의 문화와 특성을 갖고 있다. 31개 성으로 구성된 중국은 그래서 「31개 나라로 만들어진 국가」라는 말이 나오기도 한다. 후난에 가면 후난 나름의 고유한 역사와 문화가 있다. 그래서 중국은 「알려고 하면 알려고 할수록 더 어려워진다」라는 말도 그래서 나왔다.

우리나라 기업들의 중국 공략법 역시 이 같은 지역문화의 특성을 잘 파악해야 한다. 접근 방법이 각 지역에 따라 서로 달라야 한다. 그러기에 중국 현지를 발로 뛰며 돌아다닐 상사원이 필요한 것이다.

좁은 지면에서 31개 각 성의 특성을 말한다는 것은 불가능하다. 그 주제로 책 몇 권을 쓰고도 모자랄 것이다. 우리 기업인들이 중국 비즈니스를 하면서 접하게 되는 3대 도시, 베이징·상하이·광저우의 특성을 간단히 알아보자.

베이징은 북방의 비즈니스 환경을, 상하이는 화동지역을 중심으로 한 중부지역 환경을, 광저우는 비교적 일찍 개방된 남부도시의 특성을 대표하고 있다. 이 3개 도시의 비즈니스 성향을 연구하는 것 자체가 의미가 있다는 얘기다. 그렇다고 다음에 서술하는 내용이 절대적으로 그렇다는 것은 아니다. 「대체로 그런 성향이 있다」는 정도다.

베이징.

베이징 사람들과의 비즈니스는 수도라는 차원에서 접근할 필요가 있다. 베이징 비즈니스맨들은 대의명분을 중시한다. 게다가 그들은 2008년 올림픽 유치 도시라는 자부심이 가득하다. 이런 자부심을 슬슬 부채질해 주면 그들은 어린아이처럼 좋아한다.

그런 그들은 3개 도시 중 실리에 가장 둔감한 경향을 보인다. 중앙정부가 자리잡고 있어서 그런지 실리보다는 명분을 중시하는 풍토가 강하다.

한국인과 미국인, 누가 중국에 빨리 적응할까?

「한국인과 미국인, 누가 먼저 중국에 적응할까.」 필자의 이웃이자 친구인 미국인 싱 퓨(43)와 만나 얘기하다 보면 항상 떠오르는 의문이다.

우리는 일반적으로 「한국인이 중국 적응에 빠를 것」이라고 답할 것이다. 중국인과 생김새도 같고, 같은 한자 문화권이고, 유교라는 사상의 뿌리가 같고, 기와집도 비슷하고…. 실제로 한국인은 중국에 처음 오면 잘 적응하는 것 같아 보인다. 사람 · 건물 · 관습 등 유사한 게 많으니까 말이다.

그러나 퓨의 경우를 보면 반드시 그런 것만도 아니라는 생각이 든다. 시간이 지날수록 중국을 정확하게 더 잘 알고, 잘 적응하는 사람은 미국인이다. 중국 생활 3년여가 지난 퓨는 거의 완벽한 중국어를 구사하고 있다.

중국 얘기를 하다 보면 그는 항상 필자보다 저만치 앞서 있다는 느낌을 받게 된다.

왜 그럴까.

미국인은 중국에 오면 전혀 다른 사회, 다른 사람들과 부딪치게 된다. 문자도 완전히 다르다. 그래서 미국인은 「나는 아무것도 모른다」는 관점에서 중국에 접근한다. 그들은 중국어를 한 자 한 자 새로 배우고, 중국인이 어떤 사람들인지 사

또 3개 도시 중 관시가 가장 잘 통하는 도시다. 대의명분을 중시하기에 나타나는 현상일 것이다. 베이징 비즈니스맨들 역시 돈 앞에서는 사족을 못쓰지만 비교적 정도가 덜하다.

베이징런(人)들은 허풍이 세다. 듣기로는 엄청나게 큰 사업일 것 같은데 막상 가보면 별것 아닌 경우가 많다. 「과장」이 심하다는 얘기다. 그런 한편으로는 배타성이 적다. 지방 성(省) 세력을 보듬어야 하고, 외국 사신을 잘 대접해야 하는 왕조시대 전통이 흐르는 탓으로 분석된다. 속으로는

귀면서 터득하게 된다. 「백지(白紙)」에 중국을 그려나가는 것이다.

중국어가 어느 정도 될 무렵, 미국인은 중국인의 사고방식이 미국과 비슷함을 느낀다. 1위안이라도 돈을 아끼는 습성, 남의 일이면 상관하지 않는 「메이관시(沒關係)」사고, 침대생활, 비슷한 규모의 땅덩어리, 지방자치제…. 시간이 지나면서 그의 백지에는 있는 그대로의 중국이 그려지게 된다. 당연히 중국 적응에 가속도가 붙을 수밖에 없다.

그러나 우리의 경우는 반대다. 처음 중국에 오면 너무 비슷한 게 많다. 그러다 보니 우리는 쉽게 중국을 규정해버린다. 중국을 호락호락 여긴다. 그러기에 중국에 한 번 다녀온 사람은 모두 자칭 「중국 전문가」다.

그런데 시간이 지나면서 중국에 대한 생각은 점점 복잡해진다. 처음에 규정했던 것에서 점점 멀어지기 때문이다. 같은 동양 사람이기에 감정도 비슷할 거라고 생각했는데 겪어보면 전혀 딴판이다. 게다가 중국은 너무도 다양한 나라이기에 끊임없이 새로운 게 나타난다. 그래서 『중국은 알려고 하면 더욱더 알기 어려운 나라』라고 한탄한다. 미국인과는 반대로 중국 적응에 더 멀어지고 있다는 느낌을 받게 된다.

여기에서 우리는 중요한 중국접근 포인트를 발견하게 된다. 겸허하게 중국을 받아들이라는 것이다. 내 관점이 아닌, 중국인의 시각에서 중국인을 볼 필요가 있다. 너무 쉽게 그들을 규정하면 나중에 혼란에 빠지게 된다.

중국 알기, 백지에서 시작할 필요가 있다.

텅텅 비어 있으면서도 밖으로 과시하기를 좋아하고, 또 의리를 중시하기에 인간적인 접근이 가장 잘 통하는 곳이 바로 베이징이다. 그래서 술[酒]이 비즈니스 관계에 큰 역할을 한다.

상하이.

미국식 비즈니스 마인드가 통하는 도시다. 명분이나 의리는 필요 없다. 「비즈니스는 돈」이라는 의식이 투철하다. 상하이 비즈니스맨들은 거의 본능적으로 실속을 챙긴다. 그들은 절대 손해 보는 장사를 하지 않는다. 그들은 계약단계에서 「지겨울 정도」로 꼼꼼한 면을 보인다. 단순계약이라도 힘겨운 설전을 각오해야 한다. 그러나 계약체결 후에는 의외로 일이 빠르게 진행된다. 바로 이 점이 상하이를 「국제 비즈니스 도시」로 만들고 있다.

상하이에서는 뇌물이 잘 통하지 않는다. 정부관리들이 비교적 깨끗하다. 관리 역시 비즈니스 마인드로 무장하고 있어 돈 싸들고 찾아오는 외국기업에 대해 최고의 행정 서비스를 제공한다.

상하이 사람들은 외지인에 대해 매우 폐쇄적이다. 그들은 베이징 사람들을 우습게 안다. 「상하이 제일주의」에 빠져 있다. 『상하이의 거지도 수저우(蘇州) 미인을 탐낸다』는 말이 나올 정도다.

상하이 비즈니스맨들과의 협상은 비즈니스 자체로 접근하는 게 빠르다. 상하이 사람들은 술에 별로 관심이 없다. 저녁 식사가 끝나면 당연히 집으로 간다. 그들에게 비즈니스는 비즈니스다.

광저우.

상하이 비즈니스가 미국식이라고 한다면, 광저우는 홍콩식에 가깝다. 광저우 사람들은 오래 전부터 홍콩의 발전을 보았고, 생활습관을 배워왔다. 그들은 베이징 사람들처럼 허풍을 떨지 않는다. 그렇다고 상하이 비즈니스맨처럼 옹졸하지도 않다. 감당할 수 있는 범위 내에서 계약을 체결해 이행률이 어느 지역보다 높다.

광저우 소비자들은 실용적인 성향이 강하다. 1980년대 초부터 들어온 서방제품에 이미 익숙해 유명 브랜드에 유혹당하지 않는다. 상하이나 베이징 사람들이 외국의 고가 브랜드 제품을 좋아하는 것과는 다르다.

광저우 사람들은 음식만큼은 아주 꼼꼼히 챙긴다. 광저우 사람들은 한 끼 한 끼를 가장 근사하게 먹어야 할 만큼 식사를 중시한다. 식사와 연계한 영업전략이 효과를 발휘할 수 있다. 광저우 사람들을 대접할 때는 술보다는 음식으로 승부를 거는 게 바람직하다.

중국에는 이 같은 지역적 또는 공간적 다양성만 존재하는 게 아니다. 시간적 다양성도 뚜렷하다. 같은 도시라도 19세기와 20세기, 21세기가 어울려 있다. 또 여러 발전단계의 기술이 공존하고 있기에, 여러 등급의 상품을 팔 수 있는 나라이기도 하다. 상품의 스펙트럼이 넓다는 얘기다.

교통수단을 보면 이를 금방 알 수 있다. 베이징 거리에서는 벤츠, 크라이슬러, 혼다, 현대 등 세계 주요 자동차 회사의 최신 브랜드를 쉽게 볼 수 있다. 그런가 하면 마차가 고급 자동차 사이를 뚫고 시내 대로를 느긋하게 지나가기도 한다. 베이징에 처음 온 사람들은 이 광경을 보고는 『정말 알 수 없는 도시군』하며 피식 웃는다.

다양성의 나라 중국. 우리의 대 중국 비즈니스 전략도 유연해질 필요가 있다.

조선족(上)
어느 교수의 인생역정

　조선족이 누구인지는 중국에 와보지 않은 사람들도 잘 안다. 서울에서도 조선족이 우리 사회 일원으로 편입되고 있는 중이다. 영등포 어디엔가에 조선족 타운이 형성되고 있다는 얘기를 들었다.

　중국에서 비즈니스를 하다 보면 틀림없이 조선족을 만나게 된다. 사업 파트너, 부하 직원, 아니면 친구도 있을 것이다. 그들을 어떤 시각으로 봐야 할지는 중국 비즈니스에서 아주 중요한 요소다.

　어느 조선족 교수의 인생 스토리 소개로 조선족 얘기를 시작하려 한다. 그의 이야기는 조선족이 어떻게 중국에 왔고, 어떻게 성장했으며, 어떤 생각을 갖고 있는지에 대한 해답을 제시해준다.

　그를 만난 것은 봄 기운이 완연한 4월이었다. 압록강 너머로 신의주가 마주 보이는 단둥(丹東)에서였다. 압록강변 단둥 쪽에 근사하게 차려진 북한식당에서 만나 저녁 식사를 같이했다. 식당 이름은 잊었지만 평양에서 왔다는 여직원들의 옅은 미소는 아직도 생생하다.

　그의 성은 박(朴), 이름은 밝히기 곤란하다. 나이는 예순다섯. 선양(沈

陽) 대학교 교수로 재직하다가 지금은 은퇴해 쉬고 있다. 필자는 그를 「박 교수님」이라고 부른다.

흐르는 압록강을 물끄러미 바라보던 박 교수는 그의 인생 역정을 풀어 내기 시작했다.

『고향 강원도 통천 마을의 고갯마루를 잊지 못합니다. 여섯 살 때(1942 년) 어머니의 치맛자락을 잡고 그 고개를 넘었습니다. 동네 친지들이 모여 「잘 가라」며 손을 흔들던 모습이 눈에 선합니다. 아버지는 살림살이가 가득 실린 지게를 지고, 여섯 식구를 이끌고 묵묵히 길을 잡았지요.

「우리는 3년 후 고향으로 돌아온다. 그 곳 만주에는 기름진 땅이 있다. 그 땅을 개간해 농사를 짓고, 돈을 벌어 고향에 돌아올 거다. 그 때까지만 고생하면 된다.」

당신께서는 압록강을 건너며 이렇게 얘기했습니다. 만주에서 돈을 벌어, 그 돈으로 고향의 땅을 사겠다는 게 아버지의 뜻이었지요. 그러나 아

압록강 철교 『저쪽이 북한 신의주야. 60년 전 나는 배를 타고 이 강을 건넜어. 딱 3년 돈 벌어 돌아가려 했던 고향이건만 아직도 못 가고, 이렇게 중국인이 됐어…』

버지, 어머니, 그리고 나 역시 그 3년이 30년, 아니 60년이 될 줄은 몰랐습니다. 당신의 후손들은 이제 대대손손 중국인으로 살아가야 할 운명이 된 겁니다.

중국 땅으로 건너온 우리 식구는 선양 근처에 정착했습니다. 아버지, 어머니, 형 등 가족 모두 땅 개간에 나섰지요. 살을 에는 추위에 맞서며 뼈가 빠지도록 일을 했습니다. 그 땅에 씨앗을 심고 가꾸어 드디어 「우리의 쌀」을 수확하게 됐습니다. 그런데 가을걷이에 들어갈 무렵, 비적(匪賊)들이 들이닥쳤습니다. 그들은 탈곡한 곡식을 모두 빼앗아갔습니다. 만주를 점령하고 있던 일제의 횡포도 심했지요. 그 다음 해에도 또 그 다음 해에도 똑같은 일이 반복됐습니다.

그렇다고 고향으로 돌아갈 수는 없었습니다. 고향 어른들에게 면목이

이슈 추적

어느 조선족 학생의 편지

필자가 「어느 조선족 교수의 이야기」를 인터넷에 올렸을 때 이를 읽은 한 독자가 메일을 보내왔다. 서울에서 유학 중인 조선족 학생이라고 밝힌 그는 「자기의 견해」임을 밝히며 글을 올렸다. 우리 사회에서 살고 있는 한 젊은 조선족 학생이 어떤 생각을 하고 있는지 다 함께 생각해보자는 차원에서 소개한다.

『우리의 살 속에, 피 속에, 뼈 속에 너무나도 많은 한이 쌓여 있습니다. 솔직히 우리 세대는 중국의 한족(漢族)과 평등한 대우를 받으며 살아왔습니다. 한국과 수교가 되면서 우리는 하루아침에 친부모도 양부모도 없는 버려진 신세가 되었습니다.

모국으로 부르기에 한국은 너무나도 그릇이 작습니다. 중국의 눈치 때문에 재

서지 않았으니까요. 그러다가 1945년 조국이 해방됐습니다. 그래도 남기로 했습니다. 조금만 더 고생해서 돈을 모으자는 생각이었습니다. 중국에 익숙해진 우리 가족은 중국인들과도 잘 지내게 돼 생활에 별 문제가 없게 됐습니다. 아버지께서는 「1년만 더, 1년만 더」라는 생각으로 중국에서 버텼습니다.

그러던 1949년 10월, 베이징에 중화인민공화국이 성립됐습니다. 그러고는 압록강과 두만강이 국경으로 굳어졌지요. 우리 가족에게는 「조선족」이라는 소수민족으로, 싫든 좋든 중국 국적이 주어졌습니다. 아버지는 고향으로 돌아가야 한다는 꿈을 접어야 했습니다. 중국인으로 거듭나는 수밖에는 다른 도리가 없었으니까요. 그 후 당신께서는 다른 조선족과 마찬가지로 조선족 자치구로 이주했고, 조선족끼리 어울려 생활하게 됐

외국민 대우조차 제대로 해주지 못하는 나라가 무슨 고국이란 말입니까. 이 땅에 숨 배어 있는 민족의 얼과 혼과 핏줄을 이어나가고 포용할 수 있는 것이 고국이지요.

한국은 너무나도 많은 것을 잃어가고 있습니다. 한국은 조선족을 이해 못합니다. 정부는 정치의 수단, 사람들은 돈 버는 수단 정도로밖에 이해하지 못합니다.

중국의 조선족은 실지 조선반도에 있어서는 고귀한 재산이었고, 조선민족의 문화를 대륙에로 펼쳐나간 한 갈래 길이었습니다. 그걸 파악하지 못하고 방관하는 한국정부에 너무나도 실망했습니다.

기회가 된다면 우리의 힘으로 우리 조선족의 역사를 편찬하여 한국사람들로 하여금 똑바로 조선족에 대해 알게 할 것입니다.

겉보기에 불과한 한강기적에 도취되어 흐트러진 삶을 사는 한국사회가 민족을 대변하기에는 부끄럽다고 생각합니다.」

습니다.」

박 교수는 이쯤 얘기하고 잠시 말문을 닫았다. 그러고는 창 밖을 보았다. 압록강 유람선이 신의주 쪽으로 다가가고 있었다. 그는 무엇인가를 생각하는 듯했다. 선친에 대한 그리움이 밀려왔기 때문이었으리라. 그의 말이 다시 이어진다.

『당신께서는 자식 교육에 열성을 보이셨고, 막내아들이었던 나는 대학에 갈 수 있었습니다. 중학교까지는 조선족 학교에 다녔지만 고등학교부터는 중국학교에 다녔지요. 문혁 때에는 빨간 완장을 차고 돌아다니는 홍위병에 휩쓸리기도 했습니다. 그러면서 나는 중국인이 되었던 겁니다. 대약진운동, 문혁, 개혁개방 등의 중국 역사를 몸으로 겪으며 대학교수에 이르게 됐습니다.

1980년대 말 중국에 온 후 처음으로 고향 통천에 갔습니다. 그 땅에 아직 살고 있는 친지들을 만났습니다. 그들은 정말 어렵게 살고 있더군요. 여섯 살 때 넘어왔던 그 고개를 다시 넘으며 「꼭 고향으로 돌아가야 한다」는 아버님 유지가 생각나 그냥 서서 한참 울었습니다.」

그는 목이 메이는 듯했다. 맥주를 한 잔 따라 권하면서 필자는 분위기를 바꿨다. 자녀들은 어떻게 지내느냐고 물었다.

『두 놈입니다. 큰딸은 자동차부품 공장에서 일하는 조선족 청년에게 시집갔고, 아들은 선양에서 공장에 다니고 있습니다. 손주 녀석들이 자꾸 한국말을 잊어버리는 게 아쉽습니다.」

박 교수는 인생 스토리를 그쯤에서 끝내고 갑자기 화제를 바꿨다.

『내가 중국에 왔던 60년 전이나 지금이나 한국과 중국의 역학관계는 다르지 않습니다. 내가 이 곳에 올 때 중국은 「젖과 꿀이 흐르는 땅」이었습니다. 다들 그 곳에 가면 쉽게 돈을 벌 거라고 생각했었지요. 그래서 많은 사람들이 짐 보따리를 지고 만주로 넘어온 것입니다.

그러나 결과는 어찌 됐습니까. 그들은 지금 조선족이라는 이름으로 중국에 살고 있는 중국인으로 변했습니다. 중국으로 건너온 이민족은 결국 중국인으로 동화되고 맙니다. 역사가 이를 보여줍니다.

지금도 마찬가지입니다. 많은 한국 비즈니스맨들이 중국을 찾고 있지요. 그들에게 중국은 여전히 「젖과 꿀이 흐르는 땅」일 것입니다. 단언하건대 지금 중국으로 오는 기업들은 결국 중국기업이 되고 말 겁니다. 그들은 결코 중국을 빠져나갈 수 없습니다. 그게 중국의 역사입니다. 이 역사를 거스르는 기업은 모든 것을 털린 채 한국으로 돌아가야 할 겁니다.」

박 교수는 이렇게 결론을 내린다.

『지금 중국에 투자한 한국기업은 60년 전 만주로 이주해온 「조선족」과 같은 운명의 길을 걸어야 할 겁니다. 그게 바로 조선족과 한국 투자기업이 서로 도와야 하는 이유입니다. 나는 지금 단둥에서 와해되어가고 있는 조선족 커뮤니티를 재생시키는 내 인생의 마지막 사업을 하고 있습니다.』

압록강은 4월의 하늘빛을 받아 더욱 푸르게 빛나고 있었다.

조선족(中)
일그러진 역사

베이징 어느 한국 투자기업 사장의 하루다.

『아침에 일어나면 조선족 아주머니가 해주는 아침밥을 먹고 출근한다. 아파트 마당으로 내려가면 조선족 운전사가 자동차 시동을 켜놓고 기다리고 있다. 사무실로 출근하면 조선족 여비서가 커피를 끓여준다. 조선족 부사장에게 업무지시를 내린다. 가끔 공장에 들러 조선족 여공들에게 인사를 받는다.

근무가 끝나고 서울에서 온 손님과 함께 한국 식당에 간다. 메뉴판을 들고 주문을 받으러 온 식당 여직원은 조선족이다. 저녁 식사 후 서울 손님을 가라오케(단란주점)에 모시고 간다. 그 곳에서 술시중을 드는 여성도 조선족이다.

일요일, 서울에서 유행하는 TV 드라마 비디오를 빌려 보려고 비디오 가게에 전화를 한다. 조선족 총각이 비디오를 들고 득달같이 달려온다. 떡집에 떡을 시켜도, 쌀집에 쌀을 시켜도 조선족 직원이 배달해준다.』

필자가 엮어낸 가상 스토리다. 그러나 전혀 사실에서 벗어난 일은 아니다. 실제로 이 같은 일이 이 곳 베이징에서 벌어지고 있다. 그 사장은 중국말을 할 기회가 없다. 하루 종일 조선족에 파묻혀 사니까 말이다.

필자 주위에도 조선족이 참 많다. 정부 고위관리, 사업에 성공한 실업가, 한국 투자기업 책임자, 대학교수, 변호사, 대북사업 거간꾼, 가라오케 마담…. 심지어 흑사회(黑社會, 조직폭력) 두목과도 가끔 접촉을 갖는다. 중국에서 활동하고 있는 모든 한국인들에게 조선족은 뗄래야 뗄 수 없는 존재인 것이다. 그러나 한국인과 조선족의 관계는 그다지 부드럽지 않은 게 사실이다. 서로가 서로를 인정하지 않고, 서로 질시하는 성향이 없지 않다. 많은 경우 한국인은 조선족을 「가난한 동생집 자식」 보듯 홀시하는 경향이 있고, 조선족들은 「한국인들이 돈 좀 있다고 뽐낸다」고 생각한다. 그래서 양쪽 간에 자주 충돌이 생긴다.

물론 다 그런 것은 아니다. 한국인과 조선족이 잘 융합해 서로 부족한 점을 챙겨주는 경우 또한 많다. 전반적인 분위기가 그다지 우호적이지 않다는 얘기일 뿐이다.

왜 그럴까. 조선족과 한국인의 접합 역사를 보면 안다.

우리에게 조선족이라는 존재가 부각된 것은 1980년대 말이었다. 「그곳에 우리나라 동포인 조선족이 살고 있다」며 반겼다. 같은 민족이라는 동포 의식이 강했던 때다.

필자가 대학 4학년 때인 1989년 당시 학과 교수가 베이징을 다녀와 그곳 이야기를 수업시간에 들려주었다.

「톈안먼 광장에서 동포를 만났습니다. 한국말을 하기에 물어봤더니 옌지(延吉)에서 온 조선족 동포라고 했습니다. 우리는 너무 반가웠지요. 우리 일행은 그들에게 돈도 주고, 물건도 줬습니다. 나는 적당히 줄 게 없어 시계를 풀어 건넸습니다.」

지금 이 얘기를 들었다면 피식 웃음이 나왔을 거다. 그러나 당시는 아주 감동적으로 들렸다. 조선족은 이렇게 「같은 동포」라는 의식으로 처음 우리 곁에 다가왔다.

1992년 한-중 수교와 함께 조선족은 좀더 실질적인 존재로 변했다. 중국으로 가는 길이 열렸고, 조선족은 그 길의 디딤돌 역할을 했다. 우리 기업인들은 당시 중국을 잘 몰랐다. 중국어도 못했다. 그러기에 초기 중국 진출 기업들은 조선족을 끼고 하는 경우가 많았다. 사업의 파트너였던 거다. 조선족은 중국을 보는 창(窓)이기도 했다. 그래서 『조선족은 우리나라 중국진출의 귀중한 자산이다』라는 말이 나오기도 했다.

많은 기업인들이 조선족과 함께 사업을 시작했다. 조선족은 합작 파트너를 찾아주는 컨설턴트이기도 했고, 현지 사무소를 책임지는 사무소장이기도 했다. 대부분의 경우 조선족이 통역을 맡았다.

그러나 조선족을 끼고 하는 사업은 많은 경우 쉽게 한계를 노출했다. 한국인 기업가와 조선족 사이에 커뮤니케이션이 잘 안 되고, 서로의 가치가 달라 갈등을 빚는 경우가 많았다. 일부 조선족은 사업추진력이 기대치를 따라주지 못해 한국 투자자와 갈등을 빚기도 했다. 여러 곳에서 마찰이 일어났고, 조선족과 한국인이 서로 사기를 치는 사건도 많이 발생했다.

한국 기업인에게도 문제가 많았다. 자신을 중국인이라고 생각하는 조선족에게 『한국인이 돼라』고 요구했다. 기대치가 높았던 것이다. 또 돈을 앞세워 조선족들에게 인간적인 모멸감을 줬다. 『우리 덕에 먹고 사는 줄 알아라』라는 식으로 조선족을 대했다. 조선족 동포 역시 우리와 마찬가지로 자존심이 강한 사람들임을 잊고 있었던 것이다.

수교 이후 양측이 실질적인 관계로 만났음에도 갈등의 골이 깊을 수밖에 없는 구조가 형성됐다. 이 갈등을 극복하지 못해 많은 기업이 사업에 실패, 조선족을 욕하며 중국을 떠나기도 했다. 그 갈등 구조는 아직까지 이어지고 있다. 그러다가 한국이 IMF를 맞았고 한국인과 조선족 관계에는 또 다른 변화가 왔다. 많은 한국기업은 IMF 태풍을 맞아 보따리를 쌌다. 기고만장하던 「한국의 콧대」가 꺾인 거다. 이런 모습을 지켜보던 조선족들은 『까불더니 고것 봐라』라고 냉소를 지었을지도 모른다.

IMF를 계기로 한국인을 보는 조선족의 시각이 많이 변했다. 한국인들에 대한 동경이 사라지게 됐다. 일부 조선족들은 남의 땅에 와서 돈 자랑이나 하는 한국인들을 아니꼽게 여기고 있다. 그들 중 많은 사람이 한국기업의 「아낌없는 투자」덕택에 부를 쌓기도 했지만, 그들은 이제 한국에 대해 「노(No)」라고 말한다.

한국기업들 역시 조선족을 다시 평가하고 있다. 사업이 확대되면서 중국 본류 사회를 뚫고 들어가야 하는데 「조선족으로는 어렵다」고 생각한 것이다. 또 중국어 전문가가 많이 양성되고, 중국사업에 대한 노하우가 쌓임에 따라 조선족 의존도는 낮아졌다. 서로의 접합점이 더욱 멀어지고 있는 것이다. 그런 한편으로는 IMF 이후에도 조선족에 대한 한국인의 경시풍조가 크게 달라진 게 없었고, 양측 간 마찰은 더욱 심화되는 경향을 보이고 있다.

필자가 아는 한 조선족 여성은 언젠가 이런 말을 한 적이 있다.

『한국사람들은 남이 돈을 얼마나 버느냐에 왜 그리 관심이 많으냐. 많은 한국사람들은 나에게 「월급이 얼마냐」라는 질문을 던진다. 정말 듣기 싫다. 그런 질문을 받을 때마다 모멸감을 느낀다. 그게 돈 자랑 아니고 무엇이냐.』

한국인과 조선족은 이렇게 서로 멀리 있다.

조선족(下)
마주보기

한국과 중국이 축구경기를 한다. 조선족 가족이 TV 앞에 모여 경기를 지켜본다. 70대 할머니와 할아버지, 50대 아버지와 어머니, 40대 삼촌 부부, 그리고 서른두 살의 오빠와 스물여덟 살의 동생. 이들 가족 구성원은 각각 어느 팀을 응원할까.

베이징에 거주하는 고문(古文)연구 권위자인 정인갑 교수(조선족)는 이 물음에 다음과 같이 답한다.

『할머니와 할아버지, 그리고 아버지와 어머니는 한국 팀을 열심히 응원할 겁니다. 40대 삼촌 부부는 「이기는 팀, 우리 편」이라며 어정쩡한 자세를 취하겠지요. 자식들은 중국 팀이 공을 빼앗기만 하면 환호성을 지를 겁니다.』

조선족은 세대별로 이렇게 한국을 대하는 감정이 다르다. 50대 이상은 한국을 「동포의 나라」로 생각하는 경향이 있고, 40대는 좀 불분명하고, 30대 이하는 「조국은 하나, 중국」이라고 생각한다.

젊은이들은 당연히 자신을 중국인으로 받아들인다. 그들은 그렇게 교육을 받아왔다. 젊은 조선족들은 중국 역사를 배우고 중국 문화를 배운다. 중국은 「땅의 역사」를 가르친다. 현재 중국 땅에 있는 모든 소수민족은 중국인 범주로 넣는다. 반면 우리는 어느 땅에 있건 한민족(韓民族)이면 우리 동포라는 「민족의 역사」를 가르친다. 역사관이 서로 충돌하는 거다.

50대 이상의 조선족들은 많은 경우 한족(漢族)에 대해 부정적인 시각을 갖고 있다. 그들에게 시달림을 많이 받아왔기 때문일 것이다. 한족 우월주의에 치를 떠는 조선족 노인들도 많이 봤다. 그러면서도 그들은 「어쩔 수 없이 중국에 적응하며 한족처럼 살아야 할 운명」을 받아들인다. 한-중 축구 대회가 열리면 한국 팀을 응원하는 그들 역시 싫든 좋든 자신을 중국인으로 여기며, 중국에 맞추며 살아가고 있다.

모든 조선족들은 어떤 이유에서든 자신을 중국인으로 여기며 살아가고 있는 것이다. 이는 우리 비즈니스맨들이 조선족을 바라보는 기준에서 매우 중요한 근거가 된다.

비즈니스에 관한 한 조선족들은 「한국말을 잘 하는 중국인」으로 봐야 한다는 게 필자 생각이다. 좀더 냉철해질 필요가 있다. 중국 비즈니스에서 조선족은 「한국말을 잘 하는 중국인」그 이상도, 그 이하도 아니다. 그냥 다른 중국인들과 동일선상에 올려놓고 대우해주면 된다. 그들이 원하는 것은 정당한 협력이지 선심이 아니기 때문이다.

자신을 중국인으로 여기는 그들에게 한국 편에 서달라고 요구하는 것은 무리다. 초기 한국기업인이 조선족에게 「배신당했다」고 생각한 것도 그런 알량한 동포의식이 한 원인이었다.

같은 동포라는 의식으로 그들을 봤기에 많은 문제가 생겼고, 갈등이 빚어진 것이다. 이제 가난한 동생의 자식 대하듯, 그들에게 무엇인가 해줘야 한다고 생각할 필요도 없다.

선양 조선족촌 지난 여름 찾은 선양 시내 조선족 거주지역. 중국의 모습도 아닌, 그렇다고 서울의 모습도 아닌 그 곳 분위기에서 조선족 동포들의 힘겨움을 느낄 수 있다.

이는 결코 소 닭 보듯, 닭 소 보듯하자는 얘기는 아니다. 오히려 서로 불편한 관계를 낳게 했던 끈적끈적한 찌꺼기를 제거, 더욱더 합리적이고 건실한 관계를 만들어보자는 것이다.

베이징에서 사업을 하는 친구 얘기다. 그는 최근 비서를 조선족에서 한족으로 바꿨다. 이유는 간단하다.

『중국 온 직후 한국말을 잘 하는 비서가 필요했습니다. 그래서 조선족을 썼지요. 베이징에 온 지 3년이 지난 지금은 중국어가 어느 정도 됩니다. 지금은 중국 실정에 더 밝고, 중국인과 더 많은 관시(關係)를 갖고 있는 비서가 필요합니다. 그 자격을 충족시키는 한족(漢族)이 있어 바꾼 겁니다.』

이 친구에게 조선족과 한족의 구별은 없다.

선양의 중소 투자기업인 P사장도 비슷한 생각을 갖고 있다. 이 회사

400여 명의 여직원 중 조선족은 20여 명에 불과하다.

『처음에는 조선족 동포를 많이 썼지요. 그런데 조선족 직공들에게 밤 샘근무 등 고된 작업을 시키기가 어려웠습니다. 같은 동포를 혹사시킨다는 부담감이었습니다. 조선족들도 일이 많아지니까 불평이 잦았고, 공연히 반발하기도 했습니다. 그래서 적당한 법 절차를 거쳐 조선족 직원들을 정리했지요. 지금의 직원들은 대부분 한족이라서 오히려 일 시키기가 편하고, 그들 역시 힘든 일을 참으며 잘 따라오고 있습니다.』

이 회사가 필요로 하는 것은 성실한 근로 태도이지 한국어 능력이 아니었던 것이다. 반면 무역관련 컨설팅 업체인 K사는 현지직원 20여 명 중 절반 이상이 조선족이다. 이 회사는 한국기업과 중국기업을 연결시켜주고, 한국기업의 중국진출 과정을 도와주는 일을 하고 있기에 한국어를 잘 하는 중국인이 필요했다. 물론 한족과 조선족의 대우는 동등하다.

조선족의 가장 큰 경쟁력은 한국어를 잘 한다는 데 있다. 조선족은 그러나 중국사회의 본류인 한족사회에 깊숙이 파고들기 어렵다는 한계를 안고 있다. 중국은 한족 중심의 사회이기 때문이다. 그러므로 기업인들은 이러한 장단점을 냉철히 바라봐야 한다. 물론 한족 이상의 재능과 사회적 능력이 있는 조선족이라면 한국기업이 고용하기에 금상첨화일 것이다.

중국의 소수민족정책을 눈여겨볼 필요가 있다. 한국이 조선족과 가까워지는 것을 중국은 내심 달가워하지 않고 있다. 한국이 조선족에게 민족의식을 심어주지 않을까 우려한다. 그들은 「백두산」이라는 이름의 상호를 못 쓰게 할 정도로 조선족의 민족주의 성향에 민감하게 반응하고 있다. 중국 지명인 「장백산」으로 쓰라는 것이다. 우리 비즈니스맨들이 중국의 조선족 정책을 자극할 필요는 없다.

최근 한 경제단체가 중국인 국내 교육 프로그램을 실시하면서 대상자를 조선족으로 한정했다. 이 사실을 전해들은 한 대사관 관리는 『그 프로그램에는 문제가 있다』고 이의를 제기했다. 대상자를 조선족으로 한정하는 것은 쓸데없이 중국을 자극할 수 있다는 얘기였다. 중국 정부측과 자주 접촉을 갖는 대사관 관리의 발언은, 중국이 한국과 조선족 관계를 어떻게 다루고 있는지를 잘 말해준다.

우리나라 기업의 중국진출도 이제 10여 년이 흘렀다. 그 과정에서 우리는 많은 「수업료」를 내야 했다. 덕분에 이제 중국어를 구사할 수 있는 인재들도 각 분야에서 많이 양성됐다. 조선족을 통하지 않고 우리 스스로의 눈으로 중국을 바라볼 수 있는 역량이 생겨났다는 얘기다. 그만큼 조선족

이슈 추적

「만주벌판」 논쟁

베이징에서 비행기를 타고 선양을 향해 40분 정도를 날자 드넓은 평야가 시야에 들어온다. 동베이(東北) 평원이다. 우리에게는 광개토대왕의 말발굽 아래에 놓였던 만주벌판으로 잘 알려진 곳이다.

필자는 선양시의 한 국유기업 고위책임자인 리전타이(李辰台)씨와 저녁식사 중 만주벌판을 화제로 삼은 적이 있었다. 대화는 자연스럽게 요동지역을 정벌했던 고구려 광개토대왕으로 흘렀는데, 우리와는 고구려에 대한 시각에 많은 차이가 있음을 발견하게 됐다.

그는 『중국의 한 나라였던 고구려가 한반도 이북을 점령했고, 나중에 중국에서 밀려 한반도로 터전을 옮겨갔다』라고 말했다. 고구려는 「중국 나라」라는 주장이었다. 그의 말은 한국의 고구려가 만주벌판을 점령했다는 우리 시각과 큰 차이가 난다. 왜 그런 차이가 날까.

저녁식사 자리에 함께 했던 선양의 투자기업 업체 사장 A씨는 『역사를 접근하

에 의존해야 할 이유가 줄었다. 조선족을 좀더 객관적으로 볼 수 있는 때가 된 것이다.

중국에서 활동하는 한국기업인과 조선족은 이제 등을 돌려「마주보기」를 해야 한다. 왜곡된 관계를 바로잡기 위해서는 감정의 앙금을 털어버릴 필요가 있다.「한국말을 잘 하는 중국인」이라는 시각이 요구되는 것도 그 때문이다.

이러한 시각으로 조선족을 본다면 그들과의 협력은 오히려 발전적으로 바뀔 것이다.

는 근본적인 방법에 차이가 나기 때문」이라고 해석했다. 서로 다른 역사관으로 씌어진 교과서를 갖고 공부했기에 나타나는 현상이라는 설명이다.

『우리나라는「민족의 역사」를 가르칩니다. 우리 민족이 세운 나라라면 지역에 관계 없이 우리나라 역사의 대상이지요. 그래서 중국 동북지방에서 터전을 잡았던 고조선 · 고구려 · 부여 등은 당연히 우리의 선조입니다. 우리는 선조 고구려가 만주벌판을 점령한 것으로 배웠고,「뜨거운 만주벌판」이라는 가사의 노래를 부르며 주먹을 불끈 쥐기도 합니다.

반면 중국은「땅의 역사」를 가르치고 있습니다. 현재 중국 영토에 있던 옛 국가는 모두 중국역사의 일부분입니다. 당연히 중국 땅덩어리에서 생성된 고구려는 중국사의 일원이고, 중국의 국가였다고 해석합니다. 이 같은 역사관은 중국 내 56개 소수민족을 중국역사의 일원으로 끌어들이려는 것과 일맥상통하는 것이기도 합니다.』

한국인과 중국인은 고구려라는 국가를 놓고 이렇게 상반된 교육을 받고 있다. 서로 다르게 배워왔기에 충돌할 수밖에 없는 것이다.

지금 빚어지고 있는 조선족 문제도 깊숙하게 파고들면 역사관의 차이에서 비롯된 것임을 알 수 있다.

제5부

파워 시프트의 물결을 타라

WTO 가입으로 중국 경제에 「파워 시프트(power shift)」의 물결이 일고 있다. 계획에서 시장으로, 국유 기업에서 사영기업으로, 독점에서 경쟁으로 경제의 무게중심이 이동하고 있다. 경제의 패러다임이 바뀌는 것이다. 그 변화는 앞으로 3년 동안 절정을 이룰 것으로 예상된다. 우리 기업이 그 변화의 물결에 몸을 던져야 할 시기가 다가온 것이다 ….

THEME41

중국 경쟁력 연구(上)
파워센터 공산당

베이징 외교단지인 산리툰에 지우바지에(酒巴街)라는 거리가 있다. 한때 서구식 카페와 가짜 상품으로 유명했던 곳이다. 서울 이태원과 비슷하다. 어느 날 이 거리에 불도저가 등장, 길 양편에 줄지어 있던 가짜 옷가게를 밀어버렸다.

표면적인 이유는 「거리 정돈」, 속으로는 가짜를 쓸어내기 위해서였다. 2008년 올림픽 유치를 위해 베이징의 「가짜상품 천국」이라는 오명을 벗어보려는 몸짓이었다. 하루아침에 생활터전을 잃은 상인들은 뿔뿔이 흩어졌다.

우리나라라면 생각하기 힘든 일이다. 상인들이 생계보장을 요구하며 거리를 점거하고 시위를 벌였을 테고, 관리들은 그게 겁나 아예 계획을 세우지도 못했을 것이다.

사회주의 중국에서 공권력은 절대적이다. 소수의 권익쯤은 언제든지 무시할 수 있다. 이는 강력한 추진력과 효율성을 낳는다. 우리는 박정희 개발독재 시대 때 「독재체제가 경제건설에 더 뛰어난」 것을 경험했다. 어

THEME 41

중국 경쟁력 연구(上)
파워센터 공산당

베이징 외교단지인 산리툰에 지우바지에(酒巴街)라는 거리가 있다. 한때 서구식 카페와 가짜 상품으로 유명했던 곳이다. 서울 이태원과 비슷하다. 어느 날 이 거리에 불도저가 등장, 길 양편에 줄지어 있던 가짜 옷가게를 밀어버렸다.

표면적인 이유는 「거리 정돈」, 속으로는 가짜를 쓸어내기 위해서였다. 2008년 올림픽 유치를 위해 베이징의 「가짜상품 천국」이라는 오명을 벗어보려는 몸짓이었다. 하루아침에 생활터전을 잃은 상인들은 뿔뿔이 흩어졌다.

우리나라라면 생각하기 힘든 일이다. 상인들이 생계보장을 요구하며 거리를 점거하고 시위를 벌였을 테고, 관리들은 그게 겁나 아예 계획을 세우지도 못했을 것이다.

사회주의 중국에서 공권력은 절대적이다. 소수의 권익쯤은 언제든지 무시할 수 있다. 이는 강력한 추진력과 효율성을 낳는다. 우리는 박정희 개발독재 시대 때 「독재체제가 경제건설에 더 뛰어난」 것을 경험했다. 어

제5부 파워 시프트의 물결을 타라　255

떤 체제가 좋고 나쁜지를 얘기하려는 것은 아니다. 중국 국가의 힘이 어디에서 나오는지를 말하려는 것이다.

무소불위의 중국 공권력의 원천은 공산당이다. 공산당의 결정은 곧 국가의 결정이고, 누구도 이에 대들지 못하게 되어 있다.

중국 공산당은 세포조직처럼 사회 말단까지 퍼져 있다. 국가를 완벽하게 장악하고 있다고 해도 틀리지 않다. 모든 정부기관에는 공산당 조직이 위에서 아래로 함께 흘러가고 있다. 중앙 및 지방의 모든 행정부처에는 당위원회가 있다. 행정 명령과 당 명령이 함께 내려간다. 재미있는 것은 행정책임자인 성장(省長)보다는 성(省)당서기가, 시장(市長)보다는 시(市)당서기의 서열이 높다는 점이다. 『중국의 행정기관은 공산당의 결정 또는 이념을 실행하는 기구에 불과하다』라고 해도 과언이 아니다.

정부기관뿐만 아니다. 국가경제의 3분 2 이상을 차지하고 있는 국유(국영)기업에도 공산당 조직이 있다. 일반적으로 국유기업 ○○회사 사장은 그 회사의 공산당 서기를 겸하고 있다. 공산당 정책은 해당 회사 당위원회를 통해 경제 말단조직에까지 전달된다. 일종의 모세혈관이다.

서부개발은 지금 중국이 추진하고 있는 가장 큰 국가 프로젝트다. 서부개발 취재를 위해 방문한 산시성의 한 시골마을. 촌장이 필자를 대접한다며 허름한 호텔식당으로 안내했다. 화제는 단연 서부개발이었다. 그는 중국이 서부개발을 해야 하는 이유, 외국기업에 대한 투자유치, 서부지역의 여건 등을 장황하게 설명했다. 그런데 그의 말이 어디서 많이 듣던 얘기였다. 베이징 중앙정부 관리에게 들었던 말과 너무도 똑같다는 것을 금방 알아냈다. 「중앙정부의 서부개발 지령을 전 공산당원이 외우고 있구나」라는 생각이 들었다.

중국은 공산당의 영도가 있기에 일사불란하게 움직이고 있다. 공산당

은 31개의 서로 다른 「국가(省)」로 구성된 거
함 중국의 조타수인 셈이다.

공산당이 중국 경쟁력의 원천이라고 말하
는 진정한 이유는 이 같은 하드웨어의 이면에
깔린 소프트웨어에 있다. 바로 리더십이다.

지금의 중국경제 호황은 정치 지도자들의
강력한 리더십이 있어 가능했다. 「장쩌민 -
주룽지」의 지도 라인은 그 어느 때보다 안정
적인 리더십을 굳히고 있다. 상하이에서부
터 호흡을 맞춰온 이들의 「시장원리에 입각

주룽지 「중국경제의 황제」로 불리
고 있는 주룽지 총리. 그는 지금 주먹
을 불끈 쥐고 무엇을 말하고 있을까.

한 개혁정책」이 지난 10년 간 중국경제를 받쳐온 것이다. 그런 중국 공산
당이 지금 변하고 있다.

중국관영 통신사인 신화사가 장편의 평론을 하나 보도했다. 「정부는
심판이지 선수가 아니다(政府當裁判員, 不當運動員)」라는 제목이었다. 정
부가 기업에 일일이 간섭하는 기존 관행에서 벗어나야 한다는 게 핵심내
용이었다.

『골을 넣어 승리하는 일은 선수들의 몫이다. 정부는 선수가 아니라 경
기를 공정하게 진행하는 심판일 뿐이다. 아직도 시장자율의 의미를 이해
하지 못하는 관리들은 자리를 지킬 이유가 없다.』

강렬한 어조였다. 평론은 이어 심판이 할 일로 불공정 경쟁 감시, 지방
보호주의 타파, 의법(依法)행정 등을 꼽았다. 신화사는 각종 행정승인도
이제는 필수 불가결한 것만 빼고는 모두 등록제로 전환해야 할 때라고 제
시했다.

신화사는 중국 공산당의 입이다. 신화사 보도는 곧 공산당의 정책이다.

공산당, 최고 엘리트만 키운다

중국 공산당은 세계 최대 정당이다. 당원이 한반도 인구와 거의 맞먹는 6,500만에 달한다. 최대 · 최장 집권정당이기도 하다. 현 중국체제가 붕괴되지 않는 한 중국 공산당 정권은 계속될 것이다.

중국에서 공산당원증은 「인간 보증수표」로 통한다. 「믿고 같이 일할 수 있는 사람」으로 환영받는다.

공산당원을 직원으로 두고 있는 한국 상사원들은 『직원 중 당원은 남들과 여러 모로 다르다』라고 말한다.

성실하고, 솔선수범하고, 원만한 인간관계를 유지하고 있다는 것이다. 이러하니 공산당원이라면 무조건 뽑겠다는 기업도 있다.

왜 그럴까.

그들은 엄격한 선발절차를 통해 가려진 엘리트들이다. 스스로가 원한다고 해서 아무나 공산당에 가입할 수 있는 것은 아니다. 복잡하고도 오랜 기간의 심사 절차를 통과해야 공산당원으로 태어난다. 그래서 입당신청을 하고 중도에 포기하는 사람이 더 많다.

입당 절차에 대해 알아보자.

입당 범위는 우리나라 기업들이 주로 고용하는 대학교 이상의 학력자로 한정한다.

일반적으로 대학교 1~2학년 때 입당원서를 쓴다. 고등학교 때 신청하는 사람들도 있기는 하지만 수가 많지 않다.

신청자는 한 달에 2~4회 정도 사상회보(思想匯報)라는 보고서를 기층(基層) 당 조직에 제출한다. 갖가지 사회현상, 공산당 노선, 국제 정세 등에 대한 자신의 생각을 2~3쪽 분량의 글로 적어낸다. 당 조직은 이를 읽고 신청인의 당성(黨性)을 평가한다.

당은 신청인이 어느 정도 자격이 있다고 판단되면 「입당 적극분자(入黨積極分

子)」로 받아준다.

적극분자는 각종 교육·세미나 등에 참석할 수 있으며, 그 때부터 사상회보를 정기적으로 제출해야 한다.

이 과정을 통과하면 「예비당원」이 된다.

1년여 동안 또다시 정밀 평가가 이뤄지고, 이 과정이 끝나야 비로소 정식 당원이 된다.

신청에서 정식 당원이 되기까지 짧게는 3년, 길게는 30년이 걸린다고 한다. 영원히 당에 가입하지 못하거나, 중도에 포기하는 경우가 대부분이다. 그만큼 어렵다는 얘기다. 현재 중국 대학생 중에서 공산당원이 차지하는 비율은 3.83%에 불과하다.

당원이 되기 위해 기를 쓰고 달려드는 이유는 무엇일까.

공산당원에게 이 물음을 던지면 「인민들에게 봉사하기 위해(爲人民服務)」라는 대답이 돌아온다. 명예감, 자긍심, 엘리트 의식이 배어 있는 말이다. 그래서 공산당원들은 「공산당이 없다면, 새로운 중국도 없다(沒有共産黨, 沒有新中國)」라는 말을 신주단지 모시듯한다. 「우리 부모님이 당원이었기 때문에」라는 대답도 많다. 대물림 당원이 많다는 거다.

「그래도 뭔가 실익이 있을 것 아니냐」라는 의문이 든다.

그러나 직접적인 실익은 없다.

공산당원이라고 해서 국가가 직업을 보장해준다든가, 생활을 책임져주지는 않는다. 보이지 않는 간접적인 효과는 있을 것이다. 채용, 사업 파트너, 심지어 신랑감 고르기 등 사람을 선택해야 하는 경우 당원은 비(非)당원보다 우선 고려 대상일 테니까 말이다.

국가기관 고위직으로 승진하기 위해서는 당원증이 필수다. 민간기업 또는 외국인 기업도 당원이라면 서로 모셔가려 한다. 각 분야에서 엘리트로 인정받기 때문이다.

선거철만 되면 입당원서를 들고 대문을 두드려대는 우리나라 정당 사람들하고는 기본부터가 다르다.

그 신화사가 지금 서방 자본주의 국가에서나 나올 법한 말을 거리낌없이 하고 있는 것이다. 신화사 보도는 지금 중국 공산당이 변하고 있음을 단적으로 보여주는 사례다.

흔히 중국은 「관료주의의 나라」로 지목된다. 잊을 만하면 터지는 부정부패가 공산당 이미지에 먹칠을 하고 있다. 그러나 정치 리더들이 모두 그럴 것이라고 생각하면 큰 착각이다. 대부분의 고위 리더들은 어느 나라보다 투명하고 또 미래에 대한 비전을 갖추고 있다.

공산당은 사람을 키운다. 많은 검증 과정을 거쳐 리더를 선발한다. 차기 국가주석으로 오르내리고 있는 후진타오(胡錦濤). 그는 공산당청년단 서기, 귀저우(貴州)성 당서기, 당교(黨校) 교장 등을 거치면서 행정력과 정치력을 검증받았다. 공산당이 그를 키운 것이다. 조금 뜬다 싶으면 흠집내기에 바쁜 우리나라 정치현실과는 커다란 차이가 있다.

독재체제의 문제는 견제세력이 없다는 점이다. 그래서 독선에 빠지기 쉽다. 그러나 중국 공산당에 이 같은 견제기능이 없는 것은 아니다. 공산당 최고 권력집단인 정치국 상무위원 중에서도 보수·혁신세력들이 서로 견제를 한다. 지도자를 뽑을 때도 각 세력 간에 팽팽한 줄다리기를 한다. 그들은 때때로 사상투쟁을 벌인다.

그러나 일단 정책이 결정되면 『돌격 앞으로!』다. 국가는 일사불란하게 움직인다. 다당제가 아니라고 해서 중국 정치가 낙후됐다고 생각하면 큰 오산이다. 정치의 근본적인 목적은 「인민들을 배부르게 하는 것」이라는 점에서 더욱 그렇다.

지금 공산당에게 활기가 돋고 있다. 연경화(年輕化)정책으로 공산당이 젊어지고 있다. 중앙부처 차관급 중에는 40대가 수두룩하다. 중국은 최근 「680공정」이라는 인사정책을 마련했다. 「1960년대에 태어나 1980년대 대학에 들어간 젊은이를 간부로 선발하라」는 게 「680공정」의 내용이다. 이들은 문화대혁명(1966~77) 시기에 청춘기를 보내 「머리가 빈」 50대 사람들의 인력공백을 메우고 있다.

중국 공산당은 WTO 가입에 즈음해 꾸준히 자기변신을 시도한다. 허베이성 휴양지 베이다이허(北戴河). 매년 여름 고위 당·정 관리들이 피서를 「빙자」, 밀실에서 국정을 논의하는 곳이다. 2001년 하반기에 이 곳에서 세상을 놀라게 할 만한 뉴스가 나왔다. 「헌법에 사유재산 불가침 조항을 삽입하겠다」는 보도였다. 헌법에 「사유재산 보장」을 규정하는 국가를 공산주의체제라고 말할 수 있을까?

장 주석은 2001년 7월 공산당 창당 80주년 기념식에서 『재산의 유무에 따라 정치성의 낙후와 선진을 판단할 수는 없다』고 말했다. 민간기업 등 자산계급의 당 가입을 허용하겠다는 뜻도 밝혔다.

공산당은 노동자와 농민의 이익을 기반으로 성립, 그들의 이익을 대변해왔다. 그런 공산당이 사회에 엄연하게 존재하는 자산가 계층을 더 이상 무시할 수 없는 현실에 직면했고, 그들을 끌어안기로 한 것이다. 일각에서는 아예 당명을 허울뿐인 「공산당」 대신 다른 이름으로 바꾸자는 논의도 제기되고 있다. 필요하다면 당명까지 바꿀 수 있다는 얘기다.

공산당이 변하면 중국이 변하게 되어 있다. 지금 그 공산당이 세계화에 걸맞게 부단한 자기변신을 꾀하고 있다.

중국 경쟁력 연구(中)
파워 모체 「인구」

서울에서 초등학교 다니는 조카가 베이징에 왔다. 공항에서 시내로 들어와 거리를 본 조카가 처음 묻는 말, 『삼촌, 여기는 왜 이렇게 사람이 많아요?』 어린 눈으로도 거리의 사람들이 엄청나게 많게 느껴졌나보다. 실제로 엄청나게 많은 사람들이 시간을 가리지 않고 베이징 시내를 활보하고 있다. 분주하게 움직이는 사람도 있지만 그 중 많은 사람들은 할일 없이 배회하기도 한다. 「인구 대국」임을 실감한다.

중국은 2000년 11월, 제5차 인구조사를 실시했다. 조사원들이 자료를 갖고 가가호호 방문해 가족 수, 학력, 생활수준 등을 조사했다. 필자의 집에 들렀던 조사원은 『중국에서 외국인이 생활하는 데 문제가 없느냐』며 특별 조사까지 해갔다.

이 때 동원된 조사인력만 전국에서 600만 명이 넘는다. 홍보가 제대로 되지 않은 시골에서는 『그런 건 왜 묻느냐』는 주민과 조사원이 실랑이를 벌이기도 했단다. 그런 과정을 거친 중국 인구통계가 최근 발표됐다. 13억 명이 약간 모자라는 수치였다.

중국 경쟁력의 원천으로 꼽은 또 다른 요인이 바로 이 인구(人口)다. 13억 인구는 중국 경쟁력의 텃밭이다.

　인구는 수요측면으로 볼 때 「시장」이라는 성격을 갖는다. 구매력을 갖춘 소비자들이 시장을 형성한다. 공급측면으로 본다면 「노동」을 뜻한다. 경제활동 인구 하나하나가 모두 노동을 제공한다. 물론 소비자의 구매력 정도, 노동의 질 정도에 따라 인구가 갖는 경제적 가치는 크게 차이가 난다. 그럼에도 중국은 13억의 인구 그 자체만으로도 하나의 커다란 경제적 에너지를 갖고 있다.

　우선 공급측면을 보자.

　중국의 풍부한 저임노동력은 개혁개방 초기 해외자본을 끌어들인 1등공신이었다. 1980년대 초 홍콩·대만·싱가포르 등의 화교자본 및 한국, 일본 등 아시아 국가들은 제조업 기지를 대거 중국으로 옮겼다. 중국의 저임노동력을 노린 것이었다. 그들은 달러를 싸들고 왔고 이를 저임노동력과 결합, 제품을 생산해냈다.

　「Made In China」 표시를 한 단순 가공품이 세계시장에 선보이기 시작했다. 저임노동력을 노린 투자 및 투자업체의 수출(아직까지도 중국 전체 수출에서 해외 투자기업이 차지하는 비중은 50%에 육박하고 있다)은 중국으로의 달러 유입을 촉진했다. 그 과정에서 주민들의 소득수준이 점차 높아졌으며, 중국에도 구매력을 가진 소비자들이 등장해 시장이 형성되기 시작했다.

　개혁개방이 심화되면서 동부지역의 임금은 많이 높아졌다. 그러나 아직도 기회만 있으면 도시로 오려는 저임노동력이 서부지역에 넘쳐나고 있다. 기업은 고용하고 있는 단순직 직원이 회사를 그만둔다고 해도 겁을 내지 않는다. 신문광고만 내면 얼마든지 저임노동력을 얻을 수 있기 때문이다. 생산원가를 낮게 유지할 수 있다는 얘기다. 중국 임금은 안정될 수밖에 없었고, 이는 물가를 잡아두는 요소로 작용하기도 했다.

풍부한 저임노동력은 중국을 「세계공장」으로 부각시켰다. 중국이 세계 최적의 제조업 단지로 성장하게 된 것이다. 저임노동력이 없었다면 어찌 「세계공장」이라는 말이 나왔겠는가.

수요측면을 보자.

중국은 개혁개방 초기 때부터 해외 자본가에게 「시장」이라는 미끼를 던졌다. 「어마어마한 시장이 있으니 투자하라」는 것이었다. 『미국이 「돈」

군대, 가고 싶은 사람만 간다

중국 젊은이들을 뽑을 때 「군필 또는 면제」라는 말은 고려의 대상이 아니다. 중국 젊은이들은 군 입대 여부를 자기 스스로 판단하기 때문이다. 가기 싫으면 안 가면 그만이다. 특히 「대학 물」을 먹은 젊은이들은 거의 군대를 가지 않는다. 대학 다닐 때 3개월 간 실시되는 「군 입소훈련」으로 병역의 의무를 벗어난다. 고등학교만 졸업해도 군대 가는 경우가 드물다.

중국 병역법에 따르면 중국은 의무병제와 지원병제를 적절히 혼합한 병역제도를 갖고 있다. 모든 남성들이 병역의 의무를 갖고 있지만, 실제로는 지원자에 한해 군 입대를 받고 있다. 그래도 인구가 워낙 많기에 군인이 넘친다.

그렇다면 누가 그 힘든 군대를 자원해서 갈까.

시골의 젊은이들이 주로 입대한다. 시골의 한정된 지역에서 자라온 그들은 군대를 통해 새로운 세계를 접하고, 다른 지역 사람들을 만나보고 싶어한다. 심지어 군대 복무기간 중에는 국가에서 먹여주고 재워주니까, 그게 좋아서 입대하는 경우도 있다고 한다.

을 가지고 장난치는 국가라면 중국은 「시장」을 갖고 장난치는 나라」라는 얘기가 틀리지 않다. 해외투자자 역시 중국시장을 간과할 수 없었다. 그들은 단기적으로는 저임노동력을 노렸지만 장기적으로는 세계 최대 시장인 중국을 겨냥했다.

「시장」이 실질적으로 중국경제의 원동력으로 등장한 것은 1990년대 중반 이후라는 게 전문가들의 분석이다. 주민들의 가처분 소득이 높아져 동부지역을 중심으로 소비시장이 형성됐기 때문이다. 시장 형성은 중국기업의 생산활동을 자극했고, 중국의 시장을 노린 외국투자자들의 중국행

시골 청년들은 군 입대를 취업의 수단으로 보는 경향도 있다. 군대 가서 「말뚝」 박으면 직업군인이 될 수 있다. 그러나 하사관으로 진급, 직업군인이 되는 길은 매우 어렵단다. 또 제대 후 정부의 직업 알선을 노리고 입대하는 경우도 있다. 그러나 정부의 직업 알선이 점점 줄어 이 혜택은 이제 누리기 어렵게 됐다. 물론 조국을 위해 젊음을 바치겠다는 순수 열정파도 있을 것이다. 현역 복무기간은 2년이다.

중국에도 예비군제도가 있다. 그러나 우리나라처럼 직장에서 벗어나 1주일 동안 공식(?)휴가를 보내는 그런 향토예비군은 아니다. 중국의 예비역은 「유사시 동원 대상」이라는 뜻에 불과하다.

중국의 현역군인 수는 약 250만에 달하고 있다. 인구에 비하면 아주 적은 수다. 지원자만 받아도 이 정도 군은 충분히 꾸려나갈 수 있기에 중국은 젊은이들을 군대에 잡아두지 않는다. 인생에서 가장 중요한 시기를 군대에서 허송하는 인력의 낭비를 피할 수 있는 것이다.

모든 대한민국 젊은이들이 군대를 가야 한다는 것. 이 점이 가져오는 가장 큰 영향은 「군대문화」의 사회 이전이 아닐까. 감수성이 예민한 청년기 3년 동안 몸에 밴 「구둣발 문화」는 제대를 해도 오랫동안 따라다닌다.

대학 다니는 우리 젊은이들이 군대 고민 안 해도 되는 날은 언제쯤 올까.

베이징 대학 자전거 베이징 대학 강의실 옆에 가지런히 놓인 자전거. 자전거는 전원 기숙사생활을 하고 있는 베이징 대학 학생들의 최고 교통수단이다. 그들 중 상당수는 대학 졸업 후 승용차를 사게 될지도 모른다.

발길이 또다시 잦아졌다. 개혁개방 초기 제조업에 몰렸던 외국인 자금은 소비재 및 서비스 분야로 확대되는 경향을 보이고 있다.

중국은 이제 생산거점으로서의 의미가 퇴색하고 시장 형성의 과실을 따먹어야 하는 곳으로 부각되고 있다. 지금 세계 유명 소비재 브랜드는 거의 모두 중국으로 달려들고 있다. 가전, 통신, 정보기술 등의 시장 역시 마찬가지다.

우리나라의 경우 초코파이, 애니콜, 신라면, LG에어컨 등이 1990년대 말 들어 중국시장에 자리잡기 시작했다. 우리의 향후 대 중국 투자가 어떤 방향으로 이뤄져야 하는지를 알 수 있게 해주는 대목이다.

위의 내용들을 종합해보자.

13억 중국인구는 풍부한 저임노동력을 낳았고, 이는 개혁개방 초기 외국인 투자자금을 끌어들였다. 외국투자 자금과 결합한 중국 노동력은 수출을 통한 부의 유입을 낳았고, 주민들의 소득수준이 높아지기 시작했다.

중국 소비자의 주머니에 돈이 차면서 시장이 형성됐고, 시장은 기업의 생산성 제고 및 제2의 해외자금 유치라는 순(順)순환곡선을 그려내고 있다.

WTO 가입에 즈음해 중국에서는 제2차 투자 붐이 일고 있다. 2001년 1~9월 중 중국의 해외투자 유치액(실투자 기준)은 322억 달러로 전년동기 대비 무려 21%나 늘어났다. 미국·일본 등의 선진국 경기가 장기불황에 빠져들면서 독야청청하고 있는 중국으로의 달러 유입은 더욱 늘어날 수밖에 없는 상황이다.

최근 중국으로 들어오는 해외자금은 두 가지 특성을 보이고 있다. 그 중 하나는 중국 내수시장을 겨냥한 투자라는 점, 둘째는 기술을 동반한 투자라는 점이다. 이는 해외 선진기업이 중국을 생산단지가 아닌 소비시장으로 보기 시작했다는 것을 보여주고 있다. 또 중국은 해외자본을 자국 기술발전, 산업고도화 전략의 일환으로 여기고 있다.

중국은 외국인의 돈으로 짧은 시간에 경제를 일으킨 나라다. 외국자본은 중국의 시장을 형성했고, 자본과 함께 들어온 기술은 중국산업을 고도화하고 있다. 이러한 사이클을 가능하게 한 근본적인 경제 요인이 바로 인구다.

중국 경쟁력 연구(下)
「공산당」과 「인구」의 지독한 패러독스

최근 중국의 한 신문이 「중국인이 가장 무서워하는 것 10가지」를 조사, 보도했다. 자녀교육, 질병, 내 집 마련 등 중국의 각종 사회문제가 지적됐다. 그 중 1,2위를 차지한 게 부정부패와 실업이다. 그만큼 중국인은 관리들의 부정부패로 찌들고, 실업의 망령에 시달리고 있다는 얘기다.

부정부패는 중국 관료주의에서 발생한 문제다. 중국 관료주의는 1당 독재 영향이 크고, 그 중심에 공산당이 있다. 실업은 물론 생산규모에 비해 경제인구가 많기 때문이다. 과잉인구에 문제의 핵심이 있다. 결국 공산당과 인구가 중국을 괴롭히는 가장 큰 사회문제의 핵심에 있는 것이다.

앞에서 우리는 공산당이 중국 경쟁력의 파워센터이고, 인구가 경쟁력의 텃밭임을 살펴봤다. 그런데 이번에는 그 공산당과 인구가 사회불안의 가장 큰 요인으로 작용하고 있다. 지독한 패러독스라 아니 할 수 없다.

우선 부패문제를 보자.

이 이야기는 관리부패를 단적으로 보여주는 사례 중 하나로서 중국언론에 보도된 사실이다.

중국 산둥(山東)성의 작은 마을인 신핑춘(新平村) 시장에서는 중국 돈 런민삐(人民幣·중국 공식 화폐)가 쓰이지 않았다. 주민들은 이 마을에서만 통용되는 춘삐(村幣·마을 돈)로 물건을 사고 팔았다. 춘삐는 춘 정부가 주민들의 런민삐를 받고 대신 같은 액수로 지급한 상거래 수단이다. 지면 에는 「新平村民主財務局」이라는 직인도 찍혀 있었다. 한 국가 내에 또 다른 경제단위가 존재하는 것이다.

여기까지만 보면 신핑춘은 무릉도원을 연상케 한다. 그러나 알고 보니 이게 사기였다. 춘(村) 정부를 이끌고 있는 춘 당서기가 주민들로부터 거 둬들인 인민 화폐를 모두 빼돌린 것이다. 그는 춘삐를 제시하며 런민삐를 환급해달라는 주민들의 요구에 오리발을 내밀었다. 중국 언론은 「지방토 호(土皇帝)가 달콤한 말로 우매한 주민들을 송두리째 속인 희대의 사기 극」이라고 개탄했다.

관리들의 부정부패 사례는 이 밖에도 이루 헤아릴 수 없을 만큼 많다. 닝샤(寧夏) 자치구의 한 현(縣)급 도시에서는 고위간부가 아홉 살의 아들 을 공무원으로 채용, 매달 340위안의 월급을 챙겼다. 허난(河南)성의 한 국유기업(국유기업 간부들도 크게 공산당 관리 범주로 해석할 수 있다)은 직원 들을 3개조로 나눠 한 달 간 무임휴가를 보내고, 그들의 월급을 빼돌렸 다. 2000년 하반기에 터진 푸젠(福建)성 샤먼(廈門) 세관원들의 부정부패 는 중앙정부의 권력구조에 영향을 줄 만큼 규모가 컸다. 이 사건에 연루 된 84명 중 11명이 목에 칼을 받기도 했다.

중국정부는 부정부패 퇴치를 위해 「부패와의 전쟁」을 치르고 있다. 주 룽지 총리가 『내 관을 두 개 만들라』며 그 선봉에 서고 있다. 부정부패로 기소된 관리들은 공개처형을 당하기도 한다. 후창칭(胡長淸) 전 장시(江 西)성 부성장은 산하 국유기업으로부터 544만 위안의 뇌물을 상납받은 것으로 밝혀져 목이 떨어져 나갔다. 중국 TV 뉴스 시간에는 부정부패 관리들의 공개재판을 자주 보게 된다.

중국 영도자들의 불타는 전의(戰意)에도 불구하고 부정부패는 근절되지 않고 있다는 데 문제가 있다. 정부와 기업 간 부패의 고리가 워낙 뿌리 깊고, 일부 관리들의 도덕적 해이가 만연해 있기 때문이다.

뜻있는 중국학자들은 『중국의 부정부패는 공산당이 자기정화 능력을 상실해가고 있다는 반증』이라고 해석하기도 한다. 『부정부패로 인한 경제적 손실이 1년에 1조 위안을 넘을 것』(胡鞍鋼·중국과학원 연구원)이라

이슈 추적

부패의 다섯 가지 속성

포승에 묶인 머리 깎인 죄수, 흰 장갑을 낀 법정경찰의 매서운 눈초리, 재판장의 근엄한 판결문 낭독….

중국 TV 뉴스 시간에 자주 목격하는 부패 관리들의 재판 장면이다. 체육관에 재판정을 차려놓고 시민들이 지켜보는 가운데 「공개 부패재판」을 열기도 한다.

그럼에도 중국에서 부패가 줄고 있다는 얘기는 들리지 않는다. 중국 식자들은 『당과 관리들의 부정부패가 사회안정을 위협하는 수준에 이르렀다』고 우려하고 있다.

중국 〈검찰일보〉에 「부패의 다섯 가지 속성」이라는 제목의 작은 칼럼이 실렸다. 선전 검찰원의 한 직원이 쓴 이 칼럼이 인터넷에 올라오면서 중국인들 사이에 회자되고 있다.

그가 지적한 부패의 첫번째 속성은 「첫 경험이 어렵지 맛들이면 끊기 어렵다」는 것이다. 관리들은 부패 초기에 「이번이 마지막」이라고 손을 댄다. 그러나 시간이 지나면서 부패는 일상적인 일로 변한다. 나중에는 손을 뗄 수조차 없는 상황

는 통계도 있다.

실업문제를 보자.

매년 설 명절이 끝나면 주요 도시 기차역 대합실은 만원이다. 시골에서 돈벌러 온 사람들로 발 디딜 틈이 없다. 중국언론은 한때 이들을 「망류(盲流 · 맹목적으로 이동하는 인구)」라고 했지만 요즘에는 「민공차오(民工潮 · 막노동꾼 물결)」라고 일컫는다. 「망류」라는 어감이 좋지 않다는 이유에서 바꿨다.

현재 중국 농촌지역의 잉여노동자는 약 1억 5,000만 명에 달하고 있다.

에 이르른다.

둘째, 패거리를 찾는다. 부패관리들은 본능적으로 주위 동료를 부패에 끌어들이려 한다. 「우리 편」으로 만들기 위해 끊임없이 포섭한다. 이 과정에서 청렴한 관리들은 따돌림을 당하거나 다른 부서로 자리를 옮기게 되고, 부패 패거리만 남게 된다.

셋째, 포장(包裝)을 요구한다. 부패관리들은 자기 포장에 능하다. 언론매체와의 인터뷰, 조직 내외의 각종 포상 등에 관심이 많다. 최근 중국에서 부패혐의로 처형된 대부분의 관리들은 「일 잘 하는 사람」으로 상을 탔던 사람들이다.

넷째, 법을 팔아먹는다. 부패 공무원이 가장 좋아하는 말이 「법 때문에…」라는 것이다. 법률을 들먹이며 일이 안 된다 하고, 뒤로는 뇌물의 손길을 기다린다. 행정 규제가 부패를 부르는 것이다.

다섯째, 윗물이 흐리다. 하위직 인사가 부패에 연루됐다면 틀림없이 상위직에 문제가 있다. 상위인사가 부패에 연루됐거나, 아니면 부패를 적당히 눈감아주기 때문에 아래의 부패가 가능하다. 부패의 책임은 결국 조직의 최고 책임자에게 물어야 한다.

부패는 과연 중국만의 일일까. 필자가 「부패의 다섯 가지 속성」 칼럼을 읽던 당시 서울은 병역비리 사건으로 시끄러웠다.

향후 5~10년 동안 매년 평균 500만 명 이상씩 늘어날 것으로 전문가들은 보고 있다.

이들은 언제든지 도시로 달려갈 준비가 되어 있는 예비 「민공」이다. 그러나 도시는 밀려드는 「민공」에게 일자리를 제공해주기에는 한계가 있을 수밖에 없다. 결국 이들은 도시의 부랑아로 떠도는 경우가 많다. 도시사회 불안의 원인이다.

베이징 거리에 차를 세워놓으면 꼬마들이 걸레를 갖고 달려든다. 업무를 마친 후 다시 차에 돌아오면 그들에게 시달려야 한다. 차 닦아줬으니 돈을 달라며 손을 벌린다. 처음에는 『누가 닦으라고 했느냐』며 박대했지만, 지금은 그들이 불쌍하다는 생각에 5위안을 건네준다. 그들 역시 도시로 몰려든 민공들이다.

현재 중국정부가 제시하고 있는 도시지역 실업률은 3.1%선이다. 그러나 누구도 이를 믿지 않는다. 정식으로 실업자 등록을 한 사람들의 수치일 뿐이다.

이 통계에는 일자리에서 쫓겨난 씨아강(下崗·실직)자들이 포함되지 않았다. 국유기업 개혁으로 지난 2~3년 간 매년 1,000만 명 이상의 씨아강자가 쏟아졌는데도 말이다.

중국은 그 동안의 재취업으로 도시지역 씨아강 노동자가 약 650만 명에 그치고 있다고 밝히고 있다. 그러나 「과연 그럴까」라는 의문이 든다. 여기에 노는 날이 더 많은 「민공」까지 합치면 도시지역 실업률이 10%선에 달할 것으로 중국언론들도 분석하고 있다.

종교단체 파룬궁(法輪功). 중국정부가 이를 사교(邪敎)로 규정, 대대적인 탄압에 나선 것도 실업과 관련이 있다. 사회에 대해 불만을 가진 실업자들이 파룬궁 아래로 몰려 조직화될 것을 우려했기 때문이다. 지난 1989

년 발생했던 「톈안먼(天安門)사태」의 저변에 실업자들이 있었다는 게 이를 말해준다.

우리는 공산당과 인구가 어떻게 중국 발전을 이끌었는지를 보았다. 역으로 공산당과 인구가 어떻게 사회 안정을 해치고 있는지도 살펴봤다. 중국은 이렇게 한쪽 면만으로 결코 볼 수 없는 「부이딩(不一定)」의 나라다.

파워 시프트의 물결을 타라

「늦대와 함께 춤을(與狼共舞).」

중국 언론들이 WTO 가입을 얘기할 때 흔히 쓰는 말이다. 케빈 코스트너 주연의 영화 〈늦대와의 춤〉을 패러디한 말이기도 하다. 여기에서 늦대는 외국기업을 상징하는 말. 우리말로 옮기자면 「외국기업과 어울려 춤을 추자」라는 뜻이다.

외국기업은 중국기업에게 늦대(狼)와 같은 존재였다. 「토종기업을 잡아먹으려 달려드는 존재」이기 때문이다. 당연히 경계의 대상이었다. 지난 1999년 11월, 중국과 미국이 WTO 가입을 위한 양자협상을 타결한 후 중국의 WTO 가입은 현실화됐다. 이 때부터 언론들은 걸핏하면 「늦대가 왔다(狼來了)」라며 열을 올렸다. 무시무시한 늦대가 곧 들이닥칠 테니 대비하라는 경고였다.

그런 그들이 이제는 늦대와 춤을 추겠다고 한다. WTO 가입에 따른 외국기업과 무한경쟁을 받아들여야만 하는, 피할 수 없는 현실에 직면한 것이다. 그러니 그들과 함께 경쟁하고, 함께 성장해야 한다는 얘기다.

WTO 가입 협상주역인 룽용투(龍永圖) 대외무역경제합작부 부부장은 이렇게 말한다.

『우리는 더 이상 늑대를 피할 수 없습니다. 빗장을 풀고, 달려드는 늑대와 맞서 싸워야 합니다. 아니, 늑대를 끌어들여서라도 우리 힘을 키워야 합니다. 그게 WTO에 가입하는 진정한 의미입니다. 이 거대한 파워의 변화에서 살아남는 자가 최후의 승자입니다.』

저명한 경제학자인 베이징 대학 리이닝(勵以寧) 교수와 최근 인터뷰를 했다.

『WTO 가입은 「제2차 중국 경제혁명」입니다. 지난 1978년 말 시작된 덩샤오핑의 개혁개방을 제1차 혁명이라고 한다면 이번 WTO 가입은 두 번째 혁명이지요. 제1차 혁명은 닫힌 문을 외국에 열었던 소극적 의미의 개방이었습니다. 제2차 경제혁명은 문턱을 아예 없애는 적극적 의미의 개방입니다. 중국기업은 안으로 들어오는 외국기업을 받아들여야 하겠지만, 또 밖으로 나가기도 할 겁니다.』

종합가전업체인 하이얼(海爾)의 장레이민(張瑞民) 총재. 그는 WTO 가입을 맞아 스스로 늑대가 되기로 했다. 외부에서 달려오는 늑대와 싸우기 위해서는 중국기업도 늑대로 변해야 한다는 게 그의 지론이다. 실제로 하이얼은 세계 주요 대륙에 6개 생산공장을 짓고, 현지 마케팅에 적극 나서고 있다.

하이얼은 세탁기 · 냉장고에 만족하지 않는다. 핸드폰 · 통신설비 등 첨단 분야로 업종을 전환하는가 하면 세계시장 개척을 위해 밖으로 뛰고 있다. 그는 「이제 한번 붙어볼 만하다」라고 생각했는지도 모른다.

WTO 가입은 중국경제의 모든 분야에서 파워 시프트를 불러일으키고 있다. 기존 비즈니스 관행도 크게 바뀌어가고 있다.

유통업이 그 대표적인 예다. 중국은 그 동안 원칙적으로 외국 제조업체가 자국에서 유통사업을 벌이는 것을 막았다. 생산은 하되 유통은 국내업체에게 맡기라는 식이었다. 그러나 WTO 가입 이후 중국은 3년 안으로 도·소매 및 직판, AS(사후 서비스) 분야를 개방하기로 약속했다. 또 100% 외국 단독 유통법인의 설립도 허용해야 한다. WTO 가입으로 공정한 룰을 도입해야 한다. 더 많은 외국기업들이 몰려들 수밖에 없다. 최고만이 살아남을 수 있는 무한경쟁의 시대로 접어들고 있는 것이다.

이 같은 변화는 곧 중국 유통시장을 최고 업체의 격돌장으로 변모시켰다. 세계적인 유통업체인 까르푸는 2000년 말 홍콩의 4개 할인매장을 모두 폐쇄했다. 중국으로 오기 위해서였다.

이미 중국 내 30여 개 매장을 갖고 있는 까르푸는 1년 안으로 10개 매장을 더 만들 계획이다. 월마트, 마크로 등 다른 매장도 이에 뒤질세라 중

이슈 추적

독점을 폭격하라

지난 1966년 8월 마오쩌둥은 「사령부를 폭격하라(砲打司令部)」는 제목의 문장을 〈인민일보〉 1면에 실었다. 당시 권력을 잡고 있던 류샤오치(劉少奇), 덩샤오핑(鄧小平) 등 주자파 세력이 폭격의 대상이었다. 이 문구는 문화대혁명의 신호탄이었다.

요즘 마오쩌둥의 정치운동을 연상케 하는 글이 중국언론에 자주 등장하고 있다. 「독점을 폭격하라(砲打壟斷)」는 게 그것. 폭격의 대상이 사령부에서 독점으로 바뀐 게 차이점이다. 정부와 기업의 분리(政企分開), 진입장벽 철폐, 가격결정의 시장화, 업체 간 가격담합 금지 등 독점폭격의 내용이다. 기업 및 시장에 대한 정부의 「관리독점」이 주요 목표로 정해진 게 눈에 띈다.

국행에 가속도를 내고 있다.

우리나라의 이마트는 상하이에서 매장 한 개로 악전고투하고 있는 실정이다. 아직도 우리나라 기업들은 급성장하고 있는 이웃 시장을 놓아두고 좁은 한국시장에서 싸우고 있다.

당연히 우리나라의 대 중국 비즈니스 전략에도 변화가 와야 한다. 한대기업 베이징 지점장인 K부장. 그는 요즘 중국 내 유통 인프라 구축을 위해 물밑 작업을 벌이고 있다. WTO 가입 이후 예상되는 유통시장 개방에 대비, 채널을 구축해놓겠다는 뜻이다. 그의 유통 채널은 WTO 가입 3년 후 막강한 유통 파워를 발휘하게 될 것으로 기대된다.

이와 같은 시장변화는 유통업뿐만이 아니다. 우리가 관심을 갖고 있는 자동차 · 철강 · 정보기술 · 화학 등 대부분의 산업에서 시장규칙이 달라지게 되어 있다. 중국인들은 싫으나 좋으나 늑대와 함께 춤을 추도록 선

중국의 「독점폭격」 의지는 결연해 보인다.

최근 승용차 가격을 자율화한 게 단적인 사례. 중국은 승용차에 대한 정부 지도가격제도를 폐지했다. 민간기업에게 가격 결정권을 넘긴 것이다. 가격담합을 한 6개 자동차보험사에 대해서는 엄중 경고와 함께 벌금을 부과하기도 했다. 또 항공 · 철도 · 에너지 · 통신 등을 대표적인 독점산업으로 규정, 폭격을 준비하고 있다.

기업행정을 주관하는 공상관리총국 국장을 차관급에서 장관급으로 승격, 독점 감시권을 부여했으며 미국식 「반독점법」도 곧 제정할 예정이다.

중국의 경제전문가들은 『독점 깨트리기 작업이 결국은 계획경제체제와의 결별로 이어질 것』으로 내다보고 있다. 정부 스스로 기업을 통제하고 있던 「규제 라인」을 끊어버리고 있다. 계획경제의 유물인 기업에 대한 정부의 지령이 하나둘 사라지고 있는 것이다. 중국언론이 독점폭격에 한창이던 2001년 여름. 우리나라 정부와 기업도 규제철폐 문제를 놓고 실랑이를 벌이고 있었다.

택받고 있는 것이다.

패러다임의 변화는 「계획」에서 「시장」으로의 「파워 시프트(power shift)」를 몰고 온다. 중국은 최근 정부가 간섭했던 117개 상품 가격을 자율화했다. 현재 중국정부가 가격에 관여하는 품목은 전기·군수품·비료 등 13개 품목에 불과하다.

중국은 또 독점해체 작업에도 적극 나서고 있다. 통신·항공·석유화학 등의 거대 독점 사업체들이 분리되고 있다. 국가가 관여했던 사업은 기본적인 것만 빼놓고 모두 떼어 민간으로 넘기겠다는 게 중국정부의 정책이다.

정부는 기업을 직접 통제하지 않는 대신, 그들이 시장에서 자유롭게 경쟁하도록 도와주는 감시자 역할로 물러나고 있다. 중국시장에서도 「보이는 손」 대신 「보이지 않는 손」이 위력을 발휘하고 있다.

시장혁명은 경쟁의 시작이다. 「독점폭격」 소식이 전해지면서 항공업계에도 가격경쟁이 벌어지고 있다. 정부가 주요 항공업체 간 가격 카르텔에 비난을 가한 게 시발점이었다. 각 항공사들은 손님을 빼앗기지 않기 위해 치열한 서비스 경쟁을 벌이고 있다. 대표적인 계획산업이었던 항공업계에 시장 메커니즘이 살아나고 있는 것이다.

이러한 중국경제의 변화는 이 밖에도 여러 분야에서 눈에 띈다. 국유기업이 쇠퇴하면서 사영기업이 산업의 중추세력으로 떠오르고 있다. 정계를 비롯해 관계와 산업계 등 사회 전 분야에서 신진 젊은이들이 구세대를 밀어내고 있다.

WTO 가입으로 시작된 중국경제의 변화. 앞으로 3년이 절정을 이룰 것으로 예상된다. 우리 기업이 그 변화의 물결에 몸을 던져야 할 시기가 다가온 것이다.

중국 기업인, 그들이 젊어지고 있다

포항제철 중국본부장 김동진 상무. 중국 비즈니스 15년 정도의 경력을 갖고 있는 그는 중국에 주재하고 있는 몇 안 되는 제1세대 상사원이다. 그의 중국 비즈니스는 곧 중국 기업인과의 만남, 그 자체였다. 김 상무는 『중국 기업인이 요즘처럼 빠르게 변하는 것을 이전에는 보지 못했다』고 말한다. 중국기업이 점점 젊어지고 있고, 기업 총수들의 사고 역시 빠르게 국제화되고 있다는 얘기다. 그는 『오히려 내가 따라잡기 힘들다』고 말한다.

젊어지는 중국기업. 한 가지 사례를 살펴보자.

2001년 4월 말 중국 산업계에 세대 교체를 알리는 벨소리가 울렸다. 진원지는 아시아·태평양(일본 제외) 지역 최대 PC 메이커이자 「중국의 IBM」으로 불리는 렌샹(聯想)그룹. 이 회사 창업자인 류촨즈(柳傳志·56)가 경영권을 30대 부하 직원인 양위안칭(楊元慶·37)에게 넘긴다고 발표한 것이다. 아직 환갑도 되지 않은 류촨즈는 『IT 기술을 따라잡기에는 너무 늦었다』며 고문자리로 물러났다. 중국 IT 산업이 류촨즈로 대표되는

칭화 대학 실험실 칭화(淸華) 대학교의 물리학 실험실. 칭화대는 기업이 필요로 하는 「실용적인 인재」를 배출하는 산실이기도 하다. 젊은 그들이 미래 중국을 만들어가고 있다.

제1세대를 마감하고 젊은 경영인이 주역으로 등장하는 제2세대로 접어든 것이다.

「30대 샛별」 양 사장은 취임과 함께 렌샹을 바꿔가고 있다. 키워드는 「글로벌 경영」이다.

『중국시장에서 안주하지 않고 넓은 세계시장으로 나가야 한다. IBM, 컴팩, MS 등이 우리의 경쟁 상대다. 세계에 중국 젊은이들의 힘을 보여줄 때가 왔다.』

렌샹은 젊다. 종업원의 평균 나이가 스물여덟 살도 채 안 된다. 그런 렌샹이 더 젊어지고 있는 것이다.

양 사장이 중국 최대 IT 업체 총수로 오른 데에는 권력의 후광이 있었던 것도 아니었고, 외국유학 경력이 있는 것도 아니었다. 「실력」 하나가 그의 무기였다. 지난 1989년, 대학(베이징 과기대학) 졸업 후 렌샹에 입사한 그는 류촨즈의 눈에 띈다. 기술과 시장을 결합하는 능력이 뛰어났던 것. 양 사장은 승진을 거듭했고, 컴퓨터 사업을 총괄하게 된다. 그는 「쉽고 가벼운 컴퓨터」로 승부를 걸었고 이를 통해 IBM, 컴팩 등 외국 컴퓨터 업체의 중국시장 공세를 막아냈다. 「중국 IT의 자존심」이라는 별명도 얻었다.

중국 업계에는 이 밖에도 30~40대 기업 총수가 적지 않다. 중국 이치(一氣) 자동차는 33개 자회사를 거느린 중국 최대 자동차 그룹. 이 회사 최고경영자(CEO)인 주엔펑(竺延風) 사장의 올해 나이는 서른여덟 살이다. 컬러TV 시장 선두업체인 콩카(康佳)의 천웨이롱(陳偉榮) 사장도 갓 마흔을 넘겼다. 전자제품 업체인 주하이진산(珠海金山)의 용바이쥔(永伯君) 사장, 에어컨 업체인 위엔다(遠大)의 장위에(張躍) 사장, 부동산업체인 동팡(東方)의 장홍웨이(張宏偉) 사장 등도 30,40대 기업인이다.

이들은 지난 1960년대 중반부터 10년 간 중국을 혼란의 도가니로 몰아넣었던 문화대혁명 이후의 시대를 살아온 세대들이다. 우리로 치자면 대학 1980년대 학번 이후다. 「중국의 386세대」인 셈이다. 그들은 대학시절부터 덩샤오핑의 개혁개방 정책을 지켜봤다. 그들은 시장이 어떻게 움직이고 가격이 어떻게 형성되는지를 안다.

중국기업의 국제화를 보여주는 또 다른 사례가 있다.

가전업체 하이얼(海爾)의 장레이민(張瑞敏) 사장. 중국 가전산업을 세계 수준으로 끌어올린 업계 리더다. 「중국의 잭 웰치」로 불리기도 하는 그는 영국 〈파이낸셜 타임스〉 선정 「세계 30대 기업인」 중 26위로 뽑히기도 했고, 최근에는 미국 〈포천〉지 커버스토리를 장식하기도 했다.

그의 경영관은 「탈(脫)중국」으로 요약된다. 중국을 넘어 세계로 향해야 한다는 게 그의 지론이다. 하이얼은 냉장고·세탁기·에어컨 등에서 이미 세계시장 점유율 수위를 지키고 있다.

중국 가전업계에는 이 밖에도 국제급 기업인 스타가 많다. 창훙(長虹)의 니룬펑(倪潤峰) 사장, 춘란(春蘭)의 타오지엔싱(陶建幸) 사장, 하이신(海信)의 저우호우지엔(周厚健) 사장 등이 그들이다. 이들은 중국을 「가전 대국」으로 만든 주역이다.

지금 중국기업의 최대 과제는 구조조정이다. 중국 기업인들은 이 문제를 어떻게 다루고 있는지 보자. 중국 최대 보험회사인 중국인민보험공사(PICC) 탕윈샹(唐運祥) 사장의 얘기다.

그가 이 회사에 부임한 것은 2000년 10월. 인민은행(중앙은행) 행장비서 출신인 그가 부임하자마자 회사에는 폭풍전야와 같은 긴장감이 감돌기 시작했다.

그가 「PICC를 개혁하기 위해 파견된 점령군」이라는 사실이 입에서 입

이슈 추적

기업계 중원(中原)의 「4대 문파(門派)」

중국 기업인들은 지역에 따라 서로 다른 경영 스타일을 갖고 있다. 중국 학계 일각에서는 중국을 크게 네 곳으로 나눠 지역별로 경영인들의 특색을 비교한다. 중국 기업인의 「4대 문파」인 셈이다.

우선, 산둥(山東)성 지역을 중심으로 한 제노(齊魯)파. 공자의 고향인 산둥 사람들은 다른 사람에 대한 이해심이 높고 포용력이 크다. 외국의 선진경영 스타일과 기술을 받아들이는 데 적극적이다. 이 지역에 자리잡은 가전업체인 하이얼의 장레이민 총재와 세계적인 맥주회사인 칭다오(靑島) 맥주의 리궤이룽(李桂榮) 사장 등이 이 유형에 속한다. 장 총재는 『하이얼은 바다와 같은 기업』이라며 『바다는 모든 것을 용납하는 아량을 갖고 있다』고 말한다.

둘째, 광둥(廣東) 지역의 영남(嶺南)파. 고대 「해상 비단길」의 출발점이었던 이

으로 전해지면서 직원들은 불안감에 떨었다.

우려는 현실로 나타났다. 탕 사장이 개혁의 칼을 높게 든 것이다. 그는 취임 후 불과 3개월 사이에 8만여 명의 종업원 중 1만여 명을 정리했다. 마흔다섯 살 이상의 국장급 간부들은 대부분 옷을 벗어야 했다. 자연스럽게 30대 인사들이 PICC의 중추 세력으로 등장하게 됐다.

탕 사장은 직원들에게 변화를 요구했다.

『보험산업 개방시대를 맞아 우리는 지금 죽느냐 사느냐의 기로에 섰다. 변하지 않으면 자멸뿐이다.』

탕 사장은 PICC를 바꾸기 시작했다. 책상에 앉아 있는 직원을 밖으로 몰아냈다. 고객을 앉아서 기다리지 말고 찾아다니라는 주문이었다. 그는 지방의 군더더기 사무소를 과감히 철폐하고 대리점 체제로 영업방식을

지역 기업들은 외양이 풍성하고, 내용도 알차다. 실질적인 면을 중시하는 성향이 강하면서도 개방성과 현대적 감각을 갖췄다. 종합가전업체인 TCL의 리동성(李東生) 총재가 대표적이다. 그는 가장 세련된 제품을 가장 싸게 공급하는 데 뛰어난 능력을 발휘하고 있다.

셋째, 베이징을 중심으로 한 연조(燕趙)파. 북방 이민족의 침입 위협에 노출되어 있는 이 지역 주민들은 내일을 대비하려는 성향이 강하다. 이 지역 경영자들은 현실에 안주하지 않고 내일을 위해 힘을 길렀다. 롄샹의 류촨즈 고문, 베이다방정(北大方正)의 장자오둥(張兆東) 등을 꼽을 수 있다. 류 고문이 양위엔칭, 궈웨이(郭爲) 등 후계자를 양성, 사업의 영속성을 키운 것도 이 같은 성향의 표현이다.

넷째, 쓰촨(四川) 지역의 서촉(西蜀)파. 다른 유형에 비해 가장 불리한 지정학적 특성을 가졌다. 그러나 악조건 속에서도 항상 과감하게 문제를 돌파해나간다. 이 지역의 대표적인 업체인 창훙의 니룬펑 총재는 가전업계의 가격파괴를 주도하며 다른 업체의 추격을 막아내고 있다.

중국측 파트너 회사가 어느 문파에 속하고 있는지 생각해보자.

바꿨다. 국유기업의 타성을 털어버리고 조직을 탄력적으로 운영하겠다는 취지였다.

그의 개혁은 지금 중국 보험업계 전반을 긴장시키고 있다.

정보기술(IT) 업계에는 신예 기업가들이 중국을 「IT 강국」으로 만들어 가고 있다.

중국 최대 사영 IT 업체인 쓰퉁(四通)의 두안용지(段永基) 사장. 그는 베이징 정보기술 단지인 중관춘 발전을 주도, 「중관춘 촌장(村長)」이라는 별명을 얻었다. 그는 지난 1985년 친구들과 함께 2만 위안을 모아 쓰퉁을 설립했다.

워드프로세서, 팩스 등 사무자동화기기로 시작한 이 회사는 지금 컴퓨터, 반도체, 소프트웨어 등 종합 IT 업체로 변신했다. 두안 사장은 지난 1993년 회사를 홍콩증시에 상장시키는 데 성공, 중국 IT 업체의 국제화를 선도했다.

광케이블 업체인 화웨이의 런정페이(任正非) 총재. 그는 서방국가의 첨단기술을 도입하는 데 인색하지 않았다. 세계 선진기업을 찾아다니며 구걸하다시피 해서 기술을 얻어왔다. 이 회사는 외국기술을 바탕으로 독자기술 제품을 만들어냈다. 지난 1995년 이후 광케이블 분야 매출액이 매년 100%씩 증가, 2000년에는 매출액 25억 달러를 기록했다. 화웨이는 기술을 받아들이는 회사가 아니라 기술을 갖고 해외로 뛰는 회사로 변하고 있다.

물론 중국의 모든 기업이 이들 기업처럼 혁신적 사고를 갖고 뛰는 것은 아니다. 그러나 이들 젊은 기업인이 중국의 산업 판도를 바꿔가고 있다는 것만큼은 분명하다.

지금 한국기업의 나이는 몇인가. 취재를 하면서 끊임없이 필자 머리 속에 떠오른 질문이다.

중국기업 읽기(上)
「글로벌 기업」이 최종 목표다

　중국 랴오닝성 성도인 선양(沈陽). 지난 여름 이 곳을 방문했을 때 여느 중국의 대도시와는 달리 「어둠침침하다」는 인상을 받았다. 거리 행인들에게서는 활기를 느낄 수 없었고, 건물도 대부분 세련되지 못했다. 도시는 성장하고 있다는 느낌을 주지 못했다. 온통 「회색」이었다. 「동북지방에서 가장 큰 도시가 왜 이렇게 됐을까」라는 의문이 들었다.

　필자의 취재 일정을 잡아줬던 선양 시정부 관계자가 그 해답을 주었다.
『선양은 마오쩌둥 시대부터 동북지방의 주요 공업단지였습니다. 대형 국유기업이 많았지요. 마오쩌둥 시대 선양은 중국의 그 어느 곳보다 괜찮은 곳이었습니다. 1990년대 중반까지만 해도 그다지 나쁘지 않았습니다. 그러나 주룽지 총리가 4년여 전부터 시작한 국유기업 개혁으로 화려했던 빛이 바래기 시작했지요. 도시에 씨아강(下崗·실직) 근로자들이 넘쳐나고 있습니다. 실업률이 17%는 될 겁니다. 공장이 문을 닫으면서 성정부 세수(稅收)에도 문제가 생겼지요. 부자 도시에서 갑자기 가난한 도시로 바뀌었습니다.』

시정부 관계자의 얘기를 듣고 나니 도시의 모습이 더욱 선명하게 들어왔다.

국유기업 개혁. 주 총리가 주도하고 있는 핵심 경제정책인 국유기업 개혁은 이렇게 한 도시의 분위기를 바꿔놓고 있었다.

중국 국유기업은 국가 자산으로 세워지고, 국가가 지정한 기관이나 개인이 운영하는 기업이다. 국영기업이라고 보면 크게 틀리지 않다. 국유기업은 비능률·관료주의·도산·실업 등의 오명을 뒤집어쓰고 있다. 국유기업하면「개혁의 대상」으로 지목받고 있을 정도다.

중국은 애물단지 국유기업을 어떻게 개혁하고 있을까. 같은 랴오닝성의 한 도시인 안산(鞍山)시 이야기다.

지난 2001년 7월 23일 안산 시정부 회의실에서는 이색적인 경매가 벌어졌다. 매물은 안산중기계 등 3개 부실 국유기업. 진행자는 안산중기계 경매가격을 900만 위안에 제시했다. 100여 명의 참석자들 사이에 눈치보기가 시작됐다. 10여 차례 주인이 바뀌며 결정된 낙찰가는 915만 위안. 한 사영기업이 차지했다.

이로써 중국기업 명부에는 국유기업이 하나 사라지고 대신 사영기업이 하나 늘었다.

한솔 베이징 지점 김원식 소장은 이렇게 말한다.

『기업경매에 참여해달라는 제의를 많이 받습니다. 부실 부분을 떼어내 클린 컴퍼니로 만들어줄 테니 사가라는 제의입니다. 중국이 부실기업 세일에 나선 겁니다. 그 중에는 구미가 당기는 것도 여럿 있습니다. 복잡한 법인설립 절차를 거치지 않고도 중국에 현지법인 또는 공장을 설립할 수 있어 외국기업들도 선호합니다.』

그는 현재 중국의 제지업체 인수를 추진 중이다.

국유기업 세일에는 내국인 돈, 외국인 돈을 가리지 않는다. 조건만 맞으면 해외기업에 주식을 넘기겠다는 게 중국정부의 의지다. 중국은 이를 위해 법 검토작업을 벌이고 있다.

지난 6월 뉴욕 한 호텔에서 「차이나 세일 로드쇼」가 열렸다. 중국 자산관리공사인 화룽(華融)과 미국 컨설팅 업체인 언스트&영이 공동기획한 중국기업 자산매각 설명회였다. 메릴 린치, 모건 스탠리 등 컨설팅 업체 및 투자은행 관계자 약 500명이 참가, 뜨거운 관심을 보였다.

이 날 제시된 300여 중국업체는 화룽이 중국공상은행으로부터 인수한 불량기업 중 회생 가능성이 가장 큰 업체였다. 자산 규모는 약 19억 달러에 달했으며, 현장에서 5~6개 업체에 대한 인수 양해각서가 오가기도 했다.

중국 경제정책의 산실인 국가경제무역위 런완빈(任萬賓) 부주임의 설명이다.

『부실기업 구조조정을 위해 필요하다면 모두 다 팔 겁니다. 매입자가 중국인이든 외국인이든 상관 없습니다. 국가가 소유하고 있는 주식도 넘길 준비가 돼 있습니다.』

그렇다고 중국이 잘 나가는 기업의 싹을 죽이자는 것은 아니다. 오히려 「가능성 있는 업체를 중점적으로 육성, 경쟁력을 키운다」는 데 더 큰 뜻이 있다. 업종별 대표주자 양성이 그 방안이다.

국가경제무역위는 최근 WTO 가입 후를 대비한 산업 구조조정 청사진을 제시했다. 이 중 철강산업을 예로 들어보자.

중국은 전체 생산에서 차지하는 10대 업체의 생산비율을 1999년의 50%에서 오는 2005년에는 80% 이상으로 늘릴 계획이다. 10대 업체가 사실상 중국 철강을 모두 생산하게 되는 것이다. 이를 위해 생산품목별 · 지

역별로 철강업체의 통폐합을 추진하게 된다. 전국에 퍼져 있는 약 3,000
여 개의 중소 철강업체들은 흡수 또는 도산의 길을 걸어야 한다는 얘기
다. 우리가 흔히 말하는 「선택과 집중」이다.

「회생불능」 판단이 난 기업은 가차없이 퇴출된다. 2001년 1~8월까지
중국에서 문을 닫은 기업은 약 7,900여 개[〈화성바오(華聲報)〉보도]에 달
했다. 이 중 상당수가 국유기업이었고 이로 인해 수백만 명의 실업자가
쏟아져 나왔지만 중국정부는 눈 하나 꿈쩍하지 않았다.

살아남은 자에게는 혹독한 구조조정이 강요되고 있다. 제조업·금융
업·서비스업 등 모든 업계 기업들은 WTO 이후 예상되는 무한경쟁 시
대에 대비, 생존 투쟁에 나서야 한다.

이슈 추적

종업원에게 「황금수갑」을 채워라

「진쇼우카오(金手銬).」 황금(돈) 수갑이라는 뜻이다. 중국인들은 스톡 옵션 제
도를 이렇게 표현한다. 스톡 옵션으로 종업원과 기업을 한데 묶는다는 데서 나온
말로 최근 중국에 스톡 옵션 제도를 채택하는 기업이 늘어나면서 널리 회자되고
있다. 금수갑 제도는 중국의 기업개혁을 상징하는 단어로 등장했다.

최근 중국 경제참고보는 황금수갑 제도의 성공 모델로 후베이(湖北)성 우한중
상(武漢重商)을 꼽았다. 우한시 산하 국유기업인 이 회사의 엔궤이팡 사장은
2000년 말 16만 7,000위안의 연봉을 받았다. 그는 이 중 7만 위안에 해당하는 자
사주 8,000주를 스톡 옵션으로 받았다. 이 회사는 종업원들에게도 보너스의 30%
는 현금으로, 나머지 70%는 주식으로 배분한 것으로 알려졌다.

이 밖에도 중국석유화학, 롄샹, 중국연통 등 선진기업들이 이미 스톡 옵션 제

중국의 대표적인 국유상업은행인 중국공상은행. 이 은행은 지난 1년 간 7만 5,000명을 해고한 데 이어 2002년에도 약 3만 명의 인원을 추가 감원할 계획이다. 2년 사이에 전체 인력의 25%가 줄어드는 셈이다. 그들 은 정책이 결정되면 어떤 일이 있어도 한다.

정부는 살아남은 기업에 지원을 아끼지 않는다. 중국의 각급 정부는 가 장 좋은 기업환경을 만들어주기 위해 발벗고 나서고 있다. 부실 경쟁자를 솎아내니까 시장상황이 좋아질 수밖에 없다. 그래서 중국 국유기업의 수 지는 매년 20~30%씩 늘어나고 있다.

뉴욕·런던 등 해외증시에 상장된 중국기업은 몇 개나 될까. 답부터 말 하면 28개다. 여기에 홍콩시장에 상장된 것까지 합치면 151개 기업으로

도를 실시하고 있다. 정보기술 분야 벤처기업 중 상당수가 황금수갑으로 직원들 을 얽어매고 있다.

스톡 옵션의 효과는 금방 나타나고 있다. 우한중상의 경우 이 제도 도입으로 직원들의 노동생산성이 3분의 1이나 높아진 것으로 나타났다. 그 동안 회사 경영 개선에 「나 몰라라」 했던 종업원들도 황금수갑이 채워지자 적극적으로 동참하고 있단다.

중국정부도 스톡 옵션 제도를 적극 권장하고 있다. 특히 국유기업 개혁의 핵심 사안인 소유제 분산 문제를 해결할 수 있는 방안이라는 점에서다.

베이징에서 만난 중국 직장인들은 한결같이 정부의 국유기업 개혁에 대해 불 안감을 감추지 못하는 모습이었다. 국유기업 개혁은 곧 실업이라는 등식이 성립 되기 때문이다. 매년 국유기업 개혁으로 수백만 명의 도시 근로자들이 직장을 잃 기도 했다. 그런 그들도 황금수갑 제도에 대해서만큼은 고개를 끄덕인다. 회사가 잘 되면 언젠가는 큰돈을 만질 수 있다는 기대감에서다.

중국기업은 그렇게 내부에서부터 변하고 있다.

늘어난다. 해외에 상장된 대부분의 대형기업들은 모두 국유기업이다. 2000년에 중국연통(차이나유니컴), 중국석유(페트로차이나), 중국이통 등 주요 업체가 뉴욕증시에 상장, 약 200억 달러를 조달하기도 했다.

국가경제무역위원회의 이명성 박사(조선족)는 중국 기업개혁의 방향을 이렇게 설명한다.

『중국의 산업 구조조정은 해외시장 상황과 연계돼 추진되고 있습니다. 국제시장 상황이 어떻게 전개되느냐에 따라 선택할 산업, 포기할 산업을 결정하게 되는 겁니다. 국제시장을 주도할 수 있는 글로벌 업체 양성에 산업정책의 초점을 맞추고 있습니다.』

중국 기업구조조정의 최종 목적이 글로벌 기업 배출에 있다는 얘기다.

삼성경제연구소는 최근 중국 국유기업 보고서를 작성하며 이런 결론을 내렸다.

『중국은 아시아 국가 기업개혁의 모범이다.』

중국기업 읽기(中)
새마을공장에서 세계공장으로

　중국 선전 증권거래소에 재미있는 이름의 상장회사가 하나 있다. 화시춘(華西村)이 그것이다. 「기업 이름을 어느 동네 이름에서 따왔겠구나」라는 생각이 들겠지만 그렇지 않다. 화시춘이라는 장쑤(江蘇)성의 한 마을 자체가 기업이고, 그 기업이 증시에 상장된 것이다.

　필자는 화시춘 마을을 찾아가보기로 했다.

　화시춘은 상하이에서 기차와 버스를 갈아타고 여섯 시간 정도를 달려야 겨우 도착할 수 있었다. 장쑤성 남부의 농촌마을이지만 이 곳 분위기는 전혀 중국 농촌답지 않았다. 잘 정돈된 공장, 호화로운 별장, 화려한 상가 등이 빼곡했다. 주민 수는 약 1,500명으로 생활고에 찌든 여느 농촌 주민과는 달리 중국 최고 수준의 생활을 영위하고 있었다. 그래서 화시춘은 「중국제일촌(中國第一村)」이라는 별명을 얻고 있다.

　화시춘은 면적이 0.96km²에 불과한 춘(村·중국의 최하위 행정단위, 한국의 「리」에 해당)으로 380여 가구가 고작이다. 마을 주민들은 그러나 한결같이 400~500m²의 넉넉한 집에서 살고 있다. 가장 가난한 집 재산이

100만 위안을 넘는다. 어지간한 가구는 1,000만 위안 이상의 예금을 갖고 있다. 2000년의 근로자 연평균 수입은 6만 위안이 넘는다.

어떻게 그렇게 잘 살 수 있을까. 무릉도원이라도 된다는 말인가.

화시춘 주민들의 부의 원천은 이 마을 향진(鄉鎭)기업인 「화시춘 집단(그룹)」이다. 이 회사는 그룹 산하에 섬유·복장·철강 등 58개 기업을 거느리고 있으며 주민들은 모두 이 곳에서 일하고 있다. 화시춘 마을 자체가 화시춘 집단이라고 보면 된다. 화시춘은 최근 노동력이 모자라 화밍(華明), 치엔진(前進) 등 이웃 4개 춘(村)을 「합병」하기도 했다. 그 곳 사람들도 화시춘 그룹의 우산 안으로 들어오게 된 것이다.

전국 최고의 부자 동네를 만든 주역은 춘정부 당서기 겸 화시춘 그룹 총재인 우런바오(吳仁寶). 그는 지난 1993년 마을 주민의 고용문제를 해결하기 위해 기업을 세우기로 했다. 「새마을공장」을 세우자는 취지였다. 그는 미국·홍콩·대만 등을 뛰어다니며 자금과 기술을 끌어들였다. 「마을 사람들을 취직시켜주면 무슨 조건이든 받아들이겠다」는 생각이었다.

그렇게 시작한 화시춘은 지금 복장수출로 수백만 달러를 벌어들이고 있다. 『상대가 잘 살아야 내가 잘 살 수 있다』라는 우 총재의 경영철학이 동네 사람들을 모두 부자로 만들었다.

화시춘이 중국인의 관심을 끌기 시작한 것은 지난 1999년 8월, 선전증시에 상장되면서부터다. 이 회사는 당시 발행가 8.3위안(액면가 1위안)에 3,500만 주를 상장시켰다. 당시 언론들은 「한 마을이 통째로 증시에 상장됐다」고 이 사실을 보도하기도 했다. 현재 화시춘 주가는 20위안선. 그룹의 매출액은 35억 위안으로 올해 40억 위안을 넘어설 것으로 예상하고 있다.

화시춘은 관광지이기도 하다. 중국 영도자들이 『화시춘을 배워라(學習

華西村)!」고 역설하면서 이 곳을 찾는 「교육생」들이 늘고 있다. 한 해 약 100만 명 이상이 다녀가고 있다. 당연히 관광수입이 짭짤하다.

향진기업은 이렇게 한 마을을 「현대판 무릉도원」으로 만들었다.

다른 향진기업의 사례다.

중국이 개혁개방을 선언했던 지난 1978년, 광둥성 순더(順德)현의 주장 (珠江) 삼각지 모래밭에 작은 공장이 하나 들어섰다. 거란스(格蘭仕)라는 이름을 가진 가전업체. 량칭더(梁慶德)라는 젊은이가 친구 10여 명과 돈을 모아 세운 회사였다. 당시 이 업체에 주목하는 이는 아무도 없었다. 시골 농촌 잉여인력을 흡수해 무엇인가를 해보겠다는 취지로 세워진 평범한 향진기업 중 하나였을 뿐이다.

2001년 9월 1일, 이 회사는 중국정부로부터 최고의 영예를 얻는다. 전자레인지 브랜드인 「거란스」 상표가 「중국 최고 브랜드(中國第一名牌)」 상을 받은 것이다.

거란스는 연간 1,500만 대의 전자레인지를 생산하는 이 분야 세계 최대 업체로 중국시장의 약 75%, 세계시장의 35%를 점유하고 있다. 이 회사는 전체 생산량의 3분의 2를 해외로 수출한다. 세계 가정에 보급된 전자레인지 석 대 중 하나에 「거란스」 상표가 붙어 있는 셈이다. 이 회사는 2000년에만 2억 달러어치를 수출했다. 시골기업에서 시작한 거란스가 이제 세계기업으로 성장한 것이다.

향진기업의 성공사례를 하나 더 들어보겠다.

중국 저장성의 또 다른 향진기업인 완샹(萬向). 이 회사는 최근 미국 시카고의 한 보험회사를 사들였다. 보험 선진국 미국에 도전장을 던진 것이다. 선진 보험기업을 익혀 WTO 가입 후 중국으로 역(逆)진출하겠다는 게 이 회사의 미국 진출 야망이다.

완샹은 10년 전만 하더라도 저장성 한 시골의 초라한 향진기업이었다. 자동차 부품업체였던 이 회사는 상하이 자동차산업이 급성장하면서 빛을 보기 시작, 지금은 유통·금융·부동산·관광 등의 분야에 20개 계열사를 거느리는 어엿한 그룹으로 성장했다.

향진기업은 개혁개방 초기 농촌 잉여인력을 흡수하기 위해 급조된 농촌기업으로 우리나라의 「새마을공장」과 같은 취지에서 시작됐다. 그런 향진기업이 지금은 국내총생산(GDP)의 약 30%, 수출의 25%를 담당할 만

이슈 추적

「대학기업」전성시대

중국 정보기술(IT) 분야의 권위 잡지인 〈디지털타임스(數字時代)〉가 최근 「중국의 100대 IT 기업」을 선정했다. 선정된 업체를 보면 재미있는 이름의 업체를 발견하게 된다. 베이다팡정(北大方正), 칭화통팡(淸華同方), 푸단푸화(復旦復華), 난카이거더(南開戈德), 동베이아얼파이(東北阿爾派) 등이 그들이다.

이 기업의 공통점은 대학이 설립한 IT 기업이라는 점. 회사명 앞에 붙은 베이다(北大)대학, 칭화(淸華)대학, 푸단(復旦)대학, 난카이(南開)대학, 동베이(東北)대학 등이 소속 대학을 말해준다. 이들은 중국에서 「샤오반(校辦)기업」으로 분류된다. 「대학이 운영하고 있는 기업」이라는 뜻이다.

이들 「대학기업」이 돌풍을 일으키고 있다. 〈디지털타임스〉 선정 100대 IT 기업 중 10개가 「샤오반 기업」이다. 현재 중국 전역에 흩어진 대학기업은 약 5,500개. 정보기술·병원·광물자원탐사·환경 등 거의 전 산업에서 활동 중이다. 이 중 IT 분야 샤오반 기업은 2,300개로 2000년에 약 300억 위안의 매출액을 올렸다.

그 중 베이징 대학이 가장 활발하다. 베이다팡정, 칭냐오(靑鳥), 웨이밍(未名) 등 모두 20여 개에 달한다. 2000년에 모두 120억 위안(전년대비 34% 증가)의 매

큼 급성장했다. 향진기업이 외국기업과 공동으로 설립한 합자법인만 해도 약 2만 5,000개, 모두 307억 달러의 해외자금을 끌어들였다. 최근 3년간 중국의 향진기업은 해외에 1,800여 개의 공장 및 법인을 세우기도 했다.

농촌「새마을공장」이었던 향진기업이「세계공장」으로 성장한 것이다.

출액을 올렸다. 또 다른 명문 칭화 대학은 그 뒤를 이었다. 칭화통팡, 칭화츠광(淸華紫光) 등을 통해 약 100억 위안을 벌어들였다. 이 밖에 하얼빈 공대, 저장 대학, 동베이 대학, 상하이지아퉁(上海交通) 대학 등도「샤오반 명문」이다.

대학기업의 경쟁력은 대학의 연구 성과물을 신속하게 상업화할 수 있다는 데 있다. 이들은 또 해당 대학 졸업생 중 가장 우수한 인력을 뽑아간다.

일부 대학기업은 이미 대학의 굴레를 벗어났다. 13개 업체가 상하이 및 홍콩증시에 상장됐다. 증시상장 1호 대학기업인 동베이아얼파이의 경우 당초 한 실험실에서 출발했으나 지금은 연간 7억 위안의 매출액을 올리는 업체로 성장했다. 베이징 대학의 칭냐오환위(靑鳥環宇)와 푸단 대학의 웨이디엔즈(微電子)는 2000년 홍콩증시에 상장, 해외자금을 끌어들이기도 했다.

샤오반 기업은 지난 1980년대 초, 중국정부가 학비 충당을 위해 대학에 기업설립을 허용하면서부터 생기기 시작했다. 학교운영에서 모자라는 돈은 스스로 알아서 벌어 쓰라는 얘기였다. 이렇게 출발한 이들 대학기업이 이제 중국 산업발전의 최첨단으로 발전하고 있다.

「학문과 비즈니스의 결합(學企一致)」을 추구하고 있는 샤오반 기업에서 중국인 특유의 돈 감각, 실용주의를 느낄 수 있다. 중국의 샤오반 기업은 경영난에 시달리고 있는 우리나라 대학에도 많은 것을 시사하고 있다.

중국기업 읽기(下)
사영기업의 화려한 반란

1999년 말, 미국 〈비즈니스 위크〉지 커버에 한 중국 젊은이가 실렸다. 이름은 장위에(張躍·41). 후난성 성도 창사의 중앙통제식 에어컨 전문업체인 위엔다 총재다. 그 얼굴 옆에는 「새롭게 떠오르는 중국 사영기업가 모델」이라는 제목이 붙어 있었다.

도대체 어떤 인물이기에…. 필자는 그 잡지를 보고 장 총재를 한번 꼭 보고 싶다는 생각을 했다. 그리고 그 뒤 기회가 왔다. 2001년 여름, 후난성 취재 길에 위엔다를 방문, 그를 만날 수 있었던 것이다.

회사에 들어서니 소형항공기가 눈에 들어왔다. 그리 크지도 않은 회사가 비행기를 두고 있는 이유가 궁금했다. 장 총재는 『시간을 절약해야지요. 베이징, 상하이 등에서 급한 미팅이 있을 때 회사 비행기를 탑니다』라고 그 이유를 설명했다.

장 총재는 중·고등학교 미술 선생님에서 사영기업 사장으로 변신한 기업인이다. 그는 지난 1985년 4년 간의 교직생활을 접고 평소 관심이 있던 무(無)압력 온수 보일러 개발에 뛰어들었다.

『밤잠을 설쳐가며 책을 통해 독학했고, 공개된 외국 설계기술을 보고 따라했습니다. 지금 성공한 대부분의 사영기업가들은 대부분 그렇게 시작했지요. 3년 뒤 중국 처음으로 무압 온수 보일러 개발에 성공했고, 내친 김에 형제와 친구의 돈을 빌려 기업을 차렸습니다. 그렇게 해서 세계 최대 중앙통제 에어컨 업체(연간 생산량 기준)인 위엔다가 창업된 겁니다.』

일반적으로 중국제품은 가격경쟁력을 앞세워 세계시장에 진출한다. 그러나 위엔다는 반대다. 기술이 유일한 경쟁력이다.

『우리 회사 제품은 외국제품보다 20% 정도 가격이 비쌉니다. 그래도 미국 · 프랑스 · 동남아시아 등으로 수출되고 있습니다. 경쟁사 제품에 비해 열 효율이 30% 정도 높기 때문입니다. 30여 개의 관련분야 국제 기술 공인 및 특허가 이를 말해줍니다. 덕택에 요즘 모건 스탠리 등 해외 금융 컨설팅 업체들로부터 뉴욕 · 홍콩 등 해외 증시상장 제의를 받고 있습니다. 아직 때가 아닌 것 같아 그들의 제의를 물리치고 있습니다.』

그 땅에 세계 최고의 종합 에어컨 공장을 세우는 게 그의 꿈이다. 중국의 잘 나가는 사영기업 총수들은 모두 그런 꿈을 갖고 있다.

중국 내 사영기업은 개인이 창업한 기업으로서, 지금 중국 산업계의 핵심으로 부상하고 있다. 국유기업 개혁으로 발생한 빈 공간을 사영기업이 빠르게 흡수하고 있다.

중국 전역의 사영기업 수는 약 150만 개. 그들이 고용하고 있는 인력은 2,500만 명에 달한다. 사영기업은 2000년 한 해에만 450만여 개의 신규 일자리를 창출했다. 지난 3년 간 국유기업 개혁으로 쏟아진 실업자는 연평균 약 1,000만 명. 중국은 사영기업이 있었기에 국유기업 개혁에 따른 실업 충격을 줄일 수 있었다. 장쩌민 국가주석이 『자산계층도 공산당 당원으로 가입시키겠다』고 선언한 것은 이 같은 사영기업의 가치를 인정한 것이다.

사영기업은 WTO 가입으로 날개를 달게 되었다.

국무원발전연구센터(DRC). 중국국무원(정부)의 싱크탱크다. 이 연구소가 최근 흥미로운 보고서를 발표했다. 「WTO 가입으로 가장 큰 수혜를 받게 될 지역」이라는 제목. 보고서의 결론은 저장(浙江)성이었다. 상하이, 광저우, 베이징 등 개방 도시를 제치고 저장성이 WTO 가입의 최대 수혜지역으로 꼽힌 이유가 무엇일까.

저장성 타이저우(台州)에 자리잡은 사영기업 홍위(虹宇)복장공사에서 해답을 찾아보자.

이 회사는 2000년 말 일본 한 신문에 이색 구인광고를 냈다. 중국에서 일할 「외국 관리인(洋管家)」을 모집한다는 공고였다. 제시된 연봉은 70만 위안. 우리 돈 1억 원에 해당하는 금액이었다. 홍위는 일본 패션 업계 전문가인 마흔다섯 살의 이토추씨를 채용했다. 그는 매달 중순 홍위로 와 한 달에 15일, 하루에 10시간을 근무하고 있다. 일본의 패션 관련 정보 및 기업경영 노하우가 그의 머리에서 나온다.

홍위 저우칭화(周慶華) 사장은 다음과 같이 말한다.

『그를 채용한 후 공장에 활기가 돌기 시작했습니다. 일본으로부터 주문이 쏟아졌고 2001년 상반기에만 200만 달러를 수출했습니다. 우리는 그를 통해 일본을 비롯한 해외 패션계의 흐름을 읽을 수 있지요.』

중국 사영기업이 WTO 가입이라는 새로운 비즈니스 환경을 맞아 어떻게 자기변신을 꾀하고 있는지 잘 보여주는 사례다.

원주(溫州), 타이저우, 이우(義烏) 등 저장성의 주요 도시를 가면 이 같은 사영기업을 수없이 만날 수 있는데, 섬유·복장·피혁 분야에서 세계적인 기업이 많다. 중국 500대 사영기업 중 112개가 저장성 기업이다. 이

것이 바로 저장성이 WTO 가입 후 경쟁력을 갖는 이유다.

지난 1980년대 초, 거티후(個體戶 · 소규모 개인점포)로 시작된 사영기업은 지금 거꾸로 국유기업을 사들일 정도로 성장했다.

쓰촨성 청두(成都)의 시왕(希望) 그룹. 산하에 70개 기업을 거느리고 있는 중국 최대 사영기업이다. 그룹 대부분은 국유기업을 인수하는 과정에서 불어났다. 이 회사 류용하오(劉永好 · 50) 회장은 2000년에 그룹 산하 은행인 민성(民生)은행을 증시에 상장시켜 일약 1억 위안 갑부로 등장하기도 했다.

저명한 경제학자인 마홍(馬洪)은 『앞으로 10년 간 사영기업이 국유기업을 흡수하는 일이 끊이지 않을 것』이라며 이를 두고 「사영기업의 화려한 반란」이라고 표현하기도 했다.

중국 젊은이들 사이에서 창업 붐이 일고 있다. 지금 중국 전역에서는 하루 평균 809개의 사영기업이 우후죽순처럼 생겨나고 있다. 창업 붐이다. 젊은이들 사이에서는 요즘 『회사 차렸냐(開公司了)?』라는 말이 유행어가 됐을 정도다. 베이징 중관춘은 그런 젊은이들이 만든 「해방구」다.

소프트웨어 개발 및 유통 업체인 용요우(用友)의 왕원징(王文京 · 37) 사장. 10년 전 5만 위안을 빌려 용요우를 설립한 그는 지난 5월 신흥 갑부로 등장했다. 상하이증시에 상장한 이 회사 주가가 액면가보다 100배나 뛰어 「왕원징 신드롬」이라는 신조어를 만들어내기도 했다. 중국의 IBM으로 불리는 렌샹, 종합 IT 업체인 쓰퉁, 대학기업인 베이다팡정 등도 중관춘을 빛내는 사영기업이다.

사영기업 창업 붐은 업종을 가리지 않는다. 2000년 말 쿤밍(昆明)에서 「제1회 중국 사영기업 전람회」가 열렸다. 전람회에서 가장 관심을 끈 전시물은 베이징커위엔(北京科源)이 출품한 소형항공기 「란잉(藍鷹 · 창공의

독수리)호」다. 사영기업이 항공기 제작과 같은 국가관리 산업에까지 파고
들고 있다는 얘기다.

중국 사영기업 발전은 중국정부가 의도한 것이기도 하다. 사영기업 육
성을 통해 국유기업 개혁의 충격을 흡수하겠다는 전략이다. 안후이(安徽)
성 판창(繁昌)현은 중국에서도 사영기업이 활성화된 곳으로 유명한 지역
이다. 시정부는 지난 1년 간 224개의 현정부 소속 기업을 공개 매각했다.
이 중 90개 업체가 사영기업 품에 안겼다. 판창현 경제의 80% 이상이 비
(非)국유기업 몫이다.

이슈 추적

중국, 「3개대표」로 간다

2001년 2월 광둥성을 순시하던 장쩌민 주석은 생소한 용어를 꺼냈다. 『중국 공
산당은 세 가지 요소를 대표해야 한다』는 게 그것. 그 후 이 말은 「3개대표(三個
代表)」라는 이론으로 포장됐다. 「3개대표」론은 그렇게 탄생했다.

이후 모든 정치회의의 주제는 「3개대표」였다. 장 주석은 이 이론을 「마오쩌둥
사상」, 「덩샤오핑 이론」과 같은 반열로 승격시키려 하고 있다. 심지어 금융을 얘
기할 때도 그들은 『3개대표론에 입각해서…』라고 말한다.

공산당이 대표한다고 하는 3개 요소는 「선진생산력」, 「선진문화」, 「광범위한
인민의 이익」 등이다. 공산당이 이들 3개 요소를 대표해서 어쩌겠다는 말인가.

중국 지도이론의 산실인 공산당교(黨校) 관계자의 설명이다.

『선진생산력은 경제력·기술력을 뜻합니다. 공산당이 이를 대표한다는 것은
곧 당이 경제적 실리를 추구하는 데 앞장서겠다는 선언입니다. 「무산자의 이익을
위해 투쟁한다」는 공산 이데올로기와는 크게 다르지요.

선진문화를 대표한다는 것은 문화의 다양성을 인정하고, 외래문화를 배척하지

베이징의 진거(金戈)투자공사의 진용이(金永益) 총재는 다음과 같이 말한다.

『WTO와 사영기업은 찰떡궁합이지요. 사영기업을 이끌고 있는 젊은이들은 시장 시스템을 알고, 국제 비즈니스 감각을 갖췄습니다. 그들은 이미 WTO 가입 이후 예상되는 무한경쟁 시대에 대비, 발빠르게 움직이고 있습니다. 현재 연간 매출액 1억 위안을 넘은 사영기업은 수천 개에 불과하지만 5년 후 10만 개 정도로 늘어날 겁니다.』

그 사영기업이 중국 산업의 미래를 이끌어가고 있다.

않겠다는 얘기입니다. 고루하고 편협된 문화를 버리고 선진문화를 받아들이겠다는 뜻이지요.

이 이론의 핵심은 『광범위한 인민의 이익을 대표한다』는 데 있습니다. 기존 공산당은 노동자·농민 등 무산계급의 이익을 위해 투쟁해왔습니다. 그러나 『3개대표』이론의 도입으로 그 대상 범위를 기업가·지식인 등 유산계급을 포함한 모든 계층으로 확대시켰습니다. 서방 정당과 크게 다르지 않다는 겁니다.』

그렇다면 『3개대표』론이 어떻게 중국의 정치·경제에 반영되는지 보자.

중국 공산당은 자산가 계급의 정당가입을 허용하기로 했다. 또 당헌에 사유재산 보장 원칙을 추가할 계획인 것으로 알려졌다. 이는 곧 사영기업을 경제의 한 단위로 공식 인정한다는 것을 뜻한다.

『3개대표』론은 하루아침에 만들어지지 않았다. 덩샤오핑 시대부터 중국 공산당은 겉으로는 『마르크스-레닌주의, 마오쩌둥 사상을 견지한다』고 하면서도 실제로는 『이탈』의 길을 걸어왔다. 장 주석은 덩샤오핑 이후의 사회흐름을 이론으로 정립한 것이다. 중국 공산당은 이 이론으로 21세기 국가전략 수립에 유연성을 갖게 된다. WTO 가입과 함께 21세기 국제 조류에 부응할 수 있는 사상적 토대를 마련한 것이다.

우리의 이웃 중국은 지금 그렇게 변화, 발전하고 있다.

한국기업, 그들은 지금 어디에 있는가

대외경제정책연구원(KIEP)은 우리나라 정부조직에 남아 있는 유일한 중국전문 연구기관이다. 많지는 않지만 젊고 패기 있는 젊은 연구원들이 중국 연구에 매달리고 있다.

KIEP 베이징 사무소 박월라 소장은 대학에서 동양사학을 전공한 후 미국유학 등을 거치며 줄곧 중국을 연구해왔다.

그는 요즘 베이징에서 의미 있는 일을 하고 있다. 매달 중국 유명 경제 전문가를 초청, 세미나를 여는 것이다. 여기에는 베이징의 상사원, 대사관 직원 등도 참여한다.

필자 역시 아무리 바빠도 그 세미나에는 꼭 간다. 중국을 알 수 있는 참으로 좋은 기회이기 때문이다. 우리 주위에는 밖으로 드러나지는 않지만 물밑에서 중국 지식인들과 교류를 가지며 조용히 연구에 몰두하는 참다운 전문가가 많다.

최근 KIEP 베이징 사무소가 「해외 선진기업의 중국투자 신동향」을 주제로 세미나를 가졌다. 중국 대외무역경제합작부의 왕즈러(王志樂) 다국적기업연구센터 소장이 주제발표를 했다.

그의 주제발표를 들으며 우리나라 기업의 중국전략 방향을 생각해볼 기회를 가졌다. 그의 주제발표를 들어보자.

『중국에 대한 외국기업 투자는 크게 3단계 과정을 밟으며 발전해왔다. 첫째 단계는 지난 1979~92년까지 단계. 무역 분야가 중심을 이뤘던 시기로 상품교역 및 기술판매가 주요 투자항목이었다. 둘째 단계는 1993~99년까지로 본격적인 제조업 분야 현지투자 시기였다. 셋째 단계는 2000년 이후의 단계로 제조업뿐만 아니라 R&D 및 서비스업 등으로 투자가 확대되고 있다. 중국의 WTO 가입은 글로벌 기업의 중국투자에 커다란 변화를 요구하고 있다. 특히 다국적기업은 중국을 R&D 및 국제경영 센터로 활용하려는 움직임을 보이고 있다. 중국업무를 글로벌 경영 네트워크에 편입시켜 세계시장전략의 한 축으로 활용하자는 계산이다. 이런 움직임에 따라 최근 대(對) 중국 외국투자에 새로운 패턴이 나타나고 있다.

첫째, 기존 투자 프로젝트의 조정이다.

선진기업은 증자, 인수·합병, 매각 등을 통해 기존 중국사업을 재조정하고 있다. 증자를 통해 기존 사업의 경영권을 인수하는가 하면 경쟁력 없는 사업은 과감히 철수한다.

임가공 등 단순 제조업 분야 투자는 떨어지고 있는 데 반해 원료 가공 분야 제조업 투자가 늘고 있다. 쉘과 BASF가 각각 40억 달러, 26억 달러를 투자해 중국에 석유화학 공장을 설립한 것은 이를 뒷받침해준다.

기술집적 산업에 대한 투자도 늘고 있다. 대만기업이 투자한 상하이의 장장(張江) 반도체, 모토로라, 노키아 등의 통신사업 등이 대표적인 예다. 특히 노키아의 경우 100억 위안을 투자, 베이징에 통신연구개발단지를 설립했다. 2001년 12월 가동에 들어갈 이 생산단지에는 13개 관련부품 공급업체가 입주하게 된다.

「지식형 서비스」 분야 투자도 늘고 있다. 중국의 내수시장을 겨냥한 투자다. 미국계 보험회사인 AIG는 4개 독립 보험회사를 중국에 설립, 금융 서비스 시장에 진입했다. 또 까르푸, 월마트, 마크로 등 주요 대형 할인매장 유통업체가 중국진출에 박차를 가하고 있다.

둘째, 중국을 글로벌 소싱(구매) 단지로 활용하고 있다.

중국의 제조기술이 향상되면서 중국제품을 사들이는 기업이 늘고 있다. 일본무역진흥공사(JETRO)는 지난 5월 베이징에서 「2001 중국 부품 및 원료 구매 교류회」를 열었다. 이 교류회에 일본 주요 기업들이 대거 참가, 중국제품 구매에 나서기도 했다. 그런가 하면 도시바는 2000년에 컬러 TV 생산 라인을 다롄으로 이전, 다롄 제품을 일본으로 들여가고 있다. IBM은 2000년에 35억 달러, 모토로라는 20억 달러 규모의 상품을 중국에서 매입했다.

셋째, R&D 센터의 중국 설립이다.

서구 선진기업들은 R&D 기능을 중국으로 이전, 중국 실정에 어울리는 제품개발에 나서고 있다. 중국의 풍부한 고급 연구인력을 활용하자는 차원도 있다.

미국의 GM이 최근 상하이에 자동차기술센터를 설립한 것을 비롯해 벨, 마이크로소프트(MS), IBM 등도 중국 R&D 기능을 강화하고 있다. MS는 4,000만 달러를 들여 상하이에 중국 내 두번째 연구소인 「MS 아시아 기술센터」를 만들었다. IBM과 루슨트도 푸둥(浦東)과 선전에 각각 R&D 센터를 새로 설립했다. 삼성 역시 베이징에 통신 및 소프트웨어 연구소를 발족, 모두 100여 명의 연구원들을 양성하고 있다.

넷째, 합작 파트너로 사영기업을 선호하고 있다.

외국기업들은 국유기업에 비해 효율적인 경영체제를 갖고 있는 사영기업을 사업 파트너로 선택하고 있다. 저장(浙江)성 등 사영기업이 발달한 지역을 찾는 외국기업이 늘고 있다.

최근 미국 컨설팅 회사인 아더 앤더슨이 저장성 타이저우(台州)에서 개최한 「다국적기업－중국 사영기업 교류회」에는 미국과 유럽 기업들이 대거 참여해 눈길을 끌었다. 또 일본 경제단체인 경단련 소속 10개 기업이 저장성을 순회하며 사영기업과 교류를 갖기도 했다.

다섯째, 투자방식이 다양해지고 있다.

가장 눈에 띄는 것은 지분인수 방식 진출이다. 중국기업의 지분을 매입, 경영권을 사들여 중국사업을 펼치려는 움직임이다. 독일 ABB는 최근 중국 저장성 사영기업의 주식을 56% 획득하는 방식으로 중국에 진출하기도 했다. 프랑스 알카텔은 상하이벨의 지분 50% + 1주를 사들여 경영권을 인수했다.」

여기에서 그의 주제발표가 끝나고 질의 응답시간이 되자, 『한국기업의 중국투자 현황과 문제점은 무엇입니까?』라는 당연한 질문이 나왔다.

왕 소장의 답변이 이어진다.

『선진기업들의 대 중국 투자가 이 같은 모습으로 발전하고 있는 데 비해 한국기업들은 여전히 구시대적인 모습을 보이고 있다. 저임을 노린 단순 제조업 분야 투자가 많고, 중국 내수시장을 겨냥한 투자에 약하다.

한국기업들은 중국진출 초기 중국의 시장잠재력을 저평가, 공격적인 투자에 나서지 않았다. 그 결과 지금 중국시장에 진출하기 위해서는 더 많은 비용을 감수해야 한다. 최근에는 중국의 실제 시장규모를 지나치게 높게 평가, 준비 없는 투자가 이뤄지고 있다. 현실적인 대안 없이 투자가 진행되는 경향을 보이고 있는 것이다.

한국기업은 착실하게 자리를 잡아가고 있는 서구 선진기업과 급속히 발전하고 있는 중국기업에 밀려 중국에서 설 땅을 잃어가고 있다. 이 같은 어려움을 헤쳐나가기 위해서는 선진 외국기업의 중국투자 경향을 깊게 연구할 필요가 있다. 또 중국기업들이 갖고 있지 못한 지식집약형 산업을 타깃으로 잡아 집중 공략하려는 자세가 요구된다.」

필자가 질문을 던졌다.

「한국기업의 중국 비즈니스 문제점을 한 가지만 지적해주시지요.」

왕 소장이 목소리를 가다듬었다.

이슈 추적

칭화대학의 외자 장학금

공과대학 분야 중국 최고 명문인 칭화 대학에 들렀다. 물리학과 사무실에 들어가려니 게시판에 붙어 있는 「장학금 신청 요강」이 눈에 띄었다. 「잉터얼(英特爾 · 인텔의 중국식 이름) 장학금」이었다. 학과장은 「인텔이 칭화대학 학생들을 위해 내놓은 장학금」이라고 설명했다. 현재 칭화대학 내 100여 개 장학금 중 60개 이상은 외국기업이 만든 것이란다.

이웃 베이징 대학도 비슷했다. 약 400만 위안의 장학금 중 외국기업 자금이 300만 위안을 넘고 있다. 중국의 30대 명문대학에는 여지없이 외국인 장학금이 학생들의 뒤를 봐주고 있다. 「외자 장학금」이 중국 대학을 파고든다는 얘기다.

외국기업이 중국 대학에 돈을 쏟아 붓는 이유는 고급 인재(人材)를 확보하기 위해서다. 일부 기업들은 자사 입사를 조건으로 우수 학생을 골라 장학금을 주기도 한다. 입도선매식이다. 중국 진출 선진기업들 간에 벌어지고 있는 「인재확보

『선전의 한 한국투자기업에서 여성 몸수색 사건이 벌어져 언론에 보도됐다. 무엇을 말하는가. 관리 부족이다. 한국기업들은 중국인 관리에 약하다. 최근 노키아에서 근무하는 중국직원을 대상으로 근무여건을 조사했다. 「당신이 노키아를 선택한 이유」라는 질문이 그들에게 주어졌다. 가장 많은 대답은 「재능을 발휘할 기회가 많다」는 것이었다. 그 다음은 「각종 연수기회가 많다」, 「사람을 중시하는 분위기가 좋다」 등의 답이 나왔다. 급여가 높기 때문이라는 답은 오히려 적었다. 한국 기업은 중국 인재들이 무엇을 원하는지 생각해봐야 한다.』

세미나장을 빠져나오며 「우리나라의 중국투자기업은 지금 어디에 있는가」라는 물음이 절로 나왔다.

전쟁」의 한 단면이다.

선진 기업들은 중국에서 벌어지고 있는 인재확보 전쟁에서 총알(돈)을 아끼지 않는다. 튀는 인재가 있으면 기를 쓰고 스카우트하려 든다.

우리나라 주요 대기업들도 이 전쟁에 뛰어들고 있다. 삼성은 베이징 대학과 공동으로 경영자 과정 코스를 설립, 중국인 직원들을 교육시키고 있다. SK는 베이징 TV를 통해 「장학퀴즈」를 운영, 인재들을 모으고 있다.

중국 인재들은 행복하다. 애사심 관념이 약한 중국인들은 높은 임금을 보고 쉽게 직장을 옮긴다. 이 과정에서 그들의 몸값이 높아지고 있다. 외국기업으로의 인재이동 현상을 「인재유출」로 보고 있는 중국기업들도 대형 정보기술 업체를 중심으로 인재전쟁에 뛰어들고 있다.

중국은 법 제도보다는 「사람」에 의한 비즈니스 관행이 강하다. 비즈니스의 성패가 인재에 달려 있다고 해도 틀리지 않다. 그게 바로 지금 벌어지고 있는 인재전쟁의 배경이다. 중국에서 장기전을 벌여야 하는 우리나라 기업들도 더 적극적으로 이 전쟁에 뛰어들 필요가 있다.

한국을 거대한 R&D센터로 만들자

톈진 시내에서 승용차로 40분을 달리면 「이씨엔(逸仙)」이라는 과학기술 단지에 도착하게 된다. 취재차 삼성 SDI 공장을 방문했다. 공장 생산라인 에 34인치 평면 TV 브라운관이 흐르고 있었다. 삼성 SDI 톈진법인은 세 계에서 이 모델을 생산하는 유일한 공장. 34인치 평면 브라운관의 「세계 공장」인 셈이다.

삼성 SDI가 34인치 평면 TV 브라운관 기술을 개발, 톈진공장에 생산을 맡긴 이유가 궁금했다. 이중현 법인장의 설명이다.

「톈진공장의 생산성이 뛰어나다고 판단했기 때문입니다. 공장 현지 인 력은 1,500여 명, 평균나이가 스물네 살입니다. 대부분은 고등학교를 갓 졸업한 젊은이들이지요. 평균 월급은 약 1,700위안으로 우리 돈 27만 원 을 조금 넘는 수준입니다. 복지후생비를 합쳐도 40만 원이 안 됩니다.

이들이 만들어내는 제품은 한국공장에 비해 손색이 없습니다. 그들은 꾀부리지도 않고 일합니다. 파업 걱정도 없습니다. 최근 시작한 「6시그마 운동」 덕택에 불량률이 눈에 띄게 줄어들고 있습니다. 생산성이 뛰어나다는 얘기지요.」

WTO에 가입한 중국은 풍부한 노동력에 힘입어 이미 「세계 공장」으로 부상했다. 세계 시장점유율로 보면 TV 36%, 에어컨 50%, 세탁기 24% 등이 세계 공장의 성적표다. 튼튼하게 기업을 받쳐주고 있는 시장, 그리고 국가 에너지를 한 곳으로 모아 이를 경제발전에 투입하는 정치 지도력이 만든 결과다. 이 같은 점을 들어 일부 전문가들은 『중국이 우리 경제를 통째로 빨아들일지도 모른다』라며 WTO 가입 이후 중국의 급부상을 우려의 눈초리로 바라보고 있다.

톈진 삼성 SDI의 사례는 이 같은 우려를 어떻게 불식시킬지에 대한 해답을 제시해준다. 서울에서 개발하고, 「세계 공장」인 중국에서 만들어, 중국 및 세계 시장으로 뿌리는 형태다. 「중국=생산단지, 한국=R&D 센터」라는 등식이 가능하다.

중국이 아직도 우리나라 기업의 중국진출을 환영하는 것은 돈도 돈이지만 기술력이 있기 때문이다. R&D센터(본사)는 중국 공장으로부터 기술사용료(로열티)와 투자배당금을 챙기면 된다. 삼성 SDI가 그렇게 하고 있다.

또 다른 얘기다.

2001년 가을 국내 반도체업체는 「하이닉스의 일부 설비 중국매각」소식으로 뜨겁게 달아올랐다. 자금난에 빠진 하이닉스가 꺼내든 카드였다. 하이닉스와 미국 마이크론테크놀로지와의 제휴협상으로 이 사안은 뒷전으로 밀린 상태. 그럼에도 하이닉스 반도체 설비의 중국 매각을 다시 논하는 것은 이 사안을 통해 한국과 중국의 전향적 경제협력 관계를 살펴보자는 차원이다.

매각 소식이 흘러나왔을 당시 업계 및 학계 일각에서 『호랑이를 키우자는 거냐』라는 목소리가 터져나왔다. 중국에 반도체 기술을 팔면 그 기술은 부메랑이 돼 우리 뒤통수를 칠 거라는 걱정이다. 호랑이를 키웠다가는 반도체 강국 한국이 중국에 먹히고 말 거라는 위기감의 표출이다.

지난 1990년대 초 한국과 중국 사이에 본격적인 경제협력이 시작됐을 때도 이와 비슷한 상황이 연출됐었다. 당시 우리나라는 중국에 고급기술을 주지 말아야 한다는 분위기가 지배적이었다. 「부메랑 효과」 때문이었다. 10년 전 일이 또다시 반도체 분야에서 벌어진 것이다.

지난 10년을 뒤돌아보자. 우리가 기술 이전을 꺼려했을 때 중국은 다른 나라로부터 기술을 받아들였고, 중국시장은 앞서 진출한 선진 외국기업

이슈 추적

어느 전문가의 한숨

베이징에서 근무하고 있는 한 민간연구소 연구원은 최근 본사로부터 전자메일 한 통을 받았다. 회사 사정상 중국 연구원을 둘 처지가 못 되니 귀국하라는 내용이었다.

그는 『중국 연구로는 더 이상 가족을 지키기가 어려울 것 같다』며 담배연기를 길게 뿜어냈다.

세미나 참석차 베이징에 들른 한 국책연구소 소장은 한국의 중국연구 수준을 들어 「나는 중국, 기는 연구」라고 표현했다. 급변하는 중국 산업동향을 추적하고 분석할 만한 중국통이 없다는 얘기다.

대부분의 정부산하 경제연구소에서조차 중국전담 팀은 이미 사라진 지 오래다. 대외경제정책연구원(KIEP)의 몇몇 연구원들이 외롭게 맥을 이어가고 있을 뿐이다. 물론 학계와 업계에 중국 전문가로 거론되는 인사가 적지 않다. 그러나 학계 전문가들은 중국경제의 밑바닥을 파악하는 데 한계가 있을 수밖에 없다. 기업 전문가들은 특정 분야의 실전에는 강하나 전체 경제산업 발전을 파악하는 데

들의 전쟁터로 변했다. 우리나라 기업들이 그 틈을 비집고 들어가기는 더욱 어려워졌다. 「아차」 하는 사이 중국은 여러 산업 방면에서 우리나라의 경쟁자로 바뀌었다.

지금 우리나라 반도체 기술은 중국보다 적어도 5년 이상 앞선 것으로 업계 관계자들은 평가한다. 그러나 이 같은 우위가 얼마나 지속될지에 대해서는 속단하기 어렵다. 중국이 반도체산업을 미래 중점 산업으로 선정, 기술확보를 위해 발벗고 나서고 있기 때문이다.

중국은 과거에도 그랬듯, 하이닉스가 기술을 주지 않아도 다른 업체에

에는 약하다는 단점이 있다. 중국 대사관에 파견된 각 부처 공무원들은 3~4년의 임기를 마치면 홀쩍 떠난다. 나무와 숲을 모두 읽을 수 있는 중국 경제통을 찾기 어렵다는 뜻이다.

한국에는 중국 정치경제 발전추이를 한 곳에 모아둔 연감조차 없는 실정이다. 대외경제정책연구소에서 매년 발행해온 《중국편람》은 1997년 이후 절판됐다. 기초 데이터를 찾는 데도 일일이 신문을 뒤져야 하는 상황에서 중국통이 자라나기를 기대하기란 나무에서 고기를 찾는 것과 다를 게 없다.

일본 미쓰비시 연구소가 발행하고 있는 《중국정보 핸드북》은 14년째 이어지고 있다. 연감 하나에서도 중국 접근에 대한 우리나라와 일본의 차이가 크다.

전문가들은 중국 연구에 가장 필요한 것이 지속적인 인재 투자라고 입을 모은다. 중국통 양성에는 시간이 많이 든다. 3~4년 단위로 중국 근무자를 바꿔버리는 정부와 기업의 인사정책으로는 참된 전문가를 키우기 어렵다. 그러니 우리나라의 중국전략이 자주 흔들리는 것이다. 정부와 기업, 민간연구소 간 「인재 네트워크」도 필요하다. 더 멀리는 인재를 아끼고 경험을 공유할 수 있는 사회적 풍토가 아쉽다.

우리는 한-중 관계를 「협력적 동반자 관계」로 규정한다. 전문가 하나 제대로 키울 수 없는 분위기에서 협력적 동반자 관계가 유지될 수 있을까 의문이 든다.

삼성디지털 전시 「기술과 시장의 합작」, 21세기 한-중 경제협력의 방안이다. 베이징 중관춘에 자리잡은 삼성디지털 전시관은 기술적 우위가 있을 때 중국과 합작할 수 있다는 것을 보여준다.

서 기술을 받을 것이다. 외국업체가 거대 중국시장을 가만히 놔둘 리 없기 때문이다. 그러기에 일부 전문가들은 중국의 반도체 기술이 5년 안에 우리를 충분히 따라잡아 경쟁자로 부상할 것으로 보고 있다.

10년 전의 과오를 되풀이하지 않는 길은 하나다. 시장이 있는 중국으로 침투해야 한다. 매각을 통한 지분공유는 그 방안이 될 수 있다. 하이닉스에게 필요한 것은 지속적으로 기술을 개발할 수 있는 능력이다. 어디에서 생산했는지는 중요하지 않다. 기술에서 우위를 유지한다면 공장이 어디에 있든 실질적으로는 하이닉스가 운영할 수밖에 없다. 기술료를 받아 챙길 수도 있다. 그 돈으로 더 앞선 기술을 개발, 지속적으로 중국에 기술우위를 지켜나가면 된다. 해외 마케팅 노하우를 이용, 국제시장 점유율을 유지할 수도 있다.

하이닉스는 현재 중국 D램 반도체 시장에서 50% 이상을 장악하고 있다. 그러나 배로 실어 나르는 형태의 수출로 비즈니스에는 한계가 있을 수밖에 없다. 하이닉스 베이징 지점의 허철 상무는 『앞으로 몇 년이나 이 장사를 할 수 있을지 의문』이라고 말할 정도다.

그러기에 하이닉스의 설비 매각은, 향후 중국이 우리의 경쟁자로 부각했을 때를 대비한 포석이 될 수 있다. 경쟁자가 아닌 협력자 관계를 구축할 수 있는 것이다. 기술을 고집해 나중에 힘겨운 싸움을 벌이기보다는 기술 공유를 통해 시장을 늘려가는 게 바람직하다는 얘기다.

중국은 이미 다 자란 호랑이다. 호랑이를 무서워하기보다는 어떻게 호랑이 등에 올라탈지를 연구해야 할 때다. 그게 하이닉스 설비의 중국매각 논쟁이 우리에게 남긴 교훈이다.

중국의 세계공장 부상이 우리에게 시사하는 것은 분명하다. 한국을 거대한 R&D센터로 만들라는 것이다. 중국에 비해 얼마나 기술적 우위를 유지할 수 있느냐에 21세기 한-중 경협의 성패가 달려 있다.

부 록

    중국에 진출하려는 기업이나 비즈니스맨이 사전에 준비해야 할 것은 많다. 자신의 비즈니스와 관련된 사안을 가급적 꼼꼼히 챙기고 시작해야 한다. 많은 비즈니스맨들은 정보를 얻기 위해 중국을 드나들기도 하고, 컨설팅 업체를 찾기도 한다.

    꼭 챙겨야 할 게 하나 있다. 바로 외국기업들이 중국에 와서 적용받는 법률인 「외자기업법」이다. 이 법에 따라 제정된 「외자기업법 세칙」은 외국기업의 중국 비즈니스 전반을 규정하고 있다. 중국에 있는 외국기업들의 가이드 역할을 해주는 법이다.

    물론 모든 일이 법대로 되지 않는 게 중국이다. 그러나 법을 알고 있어야 돌발적인 사안에 대처하기 쉽다. 중국 진출을 기획하고 있는 기업이나 중국 비즈니스를 하고 있는 기업들이 법을 꼭 알아둬야 할 이유가 거기에 있다. 법은 재미가 없다. 그러나 중국에서 비즈니스를 해보겠다면 인내심을 갖고 읽어둘 필요가 있다. 지난 2001년 4월 12일 개정된 국무원(정부) 「외자기업법 실시 세칙」 내용을 살펴보자.

중화인민공화국 외자기업법 실시세칙

제1장 총 칙

제1조 「중화인민공화국 외자기업법」의 규정에 근거하여 본 실시세칙을 제정한다.

제2조 외자기업은 중국 법률의 관할과 보호를 받는다. 외자기업이 중국 내에서 경영활동에 종사할 경우 반드시 중국의 법률·법규를 준수해야 하며, 중국 사회공공이익에 피해를 주어서는 안 된다.

제3조 외자기업설립은 반드시 중국 국민경제의 발전에 유익하고, 경제효율이 높아야 한다. 국가는 외자기업이 선진기술과 설비를 도입하여 신제품 개발에 종사하고, 제품의 품질 향상을 실현하며, 에너지와 원자재 절약을 권장하며, 또한 제품수출형 외자기업 설립을 장려한다.

제4조 외자기업의 설립을 금지 또는 제한하는 업종은 국가가 규정한 외국인 투자 방향목록 및 외국인 투자산업지도 목록에 따라 진행한다.

제5조 아래 상황에 대해서는 외자기업 설립을 승인하지 않는다.
  (1) 중국 주권 또는 사회공공이익에 피해를 끼치는 경우
  (2) 중국 국가안전에 위협을 주는 경우
  (3) 중국 법률·법규를 위반하는 경우
  (4) 중국 국민경제발전의 요구에 부합되지 않을 경우

(5) 환경오염 가능성이 있는 경우

제6조 외자기업은 승인된 경영범위 내에서 독자적으로 경영관리하며, 간섭을 받지 않는다.

제2장 설립절차

제7조 외자기업설립 신청은 중화인민공화국 대외무역경제합작부(이하 「대외무역경제합작부」라 약칭)가 심사비준 후 비준증서를 발급한다.

외자기업설립 신청이 아래 상황에 해당될 경우 국무원은 省, 自治區, 直轄市와 계획단열시, 경제특구 인민정부에 심사비준권한을 부여하여 비준증서를 발급하도록 한다.

(1) 투자총액이 국무원이 규정한 투자심사비준 권한 이내일 경우

(2) 국가로부터 원자재를 조달받을 필요가 없으며, 에너지·교통운수·대외무역 수출 쿼터 등 전국종합균형유지에 영향을 미치지 않는 경우

省, 自治區, 直轄市와 계획단열시, 경제특구 인민정부는 국무원이 권한을 부여한 범위 내에서 외자기업설립을 비준하며 비준 후 15일 내에 대외무역경제합작부에 보고해야 한다(대외무역경제합작부와 성, 자치구, 계획단열시, 경제특구 인민정부는 이하 「심사비준기관」이라 통칭함).

제8조 설립을 신청하는 외자기업의 취급상품이 수출허가증, 수출 쿼터, 수입허가증을 얻어야 하거나, 국가가 수입을 제한하는 경우에는 사전에 관련 사항에 따라 해당 대외경제무역합작부서의 동의를 얻어야 한다.

제9조 외국투자자는 외자기업설립 신청을 하기 전에 설립할 외자기업이 소재한 縣급 또는 縣급 이상의 지방인민정부에 다음 사항을 보고해야 한다. 즉 외자기업 설립목표, 경영범위 및 규모, 생산제품, 사용할 기술설비, 부지사용면적 및 조건, 용수, 전기, 석탄, 가스 및 기타 에너지원의 종류 및 사용량, 공동시설 사용상황 등이다.

縣급 또는 縣급 이상 지방인민정부는 반드시 외국투자자의 보고를 받은 후 30일 이내에 서면으로 회답을 해야 한다.

제10조 외자기업을 설립하려는 외국투자자는 설립할 외자기업 소재지의 縣급 또는 縣급 이상의 인민정부를 통하여 심사비준기관에 아래 서류를 제출해야 한다.

(1) 외자기업설립신청서

(2) 타당성연구보고서

(3) 외자기업정관

(4) 외자기업 법정대표자(또는 이사회 人選) 명단

(5) 외국투자자의 법률증명문서와 자산신용증명서류

(6) 외자기업 설립 소재지역의 縣급 또는 縣급 이상 지방인민정부의 서면 회답서

(7) 수입해야 할 물자품목 명세서

(8) 기타 제출해야 할 서류

(1), (3)항의 서류는 반드시 중문으로 써야 하며 (2), (4), (5)항의 서류는 외국어로 작성할 수 있으나 반드시 중문번역본을 첨부해야 한다.

둘 또는 둘 이상 외국투자자가 공동으로 외자기업설립을 신청할 경우 체

결한 계약서 사본을 반드시 심사비준기관에 보고·등록해야 한다.

제11조 심사비준기관은 외자기업설립신청의 모든 서류를 접수한 날부터 90일 내에 허가 여부를 결정해야 한다. 심사비준기관은 상기 서류가 모두 구비되지 않았거나 타당치 못한 점을 발견할 경우 기한 내 보충 또는 수정을 요구할 수 있다.

제12조 외국투자자는 심사비준기관으로부터 투자허가를 받은 후 30일 내에 공상행정관리기관에 등록신청을 하고 영업허가증을 발급받아야 한다. 외자기업의 영업허가증 발급일이 동 기업의 설립일이다.

외국투자자가 허가증을 수령한 후 30일 이내에 등기신청을 하지 않으면 외자기업 허가증은 자동으로 효력을 상실한다.

외자기업은 기업설립 후 30일 이내에 세무기관에 세무등록을 해야 한다.

제13조 외국투자자는 중국의 외국인 투자 기업 서비스 기구 또는 기타 경제조직에 본 실시세칙의 제8조, 제9조 제1항과 제10조에서 규정한 업무를 위탁할 수 있다. 단 쌍방은 반드시 위탁계약서를 체결해야 한다.

제14조 외자기업설립 신청서에는 반드시 아래 내용을 포함해야 한다.

(1) 외국투자자의 성명 또는 명칭, 주소, 등록지와 법정대표자의 성명, 국적, 직무

(2) 설립하려고 하는 외자기업의 명칭, 주소

(3) 경영범위, 생산품목과 생산규모

(4) 설립하려고 하는 외자기업의 투자총액, 등록자본, 자금원, 출자방식,

기한

(5) 설립하려고 하는 외자기업의 조직형태와 기구, 법정대표인

(6) 주요 생산설비 및 그 수명, 생산기술수준과 기술내역

(7) 제품의 판매방향 및 지역과 유통 채널, 판매방식

(8) 외환수지의 균형을 위한 계획

(9) 기업의 기구 및 인사조직, 종업원 채용, 훈련, 임금, 복지, 보험, 노동
보호 등의 사항에 관한 계획

(10) 환경오염 가능성 정도와 그 해결책

(11) 부지선택과 부지면적

(12) 기본건설과 생산경영에 소요되는 자금, 에너지, 원자재 및 그 해결
방안

(13) 프로젝트 추진 계획서

(14) 설립하려는 외자기업의 경영기한

제15조 외자기업의 정관은 아래 내용을 포함해야 한다.

(1) 명칭 및 주소

(2) 취지, 경영범위

(3) 투자총액, 등록자본, 출자기한

(4) 조직형태

(5) 내부기구의 조직, 직권, 의사규칙 및 법정대표자, 총경리, 수석 엔지
니어, 회계사 등 인원의 직책과 권한

(6) 재무, 회계, 감사 관련 원칙과 제도

(7) 노동관리

(8) 경영기한, 종료 및 청산

(9) 정관 수정절차

제16조 외자기업의 정관은 심사비준기관의 허가를 얻어야 그 효력을 발생한
다. 수정할 경우에도 마찬가지다.

제17조 외자기업의 분립, 합병 또는 기타 원인으로 자본금에 중대한 변동이
발생할 경우에는 심사비준기관의 허가를 얻어야 한다. 이 경우 변경사항
에 관한 중국 공인회계사의 증명과 자본금 증명을 첨부해서 보고해야 한
다. 심사비준기관의 허가를 받은 후에는 공상행정관리기관에 등기변경
수속을 해야 한다.

제3장 조직형태와 등록자본

제18조 외자기업의 조직형태는 유한책임회사다. 허가를 얻으면 기타 책임형
태를 택할 수도 있다.
유한책임회사 형태로 설립되는 외자기업의 외국투자자가 기업에 대해
지는 책임은 출자금액에 국한된다.
기타 형태로 설립되는 외자기업의 외국투자자가 기업에 대해 지는 책임
은 중국의 법률·법규 규정에 따른다.

제19조 외자기업의 투자총액은 외자기업설립에 소요되는 자금총액을 말한
다. 즉 생산에 필요한 기본건설자금과 생산유동자금을 합한 금액이다.

제20조 외자기업의 등록자본은 외자기업설립을 위해 공상행정관리기관에

등록한 자본총액을 말한다. 즉 외국투자자가 출자한 투자총액을 말한다. 외자기업의 등록자본은 그 경영규모에 상응하는 수준이어야 하며, 등록자본과 투자총액의 비율은 반드시 중국의 관련 규정에 부합되어야 한다.

제21조 외자기업은 경영기간 내에 등록자본금을 감소할 수 없다. 그러나 투자총액과 생산, 경영규모 등의 변화가 발생해 등록자본금의 감소가 필요할 경우에는 반드시 심사허가기관의 승인을 받아야 한다.

제22조 외자기업 등록자본의 증가 및 양도는 반드시 심사허가기관의 비준을 받아야 하며, 동시에 공상행정관리국에 등기변경수속을 해야 한다.

제23조 외자기업이 그 재산 또는 권익을 대외적으로 저당하거나, 양도하려면 심사허가기관의 허가를 받아야 하며, 동시에 공상행정관리국에 보고해야 한다.

제24조 외자기업의 법정대표자는 정관 규정에 따라 외자기업을 대표하여 직권을 행사하는 책임자다.

법정대표자가 그 직권을 행사할 수 없을 경우에는 반드시 서면으로 대리인을 위임하여 직권을 대행하도록 해야 한다.

제4장 출자방식과 기한

제25조 외국투자자는 태환가능 외국화폐로 현금 출자하거나 또는 기계설비, 공업재산권, 특허기술 등을 화폐가치로 환산하여 출자할 수도 있다.

심사기관의 허가를 거쳐 외국투자자는 중국 내에 설립된 다른 외국인투자기업이 취득한 인민폐 이윤으로 출자할 수도 있다.

제26조 외국투자자가 화폐가치로 평가해 출자하는 기계설비는 외자기업의
생산에 필요한 필수적인 설비여야 한다.

동 기계설비의 평가액은 같은 유형의 기계설비의 정상적인 국제시장가
격을 초과할 수 없다.

화폐가치로 평가하여 출자한 기계설비에 대해서는 반드시 상세한 평가내
역을 첨부해야 한다. 이 내역에는 명칭, 종류, 수량, 평가액 등이 포함되어
야 하며, 외자기업 설립신청서와 함께 심사허가기관에 제출해야 한다.

제27조 외국투자자가 공업소유권, 특허기술로 출자할 경우 그 공업소유권,
특허기술은 반드시 외국인투자자 소유에 속해야 한다.

이러한 공업소유권, 특허기술의 평가액은 반드시 국제적으로 통용되는
가치금액과 일치해야 하며, 그 평가액이 외자기업 등록자본의 20%를 초
과해서는 안 된다.

출자하는 공업소유권 및 특허기술에 대해서는 소유권 증서사본, 유효성,
기술성능, 실용가치, 평가근거와 기준 등을 포함하는 상세한 자료를 제
공해야 한다. 이 자료는 외자기업 설립신청서와 함께 허가기관에 제출해
야 한다.

제28조 화폐가치로 평가하여 출자한 기계설비가 중국 항만에 도착하면 외자
기업은 중국 商品檢驗機關에 검사를 신청해야 하며, 해당 商品檢驗機關
은 검사보고서를 발급해야 한다.

화폐가치로 평가하여 출자한 기계설비의 종류, 성능, 수량과 일치하지

않을 경우 허가기관에 외국투자자로 하여금 특정 기한 내에 개선하도록 요구할 권한을 가진다.

제29조 화폐가치로 평가하여 출자한 공업소유권, 특허기술이 사용되기 시작한 후 심사기관은 그것들을 검사할 권한을 가진다. 이러한 공업소유권, 특허기술이 외국투자자가 원래 제공한 자료와 일치하지 않을 경우 심사기관은 외국투자자로 하여금 기한 내에 개선하도록 요구할 권한을 가진다.

제30조 외국투자자는 외자기업 설립신청서와 외자기업정관에 출자기간을 명시해야 한다. 출자액은 몇 회로 나누어 분할 출자할 수 있으나, 마지막 회의 출자는 영업허가증 발급일로부터 3년 내에 이루어져야 한다. 또 제1회 출자액은 외국투자자가 출자하기로 한 금액의 15% 이상이어야 하고, 영업허가증 발급일로부터 90일 이내에 납부해야 한다.

외국투자자가 앞 조항에서 규정한 기한 내에 제1회분 출자액을 납부하지 못하면 외자기업 비준증서는 자동적으로 그 효력을 상실하며, 외자기업은 반드시 공상행정관리기관에 등기취소 수속을 해야 하며 영업허가증을 반납해야 한다. 등기취소와 영업허가증을 반납하지 않을 경우, 공상행정관리기관은 영업허가증을 회수하고 공고한다.

제31조 외국투자자는 제1회 출자 후 나머지 출자액을 매회 기한 내에 납부해야 한다. 정당한 이유 없이 30일 이상 넘길 경우 본 실시세칙 제30조 제2항의 규정에 따라 처리한다.

외국투자자가 정당한 이유로 출자기한을 연기하려면 반드시 심사허가기관의 동의를 얻은 후 공상행정관리기관에 보고해야 한다.

제32조 외국투자자가 출자액을 전액 납부한 후에는 중국 공인회계사의 출자 공증을 얻어, 허가기관과 공상행정관리기관에 보고해야 한다.

제5장 부지 및 그 비용

제33조 외자기업의 부지는 외자기업 소재지의 縣급 또는 縣급 이상의 지방 인민정부가 현지상황에 근거하여 검토한 후 계획한다.

제34조 외자기업은 반드시 영업허가증 발급일로부터 30일 이내에 비준증서와 영업허가증을 소지하고 소재지 縣급 또는 縣급 이상 지방인민정부 토지관리부문에서 토지사용에 관한 수속을 한 후 토지사용증서를 취득해야 한다.

제35조 토지사용증서는 외자기업이 토지를 사용하기 위한 법률적 근거가 된다. 외자기업은 경영기간 내에 허가 없이 토지사용권을 제3자에게 양도할 수 없다.

제36조 외자기업은 토지사용증서 취득시 반드시 소재지 토지관리부문에 토지사용료를 납부해야 한다.

제37조 외자기업이 개발된 토지를 사용할 경우 반드시 토지개발비를 납부해야 한다.

앞 항에서 지칭하는 토지개발비에는 이전비용 및 기초시설 건설비용이 포함되며, 일회 또는 분할 납부할 수 있다.

제38조 외자기업이 미개발된 토지를 사용할 경우 직접 또는 중국 관련기관

에 위탁 개발할 수 있으며, 기초시설 건설은 외자기업 소재지의 縣급 또는 縣급 이상의 지방인민정부가 통일적으로 건설한다.

제39조 외자기업 토지사용료, 토지개발비의 징수기준은 중국 관련규정에 의거한다.

제40조 외자기업 토지사용 연한은 외자기업 경영기간과 동일하다.

제41조 외자기업은 본 장 규정에 의거 취득한 토지사용권 외에 중국 기타 관련규정에 의거 토지사용권을 취득할 수 있다.

제6장 구매 및 판매

제42조 외자기업은 기업에 사용되는 기계설비, 원자재, 연료, 기계 및 전자부품, 부속설비, 운송장비 및 사무용품 등(이하 「물자」로 약칭)의 구매를 자율적으로 결정할 수 있다.

외자기업이 중국 내에서 구매한 물자는 동등한 조건하에서 중국기업과 동일한 대우를 받는다.

제43조 외자기업은 생산제품을 중국시장에서 판매할 수 있다. 단, 국가는 외자기업이 생산한 제품을 수출하도록 장려한다.

제44조 외자기업은 생산제품을 자율적으로 수출할 수 있으며, 또한 중국 무역회사 또는 해외무역회사에 위탁하여 대행 수출할 수도 있다.

외자기업은 생산제품을 중국 내에서 직접 판매할 수도 있으며, 또한 상업기구에 위탁해 대리판매할 수도 있다.

제45조 외국투자자가 출자한 기계설비가 규정상 수입허가증을 필요로 하는
품목일 경우 외자기업은 이미 승인받은 수입설비 및 물자 명세서를 근거
로 하여 직접 또는 대리기관에 위탁하여 수입허가증을 신청해야 한다.
외자기업이 허가받은 경영범위 내에서 수입하려는 생산용 물자가 규정
상 수입허가증을 필요로 하는 품목일 경우, 동 기업은 연간 수입계획을
작성하여 반 년마다 한 번씩 수입허가증을 신청·취득해야 한다.
외자기업의 수출제품이 규정상 수출허가증을 필요로 하는 품목일 경우
동 기업은 연간수출계획을 작성하여 반 년마다 한 번씩 수출허가증을 신
청·취득해야 한다.

제46조 외자기업이 수입하는 물자 및 기술노무의 가격은 동일한 물자 및 기
술노무에 대한 당시 국제시장의 정상가격보다 높아서는 안 된다. 또한
외자기업이 수출하는 상품의 가격은 당시의 국제시장가격을 고려하여
자율적으로 결정할 수 있으나, 합리적인 수출가격보다 낮아서는 안 된
다. 고가수입, 저가수출 등의 방식으로 탈세할 경우 세무기관은 세법규
정에 의거 법률책임을 추궁할 수 있다.

제47조 외자기업은 반드시 「중화인민공화국 통계법」과 중국의 외자이용 통
계 규정에 의거 통계자료와 통계보고서를 제출해야 한다.

제7장 세무

제48조 외자기업은 중국 법률 및 법규 규정에 의거 세금을 납부해야 한다.

제49조 외자기업 근로자는 반드시 중국 법률 및 법규 규정에 의거 개인소득세를 납부해야 한다.

제50조 외자기업이 아래의 물자를 수입할 경우 중국 세법이 관련규정에 따라 감·면세한다.

(1) 외국투자자가 출자하는 기계설비, 부품, 건축자재 및 기계의 설치에 필요한 자재 설비

(2) 외자기업 투자총액 범위 내의 자금으로 수입하는 생산용 기계설비, 부품, 생산용 교통운수설비 및 생산관리설비

(3) 외자기업이 수출제품을 생산하기 위해 수입하는 원자재, 보조자재, 전자부품, 부품 및 포장재료

앞 항에서 언급한 승인받은 수입물자를 매도하거나 내수용 제품을 생산하는 데 사용될 경우 중국 세법에 의거하여 세금을 납부해야 한다.

제51조 외자기업이 생산하는 수출제품에 대해서는 수출제한 품목이 아닌 한 중국 세법의 관련규정에 따라 감·면세 또는 세금을 환급한다.

제8장 외환관리

제52조 외자기업의 외환관리는 중국 외환관리규정 관련법규에 의거한다.

제53조 외자기업은 공상행정관리국이 발급한 영업허가증을 근거로 중국 내 외환업무 은행에 계좌를 개설할 수 있으며, 계좌개설 은행의 감독을 받

는다.

외자기업의 외환수입은 반드시 계좌개설 은행에 예치해야 하며, 외환지출은 그 은행계좌를 통해 지불해야 한다.

제54조 외자기업이 생산 또는 경영을 위해 해외 은행에 계좌를 개설할 경우 반드시 중국 외환관리기관의 승인을 받아야 하며, 중국 외환관리기관의 규정에 따라 정기적으로 외환수지 현황보고 및 은행결산보고서를 제출해야 한다.

제55조 외자기업에 고용된 외국국적의 종업원과 홍콩·마카오·대만 근로자의 임금 및 기타 합법적인 외환수입은 중국 세법에 따라 세금을 납부한 후 자유롭게 해외로 송금할 수 있다.

제9장 재무회계

제56조 외자기업은 반드시 중국 법률·법규 및 재정기관의 규정에 따라 재무회계제도를 실시해야 하며 소재지 재정·세무기관에 보고해야 한다.

제57조 외자기업의 회계연도는 1월 1일부터 12월 31일까지로 한다.

제58조 외자기업은 중국 세법규정에 따라 소득세 납부 후의 이윤 중에서 준비기금과 종업원 상여금, 복지기금을 공제해야 한다. 준비기금의 공제비율은 납세 후 이윤의 10% 이상이어야 하며, 공제액의 누계금액이 등록자본의 50%에 달했을 경우 더 이상 공제할 필요가 없다. 종업원 상여금과 복지기금의 공제비율은 외자기업이 자율적으로 결정할 수 있다.

외자기업은 전년 회계연도의 결손을 보전하기 전에는 이윤분배를 할 수 없다. 전년 회계연도에 분배하지 않은 이윤은 당해 회계연도의 이윤과 함께 분배할 수 있다.

제59조 외자기업은 자율적으로 회계증빙자료, 회계장부 및 재무제표를 작성할 수 있으며, 반드시 중문으로 작성해야 한다. 외국어로 작성할 경우 반드시 중문번역본을 첨부해야 한다.

제60조 외자기업은 독립채산제로 운영되어야 한다.
외자기업의 연간 재무제표와 청산 재무제표는 반드시 중국 재정·세무기관의 규정에 따라 작성해야 한다. 재무제표를 외화로 기재한 경우에는 외화를 인민폐로 환산한 재무제표를 함께 작성해야 한다.
외자기업의 연간 재무제표와 청산 재무제표는 반드시 중국 공인회계사에 의해 회계감사 및 보고서를 함께 첨부해야 한다.

제2항 및 제3항 규정의 외자기업 연도 회계보고서 및 청산 회계보고서는 중국 공인회계사의 보고서를 첨부하여 규정된 기한 내에 재정·세무기관에 제출해야 하며, 비준기관 및 공상행정관리기관에도 보고해야 한다.

제61조 외국투자자는 중국 또는 외국 회계사를 초빙, 외자기업의 회계장부를 감사할 수 있으며 비용은 외국투자자가 부담한다.

제62조 외자기업은 반드시 재정·세무기관에 연도 재무제표 및 손익계산서를 제출해야 하며, 비준기관 및 공상행정관리기관에도 보고해야 한다.

제63조 외자기업은 반드시 기업소재지에 회계장부를 비치해야 하며, 재정·세무기관의 감독을 받아야 한다.

앞 항의 규정을 위반했을 경우 재정·세무기관은 벌금을 부과할 수 있으며, 공상행정관리기관은 영업정지 또는 영업허가증 취소를 명령할 수 있다.

제10장 종업원

제64조 외자기업은 중국 내에서 종업원을 고용할 수 있으며, 기업과 종업원 쌍방은 중국의 법률·법규에 따라 근로계약을 체결해야 한다. 계약서에는 고용, 해고, 보수, 복리, 노동보호, 노동보험 등의 사항을 명시해야 한다. 외자기업은 미성년자를 고용할 수 없다.

제65조 외자기업은 종업원이 생산, 관리능력의 측면에서 기업의 요구에 부합할 수 있도록 종업원의 업무, 기술훈련 등을 책임지고, 또한 고과제도를 수립하여야 한다.

제11장 노조

제66조 외자기업의 종업원은 「중화인민공화국 노조법」의 규정에 의해 말단 노동조합을 결성하고 조합활동을 할 권한이 있다.

제67조 외자기업 노동조합은 종업원 이익의 대표자로서 종업원을 대표하여 기업과 근로계약을 체결하고, 동 계약의 집행을 감독할 권한을 갖는다.

제68조 외자기업 노동조합의 기본임무는 다음과 같다. 중국의 법률·법규가
정하는 바에 따라 종업원의 합법적 권익을 보호하고, 기업에 협조하여
종업원의 복지, 상여기금을 합리적으로 계획·사용하도록 한다.

종업원의 정치, 과학, 기술, 업무지식 습득을 위한 학습활동을 조직하고,
문화·체육활동을 전개한다. 종업원이 노동규정을 준수하고, 기업의 각
종 경제적 과제를 완수할 수 있도록 교육한다.

노동조합의 대표는 외자기업 종업원의 포상, 징계, 임금제도, 후생복지,
노동보호, 보험 등의 문제를 검토, 결정하는 회의에 참석할 권한을 갖는
다. 외자기업은 노동조합의 의견을 수렴하고 그 협조를 받아야 한다.

제69조 외자기업은 기업 내 노동조합의 활동을 적극 지원해야 한다. 「중화인
민공화국 노조법」의 규정에 따라 노동조합에 사무실과 시설을 제공하여
업무처리, 회의 및 종업원의 복지, 문화, 체육활동에 사용토록 해야 한다.
외자기업은 매월 종업원의 실수령액의 2%를 노동조합 경비로 제공하며,
노동조합은 이 경비를 전국노조총회가 제정한 노동조합경비 관련규정에
따라 사용해야 한다.

제12장 기한·중지 및 청산

제70조 외자기업의 경영기한은 해당산업과 기업의 구체적 상황에 따라 외국
인투자자가 외자기업 설립 신청서에 잠정 기재한 후 심사비준기관의 승
인을 받아야 한다.

제71조 외자기업의 경영기한은 그의 경영허가증 발급일로부터 계산한다.

외자기업 경영기한이 만료되어 연장해야 할 경우에는 기한만료 180일 전에 심사비준기관에 경영기한 연장 신청서를 제출해야 한다. 심사비준기관은 신청서 접수일로부터 30일 이내에 승인 여부를 결정해야 한다.

경영기한 연장승인을 받은 외자기업은 연장승인 서류를 받은 날로부터 30일 이내에 공상행정관리기관에 등기변경수속을 해야 한다.

제72조 외자기업이 아래 상황 중 하나에 해당하는 경우에는 해산하게 된다.

(1) 경영기한이 만료된 경우

(2) 경영부진에 따른 막대한 결손으로 외국투자자가 해산을 결정한 경우

(3) 자연재해, 전쟁 등 불가항력의 요인으로 심각한 손실을 입어 경영을 계속할 수 없는 경우

(4) 파산

(5) 중국의 법률·법규를 위반하고 사회공공이익에 손해를 입혀 법에 따라 등록이 취소되는 경우

(6) 외자기업의 정관에서 규정한 기타 해산사유가 발생한 경우

외자기업이 앞 항 (2), (3), (4)에 열거된 상황에 처한 경우에는 스스로 해산 신청서를 심사비준기관에 제출하여 승인을 받아야 한다. 심사비준기관이 승인한 날짜가 해산일이 된다.

제73조 외자기업이 본 세칙 제72조 중의 (1), (2), (3), (6) 규정에 따라 중지할 경우에는 해산일로부터 15일 이내에 대외공고와 함께 채권자에게 통지해야 한다. 또한 해산공고일로부터 15일 이내에 청산절차, 원칙 및 청산위원회 구성원 명단을 제출하고, 심사비준기관의 심사, 승인을 거쳐 청

산을 진행해야 한다.

제74조 청산위원회는 외자기업의 법정 대표자, 채권단 대표 및 관련 주관기관의
대표로 구성하여야 하며, 중국 공인회계사, 변호사 등을 참여시켜야 한다.
청산 비용은 외자기업이 현재 소유하고 있는 재산에서 우선 지출한다.

제75조 청산위원회는 아래의 직권을 행사한다.
(1) 채권자 회의 소집
(2) 기업재산의 관리 및 처리권한을 인수하고, 대차대조표와 재산목록을
    작성
(3) 재산평가와 산출근거 제출
(4) 청산방안 결정
(5) 채권회수와 채무상환
(6) 주주의 납입금 회수
(7) 잉여재산 분배
(8) 외자기업을 대표하여 제소 또는 응소

제76조 외국투자자는 외자기업의 청산결과가 나오기 전에 기업자금을 해외로
송금하거나 해외로 반출할 수 없으며, 기업재산을 임의로 처분할 수 없다.
외자기업의 청산결과 자산액과 잉여재산이 등록자본을 초과할 경우 그
초과분은 이윤으로 간주하여 중국세법에 따라 소득세를 납부해야 한다.

제77조 외자기업의 청산이 끝나면 공상행정관리기관에 등기말소 수속을 하
고, 영업허가증을 반납 · 폐기해야 한다.

제78조 외자기업이 청산한 재산을 처분할 경우 동등한 조건에서는 중국의 기업 또는 경제조직이 우선 구매권을 갖는다.

제79조 외자기업이 본 세칙의 제72조 제4항의 규정에 따라 중지하는 경우 중국의 관련 법률 및 법규에 따라 청산한다.
외자기업이 본 세칙의 제72조 제5항의 규정에 따라 중지할 경우 중국의 관련규정에 따라 청산한다.

제13장 부칙

제80조 외자기업의 각종 보험은 중국 내 보험회사에 부보하여야 한다.

제81조 외자기업이 기타 회사, 기업 또는 경제조직체 및 개인과 체결하는 경제계약에는 「중화인민공화국 계약법」이 적용된다.

제82조 홍콩·마카오·대만지역의 회사, 기업 및 기타 경제조직, 개인 또는 해외거주 중국교포가 중국대륙에서 단독투자기업을 설립할 경우에는 본 실시세칙을 참조하여 진행한다.

제83조 외자기업에 근무하는 외국국적의 종업원과 홍콩·마카오·대만의 종업원은 합리적인 수량의 자가용 교통수단과 생활용품을 반입할 수 있다. 단, 이러한 물자에 대해서는 중국규정에 따라 수입수속을 밟아야 한다.

제84조 본 세칙은 공포한 날로부터 시행한다.

●

뉴 차이나 그들의 속도로 가라

WTO가입이후 중국 비즈니스전략 50

●

지은이 / 한우덕

펴낸이 / 김경태

펴낸곳 / 한국경제신문 한경BP

등록 / 제 2-315(1967. 5. 15)

제1판 1쇄 발행 / 2002년　1월 25일

제1판 6쇄 발행 / 2002년 11월 20일

홈페이지 / http://bp.hankyung.com

전자우편 / bp@hankyung.com

주소 / 서울특별시 중구 중림동 441

기획출판팀 / 3604-553~6

영업마케팅팀 / 3604-561~2, 595

FAX / 3604-599

●

* 파본이나 잘못된 책은 바꿔 드립니다.

ISBN 89-475-2361-5

●

값 11,000원